In einer Zeit des permanenten Wandels wird die Fähigkeit, Projekte professionell zu managen, immer mehr zum Erfolgsfaktor, wie die steigende Zahl an Fachliteratur und Seminaren zu diesem Thema beweist. All denjenigen jedoch, die ein Projekt alleine am Hals oder lediglich ein kleines Team haben, nutzt das »normale« Projektmanagement nur wenig. Denn die meisten der dort üblicherweise vorgestellten Methoden und Techniken eignen sich ausschließlich für Großprojekte mit großem Team und Millionenbudget.

Die Realität des Berufsalltags aber sieht völlig anders aus: kleine Projekte mit keinem oder einem sehr kleinen Team und kaum Budget, dafür aber mit großen Erwartungen, die der Verantwortliche dann qausi im Alleingang erfüllen muss. Wie dies trotzdem gelingt und welche Projektmanagement-Tools dafür tatsächlich geeignet sind, zeigt dieses Buch. Es hilft Ihnen, die Projekte, die im wirklichen Leben am häufigsten vorkommen, richtig zu planen, sicher durchzuführen und erfolgreich zum Abschluss zu bringen – als Einzelkämpfer.

Wilfried Reiter

# Projektmanagement für Einzelkämpfer

Kein Team, kaum Budget
und trotzdem erfolgreich

HOFFMANN UND CAMPE

1. Auflage 2004

*www.hoffmann-und-campe.de*
Schutzumschlaggestaltung: b3K text und Gestalt GmbH
Umschlagfoto: photonica/Brad Wilson
Lektorat und Redaktion: Andreas Kobschätzky, Landsberg
Satz: Prill Partners | producing, Berlin
Druck und Bindung: GGP Media GmbH, Pößneck
Printed in Germany
ISBN 3-455-09473-2

HOFFMANN
UND CAMPE

*Ein Unternehmen der*
GANSKE VERLAGSGRUPPE

# Inhalt

Im Leben geht es seltsam zu.
Wenn man sich auf das Beste kapriziert,
bekommt man es oft tatsächlich.
*W. Somerset Maugham*

# Vorwort

Wie viele Projekte haben Sie derzeit an der Backe? So viele? Willkommen im Club! Der Chor der überlasteten Projektverantwortlichen stöhnt täglich lauter. Fast jeder, der heutzutage (noch) Arbeit hat, steckt inzwischen in einer Lawine von Projekten fest – und täglich werden es mehr!

Die meisten davon sind keine Mega-Kundenprojekte mit Millionenbudget, sondern kleine und kleinste, eben typische Alltagsprojekte: eine neue Büro-Software aussuchen und implementieren, ein zusätzliches Tool für die Auftragsbearbeitung entwerfen, eine Marktstrategie für ein Produkt erstellen, eine Feasibility-Studie durchführen, das nächste Betriebsfest organisieren, eine kleine Produktänderung vornehmen, einen neuen Prospekt konzipieren und produzieren, beim Kunden eine Anpassung eines verkauften Produkts vornehmen, den Umzug der Abteilung organisieren, einen Messeauftritt auf die Beine stellen, eine Präsentation vorbereiten und halten …

Welche kleinen und mittleren Projekte halten Sie derzeit von der »eigentlichen« Arbeit ab? Jeder von uns hat solche Aufgaben

- zusätzlich zur normalen Arbeit,
- die innerhalb einer begrenzten Zeit erledigt werden müssen,
- deren Ziele nicht so ganz klar sind,
- bei denen man nie genau weiß, was letztendlich herauskommen wird,
- für deren Erledigung man möglicherweise einige Kollegen benötigt,

– die man nicht einfach so aus dem Ärmel schütteln kann, sondern die etwas Planung, Vorbereitung und Organisation erfordern.

Projekte eben. Das Verrückte daran: Oft genug laden wir sie uns selbst auf oder nehmen sie mit Handkuss, wenn der Chef sie uns aufs Auge drückt. Denn meist sind sie auf den ersten Blick eine Bereicherung eines eintönig gewordenen Berufsalltags. »Eine spannende Geschichte«, sagen Projektverantwortliche zu Beginn eines Projekts oft. Man kann mal etwas ganz anderes machen als sonst.

Doch schon nach wenigen Tagen stellt sich heraus: Die kleine Zusatzaufgabe ist nicht so locker vom Hocker weg zu erledigen wie eigentlich gedacht. Sie ist nicht so geringfügig wie angenommen. Nicht so »nebenher« zu erledigen wie gehofft. Außerdem müssen einige Kollegen und/oder Mitarbeiter einbezogen werden, um Zulieferarbeiten zu leisten, was die Sache aufhält und menschlich etwas schwierig macht. Dämmert diese Erkenntnis dem Projektverantwortlichen, fällt der nächste typische Satz, den Projekthandbücher regelmäßig unterschlagen: »Das macht doch viel mehr Arbeit als gedacht! Das dauert nicht Tage, sondern eher Wochen!« Der typische Projektfrust setzt ein.

Was die meisten Projektmanagement-Ratgeber verschweigen: In diese frustige Lage geraten 90 Prozent aller Projektverantwortlichen früher oder später. Der Frust ist nicht die Ausnahme, sondern die Regel im Projekt. Überschreitet die Frustration eine kritische Schwelle, beginnen viele Projektverantwortliche, in Büchern und Seminaren zum Projektmanagement (PM) Tools und Tipps zu suchen, die ihr Projekt leichter und schneller voranbringen und sie selbst damit aus dem Frust reißen können.

Einige schauen sich sogar tatsächlich die PM-Tools an, die im firmeneigenen PM-Handbuch kodifiziert sind. Doch egal, welche Instrumente der interessierte Projektverantwortliche auch ausprobiert, er oder sie kommt schnell zum Schluss: »Diese PM-Tools sind ja völlig unbrauchbar!«

Seit Jahren coache und trainiere ich nun Projektverantwortliche und deren Vorgesetzte und nahezu pausenlos berichten diese mir, dass die üblichen PM-Tools

- viel zu aufwändig für kleine Alltagsprojekte sind,
- zu sehr von der eigentlichen Projektarbeit ablenken,
- oft noch nicht einmal erkennen lassen, ob, wie und warum sie dem Projekt helfen,
- wegen ihrem Fachchinesisch ein Zusatzstudium oder einen Dolmetscher erfordern.

Es hat sich als traurige Tatsache herausgestellt: Die üblichen PM-Tools sind für Alltagsprojekte völlig ungeeignet. Warum? Weil die üblichen PM-Tools hauptsächlich für Großprojekte mit Großteams konzipiert wurden – das sagt Ihnen aber kaum ein Buchautor oder PM-Trainer. So gesehen ist das übliche Projektmanagement ein Riesenschwindel: Da wird Ihnen etwas verkauft, das Sie überhaupt nicht gebrauchen können, das Ihnen sogar schadet! Die bittere Wahrheit ist: Die Lehrbuch-Instrumente des Projektmanagements sind für 80 Prozent aller Projekte ungeeignet. Weil die klassischen PM-Tools viel zu groß für die meisten kleinen Projekte sind!

Das stört die PM-Koryphäen jedoch kaum. Sie haben längst jede Bodenhaftung verloren und ihre überkomplizierte, fremdsprachenverseuchte Materie zur Ersatzreligion erhoben. Der Clou dabei ist, dass dieser Unfug teilweise sogar DIN-normiert ist, was nur wieder beweist, dass sogar Beton-Schwimmringe normfähig sind. Kleine Kostprobe gefällig? Betrachten wir in DIN 69901ff. doch mal die viel zitierte Projektdefinition: »Ein Projekt ist ein Vorhaben, das im Wesentlichen durch Einmaligkeit der Bedingungen in ihrer Gesamtheit gekennzeichnet ist, wie zum Beispiel Zielvorgabe, zeitliche, finanzielle, personelle oder andere Begrenzungen, Abgrenzung gegenüber anderen Vorhaben, projektspezifische Organisation.« Ich habe über dieser Definition schon Professoren und Doktoren verzweifelt den Kopf schütteln sehen: Das versteht niemand. Und wenn, dann erhebt sich die Frage: Was bringt mir das jetzt?

Wenn wir diese Definition in PM-Seminaren zum Spaß an die Wand werfen und sie mühsam in normales Deutsch übersetzen, herrscht regelmäßig sekundenlanges Schweigen im Saal, dann bricht Gelächter und Entrüstung los, wenn wir feststellen, dass 80 Prozent aller Projekte, welche die Seminarteilnehmer derzeit betreuen, überhaupt keine Projekte im Sinne der DIN sind!

Da sage ich Ihnen nichts Neues. Das haben Sie alles auch schon erlebt. Gerade deshalb halten Sie das Buch in Händen. Sie fragen sich: »Gibt es nicht etwas wirklich Einfaches, das ohne Fremdsprache, ohne Überkomplexität und ohne großen Aufwand gerade auch kleine Projekte einfacher und schneller macht?« Natürlich gibt es das.

Dieses Projektmanagement gibt es seit Jahren. Es wurde von und für Projektverantwortliche entwickelt, die quasi im Alleingang oder mit einem kleinen Team ein Projekt durchziehen müssen. Es wurde von der Praxis für die Praxis entwickelt. Deshalb ist es einfach, deshalb ist es tausendfach getestet, deshalb funktioniert es. Auf den folgenden Seiten finden Sie die richtigen PM-Tools für jene Projekte, wie sie im wirklichen Leben am allerhäufigsten vorkommen: kleine Projekte mit keinem oder kleinem Team, kaum Budget, aber mit großen Erwartungen, die Sie als Verantwortlicher fast im Alleingang meistern müssen. Eben Projektmanagement für Einzelkämpfer.

Wenn Sie die vorgestellten einfachen Instrumente vom Blatt anwenden, werden Sie erfreut bemerken, dass:

- Sie zeitlich stark entlastet werden
- die Projektarbeit einfacher wird
- Ihr Projekt schneller vorankommt
- Ihre Teammitglieder begeistert sind
- die Projektbeteiligten engagierter arbeiten
- die Probleme im Projekt abnehmen

- Sie weniger Stress und Ärger im Projekt erleben
- Ihr Auftraggeber ganz zahm wird
- Ihre Arbeitsüberlastung abnimmt
- Sie wieder das gute Gefühl bekommen: Das schaffen wir!
- Sie Ihr Projekt erfolgreich zu Ende bringen
- Sie tatsächlich Spaß dabei haben
- Sie die verdiente Anerkennung für Ihren Erfolg ernten

Dafür lohnt es sich doch, oder?

Tue zuerst das Notwendige, dann das Mögliche und plötzlich schaffst du das Unmögliche.
*Franz von Assisi*

# 1 Halten Sie Maß!

Stehlen Ihnen Ihre Projekte auch zu viel Zeit? Kommen Sie vor lauter Projekten zu wenig zu Ihrer eigentlichen Arbeit? Woran liegt das? Nicht an dem, was Sie vielleicht vermuten. Dass Projektarbeit Zeit stiehlt, liegt nicht an der Projektarbeit, sondern am Projektstart.

## Wer sofort loslegt, den bestraft das Leben!

Wie starten Projekte normalerweise? Da gibt es zunächst den Machen-Sie-mal!-Start. Der Chef kreuzt mit geblähten Segeln auf und bombt Ihnen im Vorüberrauschen eine Breitseite rein: »Hier ist eine Aufgabe. Machen Sie mal!« Was tun Sie? Sie stöhnen »Nicht das auch! Ich habe schon genug zu tun!«, krempeln dann aber nolens volens die Ärmel hoch und legen los.

Etwas angenehmer ist die jungfräuliche Empfängnis. Man sitzt locker im Team, in der Arbeitsgruppe oder unter Kollegen beisammen und einer aus der Runde äußert verträumt:

- »Da sollten wir dringend etwas unternehmen ...«
- »Das brauchen wir doch auch ...«
- »Hier sollte schleunigst was geändert werden!«
- »Das müsste man mal in die Wege leiten!«

Weil Sie der Meinung des Kollegen sind, heben Sie arglos die Hand – und schon haben Sie ein Projekt an der Backe. Oft können Sie sich auch dem Projektauftrag nicht entziehen. Ein

Kollege oder Vorgesetzter sagt zum Beispiel: »Das fällt doch in Ihren Aufgabenbereich – also machen Sie mal!« Fällt es tatsächlich in Ihren Bereich, können Sie sich kaum drücken. Sie können sich aber auch dann nicht drücken,

- wenn ein Problem auftaucht und eben nur durch ein (kleines) Projekt gelöst werden kann,
- wenn ein Handlungsbedarf auftaucht, der nur durch ein Projekt behoben werden kann,
- wenn ein Projekt etwas wirklich Neues, Lohnendes, Spannendes oder Sinnvolles erreichen könnte.

Alle diese Situationen, in denen Sie ein Projekt abbekommen, erscheinen ohne Ausnahme recht simpel und trivial und sind Ihnen aus eigener Erfahrung vertraut. Sie tragen jedoch alle einen entscheidenden, gefährlichen und immer wieder übersehenen Risikofaktor in sich: Die meisten Situationen, in denen Sie ein Projekt übertragen bekommen, verführen leider zum überstürzten Projektstart.

Entweder Sie legen sofort los, weil der Chef Sie mit »Machen Sie mal!« explizit dazu auffordert, oder Sie legen sofort los, weil Sie das Projekt so interessant und lohnend finden und vor lauter Enthusiasmus nicht ans Aufschieben denken. Sie meinen es nur gut mit diesem schnellen Start, doch der schlimmste Feind von gut ist gut gemeint.

**Wer zu schnell beginnt, dem wächst das Projekt über den Kopf!**

Warum ist es ein Fehler, mit einem Projekt zu schnell loszulegen? Mit etwas Projekterfahrung haben Sie es selbst schon erlebt: Beginnen Sie sofort mit einem Projekt, bemerken Sie nach einigen Tagen unweigerlich,

- wie Sie unbewusst Ihre eigentliche Arbeit vernachlässigen,
- wie Sie deshalb ein zunehmend schlechtes Gewissen und Zeitnot bekommen (ganz zu schweigen von den ungeduldigen Blicken des Chefs),

- dass die Geschichte im Grunde völlig unklar ist (Was soll denn nun genau im Projekt gemacht oder erreicht werden?),
- dass Sie das Projekt in Bezug auf Zeitintensität, Aufwand, Planung und Organisation erheblich unterschätzt haben.

Je kleiner das Projekt, desto stärker ist dabei der Schätzfehler. Projektlaien nehmen meist irrtümlich an, dass man sich eher bei großen Projekten verschätzt. Das ist falsch. Denn große Projekte sind meist so ehrfurchtgebietend groß, dass man den Aufwand viel sorgfältiger und systematischer prüft – indem man eben nicht übereilt startet, sondern erst vorkalkuliert! Bei kleinen Projekten dagegen denkt jeder unwillkürlich: »Ach, ist das Projekt klein und niedlich. Das erledige ich doch schnell mal!« Klar, dass es nach einem solchen Anfall von Leichtsinn ein unerfreuliches Erwachen gibt.

**Wie Sie alles nur noch schlimmer machen**

Sie waren oft genug in der unerquicklichen Situation, dass sich frohgemut begonnene Projekte mittendrin als echte Aufwandsbomben entpuppten? Wie haben Sie reagiert? Die meisten Projektverantwortlichen reagieren, indem sie sich noch stärker in das Projekt reinhängen, um es zu beschleunigen und endlich wieder Zeit für die eigentliche Arbeit zu bekommen. Das leuchtet ein. Aber hilft das auch? Leider im Gegenteil: Die Negativfaktoren verschärfen sich. Wer sich noch stärker engagiert, hat logischerweise noch weniger Zeit für die eigentliche Arbeit und noch mehr Stress. Je stärker Sie sich also in ein unterschätztes Projekt reinhängen, desto stärker leidet Ihre eigentliche Arbeit – und das Projekt bewegt sich trotzdem nicht viel schneller!

Mitten im Projekt sagen Sie sich dann: »Es ist doch immer dasselbe mit diesen Projekten! Die Sache kostet schon wieder viel zu viel Zeit und Aufwand!« Warum? Weil das Projekt im Sinne des Wortes maßlos geworden ist: Sie haben eigentlich ein kleines, interessantes und handliches Projekt angenommen –

doch schon nach wenigen Tagen ist das nette kleine Baby zum fetten Dinosaurier ausgewachsen. »So ist das halt mit den Projekten!«, sagen viele. Das ist ein verständlicher Stoßseufzer, aber schlicht ein Irrtum.

Projekte werden nicht automatisch maßlos. Sie werden nur dann maßlos, wenn sie so übereilt begonnen werden, dass sie vor dem Start nicht aufs rechte Maß gebracht werden konnten!

## Projekte aufs rechte Maß bringen

Erst denken, dann handeln. Erst Maß halten, dann projekten. Projekte werden immer dann maßlos, wenn Sie sich nicht um ihr Maß kümmern. An dieser Stelle kratzen sich in Einzelkämpfer-Trainings die meisten Projektverantwortlichen mit großen Augen am Kopf: »Ich habe tatsächlich noch nie daran gedacht, erst mal das Projekt zurechtzustutzen, bevor ich loslege.«

Einzelkämpfer-Tipp 1

Legen Sie niemals mit einem Projekt sofort los, so interessant, verlockend oder nötig es auch erscheint. Bringen Sie es immer erst auf das rechte Maß!

Es gibt einige Techniken, um ein Projekt von vornherein auf das richtige Maß zu stutzen. Die erste Technik ist der qualifizierte Projektabschuss. Denn am meisten reduzieren Sie das Maß eines Projekts, wenn Sie das Projekt überhaupt gar nicht beginnen!

**Stellen Sie die Existenzfrage!**

Sie können sich ein Grinsen nicht verkneifen? So geht es vielen Projektverantwortlichen. Weil die Frage völlig einleuchtet, aber so gut wie nie gestellt wird! Warum auch? Wenn der Chef

»Machen Sie mal!« sagt oder man einen zündenden Geistesblitz hat, dann muss man doch einfach ein Projekt starten! Ist das tatsächlich so? Nein, das wäre unlogisch. Denn warum sollten Sie etwas tun, bloß weil Sie es tun *können*? Sie springen ja auch nicht aus dem Fenster, bloß weil Sie es könnten!

Einzelkämpfer-Tipp 2
Legen Sie niemals mit einem Projekt sofort los, stellen Sie immer erst die Existenzfrage: Muss das Projekt überhaupt sein?

Natürlich erscheinen die meisten Projekte als plausibel und nötig. Aber ich verrate Ihnen ein Geheimnis: Die meisten sind es nicht! Oder wie ein erfahrener Einzelkämpfer mal sagte: »Was junge Kollegen am Anfang noch nicht verstehen: Oft ist das beste Projekt kein Projekt.« Wie finden Sie heraus, ob ein Projekt überhaupt sein muss? Indem Sie die Konsequenzfrage stellen.

**Stellen Sie die Konsequenzfrage!**

Einzelkämpfer-Tipp 3
Um herauszufinden, ob ein Projekt sein muss oder nicht, fragen Sie: Welches sind die Konsequenzen, wenn wir das Projekt nicht machen?

Stellen wir diese Frage auf Einzelkämpfer-Trainings, ist der Schock oft groß. Die meisten Teilnehmer rufen entsetzt: »Wenn mein aktuelles Projekt eingestellt würde, würde im Großen und Ganzen alles so weiterlaufen wie bisher auch – und das würde niemanden wirklich gravierend stören!« Damit hat sich das Projekt rein logisch betrachtet schon erledigt!

Rekapitulieren wir: Sie verhindern die übliche Aufwandslawine durch ein Projekt am einfachsten, indem Sie es auf das rechte Maß bringen. Die einfachste Art, es auf das rechte Maß zu bringen, ist, überhaupt nicht mit dem Projekt zu beginnen. Sie können das immer dann wagen, wenn der Projektverzicht keine gravierenden Konsequenzen hat. Denken Sie daran, wie viel Zeit Sie für Wichtigeres gewinnen, wenn Sie ein Projekt erst gar nicht beginnen!

***Die Wiege-Technik***

Natürlich hat es immer einige negative Konsequenzen, wenn Sie eine Projektidee von vornherein verwerfen. Heißt das, dass Sie das Projekt deshalb durchführen müssen? Nein, Sie sollen nicht durchführen, sondern abwägen: Wenn Sie die Projektidee aufgeben – was gewinnen und was verlieren Sie?

Peter Fenner ist Entwickler bei einem Hersteller für Sicherungselektronik. Er hat ständig irgendwelche kleinen und größeren Projekte an der Backe. Er meint: »Wenn ich jedes Projekt machen würde, das mir der Chef aufträgt oder das ich selbst für interessant halte, würde ich abends nicht mehr hier rauskommen. Bevor ich auch nur einen Handgriff für ein neues Projekt mache, wäge ich ab, was größer ist, wenn ich es *nicht* mache: die Vor- oder die Nachteile.«

Wenn Sie ein Projekt per Wiege-Technik qualifiziert verwerfen, verlieren Sie meist wenig und gewinnen viel. Das Bisschen, das Sie verlieren, ist der Nutzen aus dem Projekt, die Verbesserung, der Umsatz, ein neuer Kunde oder was auch immer. Das Viele, das Sie dabei jedoch gewinnen, ist vor allem Zeit und Kraft für Wichtigeres! Wenn wir auf Einzelkämpfer-Trainings das Abwägen üben, sagen Projektverantwortliche zum Beispiel oft: »Wenn ich das Projekt nicht mache,

- verliere ich den einen Kunden, gewinne aber viel Zeit für meine wichtigeren A-Kunden.«
- verzichte ich auf einiges an Prestige, gewinne aber viel Zeit für meine eigentliche Arbeit – und die ist mir gerade wichtiger.«

– schmollt der Chef – doch da er wöchentlich mindestens einmal wegen irgendetwas schmollt, geht das auch bald vorüber.«

Immer wieder sagen mir Einzelkämpfer: »Wenn wir das Projekt nicht machen, schreit zwar jeder Zeter und Mordio – doch nach zwei Wochen erinnert sich keiner mehr an das Projekt. Also warum sollte ich mir ein Projekt aufladen, das ohnehin nach zwei Wochen vergessen ist?« Es gibt noch einen Grund, warum kein Projekt oft das bessere Projekt ist:

Susanne Retzky ist leitende Angestellte in einem österreichischen Handelsbetrieb. Sie erzählt: »Ich bin berühmt für meine qualifizierten Projektabschüsse. Denn ich habe bemerkt: Wann immer wir ein Projekt nicht machen, macht das den Blick frei für das eigentliche Problem, das vom Projekt oft verdeckt wird.«

Neulich hat sie die Überarbeitung einer bestimmten Kundenliste von vornherein abgelehnt. Der vorschlagende Verkaufsleiter war stocksauer – bis sie ihm sagte, warum das Projekt keine gute Idee ist: »Bei diesem Kundensegment liegt die Kundenzufriedenheit unter der Toleranzgrenze. Wenn ich jetzt zwei Wochen lang die Liste aktualisiere, ändert sich daran nichts – im Gegenteil: Die Unzufriedenheit hält noch zwei weitere Wochen an!« Indem sie das eine unnütze Projekt ablehnte, verschaffte sie sich ausreichend Zeit und Ressourcen, um das eigentliche Problem anzugehen. Der Clou daran: Der ehedem verschnupfte Verkaufsleiter war danach total begeistert, dass Susanne Retzky sein Projekt abgeschossen hatte – um das bessere Projekt zu machen.

## So wenige Projekte wie möglich, so viele wie unbedingt nötig

Die meisten Projektverantwortlichen, die sich über die Arbeitsbelastung durch Projekte beklagen, leiden nicht wirklich unter Projekten. Sie leiden darunter, dass sie jedem Projekt hinterhertraben, das man ihnen vor die Nase hält.

Es ist nicht Ihre Aufgabe, Ihre Arbeit zu machen. Es ist Ihre Aufgabe, vorrangige Arbeiten zu machen. Ein Projekt, dessen Verzicht mehr Nutzen als Schaden bringt, ist eben nicht vorrangig. Zugegeben, wenn Sie jahrelang sofort loslegten, nachdem Sie ein Projekt gesichtet hatten, fällt es schwer, zuerst die Existenz- und dann die Konsequenzfrage zu stellen. Doch Nutznießer dieser neuen schönen Angewohnheit sind Sie. Sie

- sparen jede Menge Zeit und Aufwand,
- ersparen sich viel Projektfrust und Ärger,
- wissen stets, dass Sie sich um das wirklich Wichtige kümmern,
- können sich ausreichend um Ihre eigentliche Arbeit kümmern,
- steigern damit Ihre Effizienz und Produktivität ungemein,
- sind zufriedener mit und bei der Arbeit,
- erzielen mehr Erfolg mit Ihrer Arbeit.

### Einzelkämpfer-Tipp 4

Machen Sie ein Projekt nur dann, wenn durch einen Verzicht darauf mit hoher Wahrscheinlichkeit ein großer Schaden entstünde, der durch keinen Nutzen aufgewogen wird.

Dieser Tipp stellt das übliche Feasiblity-Kriterium des Projektmanagements auf den Kopf. Üblicherweise werden Projekte dann gemacht, wenn sie »Sinn machen« oder »etwas bringen«. Doch genau mit diesem Kriterium laden Sie sich eine Menge unnötiger Projekte auf, die zwar Sinn machen und etwas bringen – doch dieser Sinn und Nutzen ist im Vergleich zu Ihrem Aufwand, Zeitverlust und Stress vernachlässigbar.

Wenn Sie nur noch Projekte akzeptieren, die Tipp 4 genügen, dann wissen Sie automatisch, dass Sie nur noch Projekte machen, deren Unterlassen großen Schaden auslösen würde, deren Nutzen also überragend groß ist. Sich für solche überragend wichtigen Projekte zu engagieren, motiviert und belohnt ungemein stärker! Normale Projekte frustrieren nach höchstens der Hälfte der Laufzeit. Projekte, die Tipp 4 genügen, motivieren dagegen bis zum Schluss bis in die Haarspitzen!

Was dabei ein »hoher Schaden« im Sinne von Tipp 4 ist, bleibt Ihrer Einschätzung überlassen. Wenn Sie bei Projektverzicht eben

- nicht nur einen x-beliebigen, sondern einen A-Kunden verlören, dann ist das ein großer Schaden;
- nicht nur die übliche Schnute des Chefs, sondern ein Riesendonnerwetter riskieren, ist auch das ein großer Schaden;
- einen Riesenumsatz verlören, ist das ein Grund, das Projekt zu machen.

Sie werden erleichtert und überrascht feststellen: Einen wirklich triftigen Grund, also einen überragenden Nutzen, haben nur höchstens ein Drittel aller vorgeschlagenen Projekte. Hört sich toll an, nicht wahr? Eine Arbeitserleichterung um zwei Drittel! Was Sie in der gesparten Zeit alles anfangen können! Wie entspannt Sie plötzlich arbeiten können, wenn Sie so viel Zeit einsparen! Nie wieder Stress, nie wieder Termindruck, nie wieder dieses Gefühl der ständigen Überforderung!

**Wie sag ich's meinem Chef?**

Vielen ungeschulten Einzelkämpfern geht an dieser Stelle im Training der Hintern auf Grundeis: »Aber ich kann doch nicht einfach ein Projekt abschießen, nur weil es keinen überragenden Nutzen hat! Der Chef bringt mich um!« Hand aufs Herz: Wie viele Ihrer Kollegen hat der Chef tatsächlich schon umgebracht? Die Angst ist mal wieder größer als die reale Bedrohung – was einiges über die Psychotisierung der Arbeitswelt aussagt; doch das ist ein anderes Thema.

Der Ton macht die Musik. Wie Sie in den Wald hineinrufen, so schallt es heraus. Wenn Sie Ihrem Chef sagen »Nö, du, Alter, deine Projektidee ist Blödsinn, die zieh ich nicht durch, nix für ungut!«, dann liegt es auf der Hand, dass der Vorgesetzte wie ein Propeller zu rotieren beginnt. Einzelkämpfer arrangieren sich klüger mit ihren Vorgesetzten; zum Beispiel mit der Erst-beim-zweiten-Mal-Technik.

***Die Erst-beim-zweiten-Mal-Technik***

Klaus Alt ist Chefentwickler bei einem Hardware-Hersteller. Er erzählt: »Mein Chef hat drei Projektideen pro Tag. Als junger Spund habe ich noch versucht, die Ideenflut irgendwie auf die Reihe zu kriegen und trotzdem noch meine eigentliche Arbeit zu bewältigen. Doch das habe ich schnell aufgegeben, das schafft kein Mensch, ohne ein Magengeschwür zu kriegen. Ich habe es exakt an jenem Tage aufgegeben, an dem ich bemerkte, dass der Chef auch Projektideen hat, nach denen er kein zweites Mal fragt. Ich wäre ja dämlich, Projekte anzupacken, die der Chef nach dem ersten Mal schon wieder vergessen hat!«

Macht Ihr Chef das auch? Dann nehmen Sie jede seiner Ideen dankend an, stellen sich die Existenz- und die Konsequenzfrage (siehe oben), und wenn Sie auf der Basis beider Fragen die Projektidee nicht für feasible (durchführenswert) halten, dann warten Sie erst einmal ab. Wenn der Chef seine Idee nach dem ersten Gespräch sowieso schon vergessen hat, lassen Sie die Sache auf sich beruhen. Das Projekt hat sich für Sie erledigt.

Wenn Sie sich das nicht trauen oder wenn der Chef Sie tatsächlich ein zweites Mal darauf anspricht oder wenn Sie genau merken, dass dem Chef oder einem anderen Sponsor die konkrete Projektidee sehr am Herzen liegt, wenden Sie die Kastanien-Technik an.

***Die Kastanien-Technik***

Die Technik heißt so, weil sie wie die Marone (die Esskastanie) hinter einer harten Schale einen süßen Kern verbirgt. Die Technik macht es einfach und vor allem erfolgreich, einem Auftraggeber ein Projekt auszureden, wenn Sie sich grob an folgendes Vorgehen halten:

- Machen Sie sich vor dem Gespräch mit dem Chef oder Sponsor unbedingt Notizen zu Ihrer Argumentation. Das gibt die nötige Sicherheit.
- Vermeiden Sie jede Wertung wie: »Das Projekt bringt doch nichts!«
- Führen Sie auch nicht Ihre ohnehin schon satte Arbeitsüberlastung an – das zieht bei Chefs und Sponsoren nicht!
- Bringen Sie sachlich die harte Schale: »Ich habe mir die Projektidee eingehend angeschaut. Ich finde sie sehr gut. Es wäre wirklich schön, wenn wir sie umsetzen könnten. Die Sache hat nur einen Haken: Wir müssen einen unverhältnismäßig hohen Aufwand dafür betreiben.«
- Bieten Sie den weichen Kern an: »Ich möchte die Sache trotzdem anpacken. Wie wäre es mit ...?«

Als weichen Kern bieten Sie dem Sponsor dann eine Maßnahme an, die deutlich weniger Aufwand macht, aber im Großen und Ganzen eine ähnliche Wirkung erzielt; vielleicht nicht in dem Umfang, aber immerhin in derselben Richtung.

Neulich bot ein Niederlassungsleiter eines Pharma-Unternehmens seinem Regionalleiter per Kastanien-Technik an: »Natürlich möchte ich auch, dass unsere Referenten sicherer in der Einwandbehandlung werden. Doch bevor wir einen Workshop veranstalten und einen halben Provisionstag verlieren, lassen Sie es mich doch mal mit einem eindringlichen Appell an die Referenten versuchen. Wenn ich es nicht schaffe, die Leute entscheidend für das Thema zu sensibilisieren, dann können wir immer noch den Workshop halten!« Der Vorgesetzte zeigte sich einverstanden. Im Grunde war ihm egal, wie das Projektziel erreicht wird – Hauptsache, es tut sich was! Der Niederlassungsleiter ersparte sich den Aufwand für einen Workshop, stellte trotzdem seinen Regionalleiter zufrieden und erreichte eine Leistungssteigerung bei seinen Pharma-Referenten. Sie sehen: Die meisten Projekte können Sie durch einfachere Maßnahmen ersetzen, die genauso viel oder sogar mehr bringen!

### *Wenn der Boss zickt*

Was tun Sie, wenn der Chef oder Sponsor sich uneinsichtig zeigt und Ihnen sagt: »Mich interessiert nicht, ob das Projekt keinen überragenden Nutzen hat! Ziehen Sie es gefälligst durch!«? Freuen Sie sich! Wenn Sie einen Chef haben, der nicht logisch denken kann, keine Projektkompetenz hat und beide Mängel auch noch in die Welt hinausposaunt, dann tun Sie ihm doch einfach den Gefallen und legen mit dem Projekt los. Nichts wirkt so befreiend, entlastend und zum Dienst nach Vorschrift einladend als eine unsinnige Anweisung. Man denkt sich dabei einfach »Der Chef weiß es eben nicht besser!« und erledigt die Aufgabe nebenbei mit links.

Glücklicherweise sind solche uneinsichtigen Tyrannosaurier selten. Sie sterben aus. Die meisten Chefs lassen nicht nur mit sich reden, sondern freuen sich sogar, wenn Sie mitdenken. Viele sagen: »Natürlich ist es mir recht, wenn Sie eine bessere Idee haben! Hauptsache, es passiert was!« Gute Chefs sind nicht an Projekten interessiert – sie sind in erster Linie an Resultaten interessiert!

### Die Projektempfehlung

Durch einen Projektverzicht eliminieren Sie die Zahl Ihrer Projekte ganz erheblich. Viele meiner Coaching- und Trainingsteilnehmer berichten von einer Reduktion um ein oder zwei Drittel, manche sogar um drei Viertel. Stellen Sie sich mal die vielen freien Stunden pro Tag vor! Die Zeit, die dadurch für Wichtigeres frei wird!

Und das ist noch nicht alles! Sie können Ihre Arbeitslast noch stärker reduzieren, wenn Sie selbst Projekte, die Tipp 4 genügen, nicht alle ausführen, sondern – kommen Sie drauf? – einem Kollegen an die Backe heften. Das hat nichts mit Schwarzer-Peter-Spiel oder Intrige zu tun.

### Einzelkämpfer-Tipp 5

Wenn es einen Kollegen gibt, der fachlich besser qualifiziert oder erfahrener in der konkreten Projektsache ist, ist es Ihre heilige Pflicht, Ihren Auftraggeber davon zu unterrichten und den Kollegen zu empfehlen!

Es versteht sich von selbst, dass Sie diese Empfehlung gut begründen. Raten Sie mal, womit unerfahrene Projektverantwortliche diese Delegation begründen. Richtig geraten, mit ihrer Arbeitsbelastung: »Das schaffe ich nicht auch noch! Ich bin zu bis zur Halskrause!«

Hören Sie auf, dem Chef von Ihrer Arbeitsüberlastung vorzujammern. Das zieht nicht und wirkt im Übrigen weinerlich.

Begründen Sie vielmehr, warum der von Ihnen empfohlene Kollege der Erfahrenere, Bessere ist. Das kann er sein,

- weil er schon ein ähnliches Projekt gemacht hat,
- weil das Projekt in eines seiner Arbeitsgebiete fällt,
- weil das Projekt eine Erfordernis mit sich bringt, die der Kollege besser erfüllt,
- weil der Kollege bislang bei Projekten eindeutig zu kurz gekommen ist.

Die Zahlen sprechen für sich. Unerfahrene Projektverantwortliche nehmen von zehn angebotenen Projekten neun bis zehn (zähneknirschend) an. Einzelkämpfer schaffen es, zumindest bei drei bis vier eine wirksame Empfehlung auszusprechen. Drei bis vier Projekte weniger – würde Ihnen diese Entlastung schmecken? Dann empfehlen Sie! Übrigens: In vielen Fällen bedankt sich der empfohlene Kollege auch noch, weil das Projekt tatsächlich besser in sein Aufgabengebiet passt und er schon lange so ein Projekt machen wollte. Selbst wenn er das nicht wollte: Wenn ein Projekt besser bei ihm reinpasst, kann er sich nicht wirklich über die Empfehlung beklagen.

**Die Projektdelegation**
Wenn Sie ein Projekt nicht qualifiziert verwerfen und nicht an einen Kollegen empfehlen können, müssen Sie es trotzdem nicht machen. Sie müssen es zwar annehmen, aber nicht unbedingt selbst ausführen. Nicht, wenn Sie Führungskraft sind. Dann haben Sie nämlich noch Ihre Mitarbeiter.

Einzelkämpfer-Tipp 6
Delegieren Sie alles, was an einem Projekt delegierbar ist!

Stöhnen Sie nicht. Auch mir ist klar, dass »gute Mitarbeiter« eine aussterbende Rasse sind. Ein Mitarbeiter, dem man kurz mal ein Projekt übertragen kann, ist eine Rarität. Paradoxerweise delegieren erfahrene Einzelkämpfer ungefähr zwei- bis dreimal so oft wie unerfahrene Kollegen. Weil sie die besseren Mitarbeiter haben? Nein.

Ob man etwas an einen Mitarbeiter delegieren kann, liegt nicht so sehr am Mitarbeiter, sondern ob man delegieren kann. Delegieren ist wie Bruchrechnen auch eine Fähigkeit. Erfahrene Einzelkämpfer delegieren viel häufiger,

- weil sie ihre Mitarbeiter gezielt und permanent für neue Aufgaben entwickeln;
- weil sie auch Partialdelegationen vornehmen können: Wenn der Mitarbeiter (noch) nicht das komplette Projekt stemmen kann, dann kriegt er wenigstens jene Teile, die er kann.
- weil sie briefen können.

Wenn ein Mitarbeiter mit einer Delegation nicht klarkommt, liegt das seltener am Mitarbeiter und häufiger am Briefing. Denn oft genug briefen Vorgesetzte nach dem Muster, nach dem auch sie gebrieft werden: »Machen Sie mal!« Das ist zu wenig. Je besser Sie einen Mitarbeiter briefen, desto besser wird er seinen Job machen.

***Checkliste Briefing***
Briefen Sie Mitarbeiter so, dass sie zu Ihrer Zufriedenheit arbeiten (können). Zu einem professionellen Briefing gehören Informationen über ...

- den Sinn und Zweck des Projekts
- konkrete Ziele und Termine seiner Aufgabe(n)
- die Gründe, warum das Projekt für wen wichtig ist
- die inneren Zusammenhänge im Projekt
- was wäre, wenn – also Risk Management
- die Vorgehensweise im Projekt
- mögliche Unterstützung durch den Vorgesetzten
- Ressourcen und Budget

Denken Sie einmal nach: Genügen Ihre Briefings diesen Anforderungen? Wenn nicht, dann wissen Sie jetzt wenigstens, warum Ihre Mitarbeiter oder Kollegen nicht das machen, was Sie von ihnen erwarten.

**Die Eindampf-Technik**
Wenn Sie ein Projekt nicht qualifiziert verwerfen, nicht empfehlen und nicht delegieren können, müssen Sie trotzdem keine Überstunden schieben oder Ihrer eigentlichen Arbeit die Zeit stehlen.

Einzelkämpfer-Tipp 7
Jedes Projekt hat einen Aufwands-Toleranzbereich (ATB) – nutzen Sie ihn!

Jedes Projekt hat einen Aufwands-Toleranzbereich. Das heißt einen Bereich, innerhalb dessen Sie den Aufwand reduzieren können, ohne dass die Projektqualität signifikant sinkt (siehe Schaubild).

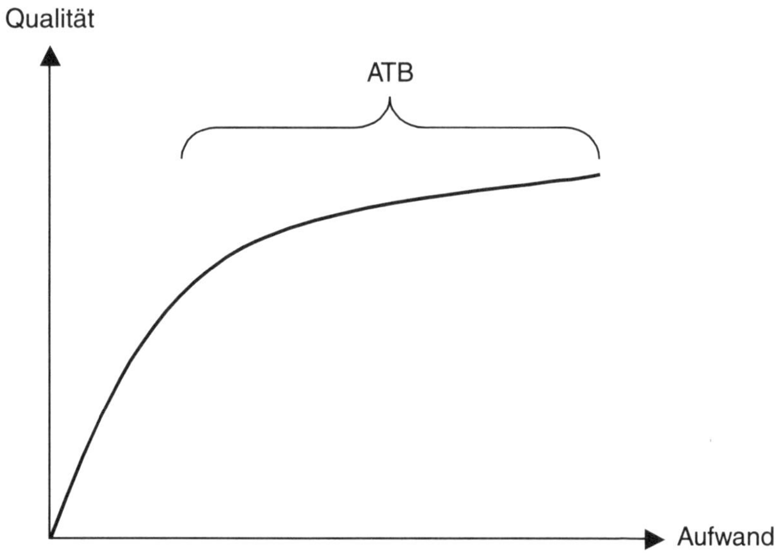


*Der ATB*

Im Grunde kennt jeder diesen Bereich: Es sind die berühmt-berüchtigten 10 Prozent Ergebnis, die 90 Prozent des Aufwands verursachen.

Es ist jener Aufwand, über den nach Projektende Ihr Sponsor sagt: »Gut gemacht. Aber warum musste es gleich eine Doktorarbeit sein? So viel Aufwand habe ich eigentlich nicht erwartet!« Weniger ist in Projekten meist mehr. Machen Sie immer so viel wie nötig, aber so wenig wie möglich!

Bringen Sie Ihr Projekt vorab auf ein bewusst gewähltes, sinnvolles Niveau! Dampfen Sie den Projektaufwand quasi auf ein sinnvolles Niveau ein. Das sollten Sie machen – denn es macht keiner für Sie!

Projekte präsentieren sich meist mit viel zu viel Aufwand. Reduzieren Sie den Aufwand vorab bewusst! Legen Sie das Leistungsniveau vorher fest. Wählen Sie es, anstatt sich wie unerfahrene Kollegen davon überraschen, überrollen und überfordern zu lassen.

***Checkliste Eindampfen***

Stellen Sie sich vor dem Projektstart folgende Fragen:

- Welche Teile und Anforderungen des Projekts kann ich ohne wahrnehmbaren Qualitätsverlust weglassen?
- Welche Teile und Anforderungen kann ich mit tolerablem Qualitätsverlust weglassen?
- Wie sieht quasi die »Grundausstattung« für das Projekt aus?
- Welches Erwartungsniveau habe ich und welches hat mein Sponsor? In der Regel hat er ein viel niedrigeres!
- Was kann ich alles »rauswerfen«, was man nicht wirklich braucht?

***Warum Eindampfen schwer fällt***

Während erfahrene Einzelkämpfer Projekte eindampfen, bis sie kaum noch belasten, überfordern sich viele unerfahrene Kollegen oft. Warum? Das hat zwei Gründe.

Der erste Grund: Perfektionismus. Für viele unerfahrene Kolleginnen und Kollegen ist ein Projekt erst dann fertig, wenn es perfekt ist, wenn es 150 Prozent der Anforderungen erfüllt. Ein menschlicher, aber grandioser Irrtum. Ein Projekt ist nicht dann perfekt, wenn Sie es für perfekt halten, sondern wenn es perfekt die Erwartungen von Auftraggeber, Sponsor oder Nutzer trifft!

Wie Sie immer wieder feststellen werden, suchen Ihre Sponsoren nur ganz selten nach der »perfekten Lösung«, sondern nach der »Workable Solution«, jener Lösung, die einfach ist und einfach funktioniert. Denn welcher Nutzer will schon eine Lösung, die so perfekt ausfällt, dass sie ihm schlicht zu komplex ist?

Wenn Sie es perfekt machen wollen, machen Sie das bei Ihren Hobbys. Im Job zählen Lösungen, keine Perfektion! Perfektion ist unbezahlbar. Wenn Sie trotzdem nicht darauf verzichten möchten: Machen Sie immer nur ein oder wenige ausgesuchte Projekte perfekt – die meisten anderen einfach nur gut. Sie sparen dabei Zeit und haben im Übrigen mehr Erfolg. Denn Perfektionismus zahlt sich nicht wirklich aus.

Der zweite Grund, warum unerfahrene Projektverantwortliche viel zu viel Aufwand betreiben, ist, dass sie es allen recht machen wollen und deshalb ihr Projekt mit Aufwand überladen. Ein guter Grund, der jedoch einen Denkfehler aufweist: Wenn Sie es schon allen recht machen wollen, dann verlassen Sie sich dabei tunlichst nicht auf Ihr Gefühl und Ihre Vermutungen, sondern fragen Sie Ihre Sponsoren und Nutzer, was sie von Ihnen erwarten. Sie werden feststellen, dass sie

- oft etwas ganz anderes erwarten als Sie,
- viel weniger erwarten, als Sie vermutet haben.

Unerfahrene Projektverantwortliche beklagen oft ihren Stress und dass die Projekte zu viel Zeit fressen. Einzelkämpfer klagen nicht. Sie dampfen ihre Projekte so weit ein, dass sie keine Zeit mehr fressen, die man nicht hat.

**Projekte ohne Sponsor: Das Projekt-Audit**

Ich beobachte immer wieder, wie selbst erfahrene Manager es zwar schaffen, fremde Projekte gut einzudampfen – doch wenn es um die eigenen Projektideen geht, geht der Gaul mit ihnen durch. Jeder berufstätige Mensch hat Dutzende guter Ideen, die er neben der eigentlichen Arbeit her verfolgt. Das geht von dem chronischen Vorhaben, endlich »die Ablage zu machen«, über das Einarbeiten in ein neues Fachgebiet, den Erwerb einer Zusatzqualifikation bis hin zum banalen Projekt »endlich mal Ordnung in meinen Schreibtisch zu bringen«.

Alle diese Projekte hat man irgendwann angefangen und nie zu Ende geführt. Was würde passieren, wenn Sie morgen früh aufwachten und alle diese Projekte über Nacht wie durch ein Wunder erledigt worden wären? Da wären Sie sicher mächtig erleichtert! Verrückt, nicht? Da meint man immer, der Berufsstress kommt vom Beruf her. Dabei wird er oft genug von solchen Trivialprojekten künstlich aufgeheizt.

Man schleppt die ganze Kohorte unerledigter Dinge mit sich herum und schiebt quasi eine Riesenprojektlawine vor sich her – bis einem die Kraft ausgeht.

Einzelkämpfer-Tipp 8
Machen Sie einmal im Monat ein Projekt-Audit!

***Checkliste Projekt-Audit***

- Erstellen Sie (über zwei, drei Arbeitstage hinweg) eine vollständige Liste Ihrer eigenen kleinen Projekte.
- Erstellen Sie diese Liste per Computer und bringen Sie die Liste in eine Rangfolge: allerwichtigstes Projekt zuoberst.
- Schauen Sie das letzte Drittel der Liste an: Die meisten dieser Projekte können Sie ohne weiteres sofort aufgeben.
- Mit den restlichen machen Sie Einzelkämpfer-Projektmanagement: nach Stellen der Existenz- und Konsequenzfrage aufgeben, (teilweise) delegieren oder nach Kräften eindampfen.

Genießen Sie die Erleichterung, die Sie nach dieser monatlichen Übung verspüren werden! Selbst jene Projekte, die Sie nicht aufgeben (können), werden Sie nicht weiter quälen und Ihren Schreibtisch verstopfen, weil sie mithilfe des Einzelkämpfer-Projektmanagements (s. folgende Kapitel) zügig erledigt werden.

## Die Schlauchboot-Technik

Alles, was nach Abschießen, Empfehlung, Delegation und Eindampfen noch an Projekten übrig ist, können Sie auf dem eingedampften Ergebnisniveau schnell, erfolgreich und effizient nach Hause bringen. Sie können jedoch auch das Gegenteil machen – es wie ein Schlauchboot aufblasen.

Warum um Himmels willen sollten Sie ein Projekt künstlich aufblasen wollen? Aus einem guten Grund:

**Einzelkämpfer-Tipp 9**
Wenn schon, denn schon! Blasen Sie wirklich wichtige Projekte gebührend auf!

Wenn Sie wie ein echter Einzelkämpfer abgeschossen, empfohlen, delegiert und eingedampft haben, dann bleiben so wenige Projekte und so wenig Aufwand übrig, dass Sie die übrigen Projekte

- in aller Ruhe und ohne Stress und
- in aller gebotenen Gründlichkeit

erledigen können.

Deshalb haben Einzelkämpfer mehr Projekterfolg als andere: Was sie machen, machen sie richtig, hat Hand und Fuß – weil sie die Zeit und Muße dazu haben! Da nach Abschuss und Eindampfen meist nur noch eine Hand voll Projekte übrig bleiben, kann man sich um diese in aller Ruhe kümmern. Oder wie ein Einzelkämpfer sagte: »Ich kann nicht alles machen – aber was ich mache, mache ich richtig!«

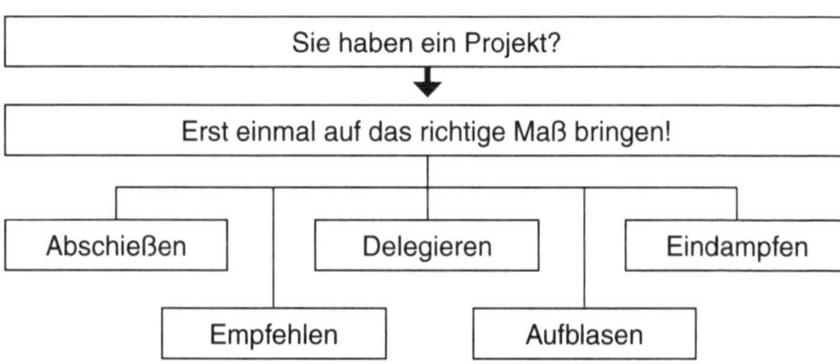


*Projekte aufs richtige Maß bringen*

## Auf einen Blick

**Einzelkämpfer-Tipp 1:** Starten Sie niemals übereilt ein Projekt, so interessant, verlockend oder nötig es auch erscheint. Bringen Sie es immer erst auf das richtige Maß!

**Einzelkämpfer-Tipp 2:** Legen Sie niemals mit einem Projekt sofort los, stellen Sie erst die Existenzfrage: Muss das Projekt überhaupt sein?

**Einzelkämpfer-Tipp 3:** Um herauszufinden, ob ein Projekt tatsächlich sein muss oder nicht, fragen Sie sich: Welches sind die Konsequenzen, wenn wir das Projekt nicht machen?

**Einzelkämpfer-Tipp 4:** Machen Sie ein Projekt nur dann, wenn durch einen Verzicht darauf mit hoher Wahrscheinlichkeit ein großer Schaden entstünde, der durch keinen Nutzen aufgewogen wird.

**Einzelkämpfer-Tipp 5:** Wenn es einen Kollegen gibt, der fachlich besser qualifiziert oder erfahrener in der konkreten Projektsache ist, ist es Ihre heilige Pflicht, Ihren Auftraggeber davon zu unterrichten und den Kollegen zu empfehlen!

**Einzelkämpfer-Tipp 6:** Delegieren Sie alles, was an einem Projekt delegierbar ist!

**Einzelkämpfer-Tipp 7:** Jedes Projekt hat einen ATB – nutzen Sie ihn, um das Projekt einzudampfen!

**Einzelkämpfer-Tipp 8:** Machen Sie einmal im Monat ein Projekt-Audit!

**Einzelkämpfer-Tipp 9:** Wenn schon, denn schon! Blasen Sie wirklich wichtige Projekte gebührend auf!

Man sollte sich sein eigenes System schaffen. Andernfalls ist man der Sklave im System eines anderen.
*William Blake*

# 2 Boxen Sie Zeit frei!

Etliche Projektverantwortliche halten ganz gut mit den Tipps aus Kapitel 1 Maß. Sie versuchen, ihren »Laden sauber zu halten«, und lehnen aus diesem Grund viele Projekte ab, empfehlen oder delegieren andere und dampfen wiederum andere auf ein vernünftiges Maß ein. Trotzdem langt die Zeit hinten und vorne nicht. Warum? Aus einem einfachen Grund: Selbst wenn Sie auch nur ein einziges neues Projekt kriegen, geht Ihnen die Zeit aus!

## Es geht keines mehr rein

Keiner von uns sitzt Tag für Tag im Büro und denkt: »Hm, eigentlich habe ich täglich eine halbe Stunde nichts zu tun – da könnte ich wohl ein neues Projekt anfangen!« Da Sie vielmehr schon jetzt keine Zeit übrig haben, können Sie das neue Projekt eigentlich nicht aufnehmen.

Die Situation ist paradox: Bei keinem von uns passt zeitlich ein neues Projekt rein – doch jeden Monat kommen neue hinzu! In dieser Situation beginnt das Leiden der Projektverantwortlichen.

### Das Leiden der Projektverantwortlichen

Wir können es drehen und wenden, wie wir wollen, es ändert sich nichts an der Tatsache: Wir haben im Grunde viel zu wenig Zeit für zu viele Projekte und die »eigentliche« Arbeit! Unter dieser Zeitnot denken viele Projektverantwortliche: »Da hilft nichts, das ist bei Projekten immer so: Da muss man halt durch! Bin ja selber schuld, weil ich mir das Projekt habe aufladen lassen!« Der Arbeitspsychologe nennt das Opferhaltung: Man leidet sich durchs Projekt, opfert sich für das Projekt. Diese Opferhaltung zeugt zwar von noblem Charakter. Doch wie ein großer Dichter einmal sagte: »In Deutschland nennt man die Fähigkeit, sich selbst im Wege zu stehen, auch Charakter.«

Sie meinen es gut, wenn Sie sich fürs Projekt opfern – doch das Opfer ist weder nötig noch sinnvoll, noch hilfreich. Es geht auch anders.

## Einzelkämpfer leiden nicht

Es ist Unfug, sich für ein Projekt aufzuopfern. Denn: Der eigentliche Grund für Zeitdruck im Projekt ist simpel: Sie verwenden schlicht mehr Zeit für das Projekt, als Sie zur Verfügung haben! Am Anfang eines Projekts fällt das nicht auf. Da stürzen Sie sich voll Enthusiasmus oder zumindest Pflichtbewusstsein auf das Projekt und hängen wie selbstverständlich ein, zwei Stunden am Tag dafür dran.

Damit das funktioniert, schieben Sie in den ersten Wochen so ziemlich alles andere beiseite, was sich ohne viel Aufhebens beiseite schieben lässt. Das klappt am Anfang auch. Doch Sie wissen: Je länger Sie Ihre eigentliche Arbeit vor sich herschieben, desto größer türmen sich die Berge vor Ihnen auf!

Viele Projektverantwortliche denken: »Das ist halt so!« Dabei ist es ganz anders: Niemand hat zwei Stunden täglich für ein neues Projekt! Die Zeit, die Sie einem Projekt geben, haben Sie eigentlich gar nicht! Der rettende Umkehrschluss heißt deshalb:

Einzelkämpfer-Tipp 10

Geben Sie einem Projekt niemals die Zeit, die es verlangt, sondern nur die Zeit, die Sie tatsächlich haben!

Das klingt logisch, widerspricht jedoch der alltäglichen Praxis. In der gängigen Praxis gibt man einem Projekt auch die Zeit, die man gar nicht hat. Man sattelt ein neues Projekt einfach auf die alten Projekte, die eigentliche Arbeit und die übliche Überforderung drauf, schiebt in den ersten Wochen alles andere vor sich her und opfert sich dann dem ausbrechenden Chaos. Das muss geradezu in Frust und Stress enden! Deshalb haben Einzelkämpfer schon lange einen messerscharfen Schluss gezogen:

Einzelkämpfer-Tipp 11

Bevor Sie ein Projekt beginnen, finden Sie erst einmal heraus, wie viel Zeit Sie realistischerweise dafür erübrigen können!

Klingt logisch und trivial? Aber sicher. Und wird so gut wie nie gemacht. Hand aufs Herz: Wie oft haben Sie denn schon geprüft, wie viel Zeit Sie überhaupt haben, *bevor* Sie mit einem Projekt loslegten?

Für die Ermittlung der real vorhandenen Zeit gibt es zwei Methoden: Schätzen und Messen.

**Die intuitive Zeitschätzung**

Viele Projektverantwortliche verschätzen sich heftig bei der fürs Projekt benötigten Zeit. Warum? Weil sie im Gegensatz zum landläufigen Sprachgebrauch überhaupt nicht schätzen! Sie legen einfach los und ärgern sich dann, dass die Zeit hinten und vorne nicht reicht. Bevor Sie also ein Projekt beginnen, schätzen Sie, wie viel Zeit Sie überhaupt dafür erübrigen können.

Erfahrene Einzelkämpfer haben ein erstaunliches Zeitgefühl und geben Schätzungen von verblüffender Genauigkeit ab. Wenn ein Einzelkämpfer zum Beispiel sagt: »Rein gefühlsmäßig kann ich täglich höchstens eine halbe Stunde für das Projekt erübrigen«, dann kommt das erstaunlich genau hin. Vertrauen Sie ruhig Ihrem Zeitgefühl. Sie wissen am besten, wie viel Arbeit Sie gerade am Hals haben und wie viel oder besser wie wenig Zeit noch übrig ist. Die Alternative zur Schätzung ist die Zeitbilanz.

**Die Zeitbilanz**

Wenn Sie Ihrer Schätzung misstrauen oder wenn Sie sie mit einer Messung bestätigen wollen, dann erstellen Sie Ihre persönliche Zeitbilanz. Erfassen Sie alle derzeit anfallenden Aufgaben auf einer Liste und ordnen Sie diesen den erfahrungsgemäß anfallenden Zeitbedarf zu; entweder pro Woche, pro Monat oder pro Tag. Summieren Sie auf und vergleichen Sie die Summe mit der täglich, wöchentlich oder monatlich zur Verfügung stehenden Arbeitszeit. Dann wissen Sie exakt, wie viel Zeit für das Projekt derzeit übrig ist. Um es gleich vorwegzunehmen: Egal, ob Sie schätzen oder bilanzieren, das Ergebnis wird das gleiche sein. Es lautet: Die Zeit, die Sie zurzeit erübrigen können, reicht hinten und vorne nicht für das neue Projekt!

## Projektfrust

Wenn Projektverantwortliche sehen, wie viel Zeit sie eigentlich fürs Projekt benötigten und wie viel sie tatsächlich zur Verfügung haben, setzt das ein, was man gemeinhin unter Projektfrust versteht: »Wie soll ich das denn alles in der kurzen Zeit schaffen?« Diese Frage quält durch das ganze Projekt hindurch. Diese Frage stresst stärker als das eigentliche Projekt. Denn inhaltlich sind die meisten Projekte kein Problem – die Zeit und der Druck sind das Problem!

Unter diesem Stress fällt vielen Projektverantwortlichen die Projektarbeit doppelt schwer, sie arbeiten ständig wie mit angezogener Handbremse. Eben unter Druck statt motiviert. Andere Projektverantwortliche sagen: »Ach was, das wird schon irgendwie hinhauen!« – und arbeiten einfach munter drauflos, bis der Berg Arbeit, den sie dabei vor sich herschieben, über ihnen zusammenbricht. Denn wenn die Zeit einfach nicht reicht, nützt es nichts, wenn man das ignoriert.

In beiden Fällen leiden Projektverantwortliche unter der Zeitnot. Manche leiden weniger, andere leiden heftiger, bis hinein in schlaflose Nächte, viele Überstunden und gesundheitliche Probleme. Ganz zu schweigen von den privaten Schäden, die so ein Projekt verursacht.

Es ist jedoch nicht Aufgabe eines Projektverantwortlichen, unter der Zeitnot zu leiden. Wenn das Leiden wenigstens einen ROI oder besser einen ROS – einen Return on Suffering – hätte, würde es noch Sinn machen. Doch Leiden ist sinnlos: Projekte, in denen der Projektleiter leidet, laufen deshalb nicht besser – im Gegenteil. Wenn dem nämlich so wäre, dann müssten Sie nur wie ein Hund leiden, um Ihrem Projekt zuverlässig zum Erfolg zu verhelfen. Hilft das was? Nicht die Bohne. Es gilt eher das Gegenteil: Wenn's dem Projektverantwortlichen gut geht, geht's auch dem Projekt gut. Das ist eigentlich logisch, nicht?

Unerfahrene Projektverantwortliche leiden unter dem Zeitdruck im Projekt und opfern sich diesem Druck. Einzelkämpfer leiden nicht, weil sie sich nicht opfern. Sie befreien sich vom Zeitdruck. Das schont die Nerven und die eigenen Ressourcen. In diesem Sinne: Schonen Sie sich! Im Folgenden finden Sie die fünf besten die Zeitnot heilenden oder zumindest lindernden Schonrezepte:

- Pragmatismus spart Zeit!
- Minimax-Überstunden verschaffen mehr Zeit!
- Vergrößern Sie einfach Ihr Zeitfenster!
- Die große Ausmist-Aktion verschafft Ihnen Luft!
- Schützen Sie Ihr Zeitfenster!

Einzelkämpfer-Tipp 12

Opfern Sie sich nicht für ein Projekt, sondern schonen Sie sich, indem Sie pragmatisch bleiben, Ihr Zeitbudget ausmisten, Minimax-Überstunden schieben und Ihr Zeitfenster vergrößern und schützen.

**Pragmatismus**

Erfahrene Einzelkämpfer sind Pragmatiker und Realisten. Neulich sagte einer: »Es ist zum Lachen – doch für das neue Projekt habe ich tatsächlich nur eine Viertelstunde täglich Zeit! Aber was soll's! Dann muss ich eben mit dieser Viertelstunde auskommen.« Klingt sehr souverän, nicht wahr? Diesem Mann traut man zu, Projekte erfolgreich zu Ende zu bringen – trotz und gerade unter Zeitdruck! Dieser Einzelkämpfer hat zwar auch keine Zeit – doch er leidet nicht darunter!

Die Aufgabe liegt nicht darin, ein Projekt im luftleeren Raum perfekt abzuliefern. Das kann nämlich jeder. Die eigentliche Aufgabe liegt darin, ein Projekt trotz Zeitnot gut ins Ziel zu bringen! Am besten schaffen Sie das mit gesundem Pragmatismus: Stellen Sie sich auf das Zeitbudget ein, das Sie faktisch haben! Oder wie die Amerikaner sagen: There ain't no more light than what light there is. Frei übersetzt: Sie haben einfach nicht mehr Zeit, als Sie haben! Leiden Sie nicht unsinnig, sondern stellen Sie sich einfach drauf ein!

***Pragmatismus vs. Perfektionismus***

Der praktizierende Pragmatiker sagt sich: »Ich habe wirklich nur x Stunden täglich für das neue Projekt. Das reicht hinten und vorne nicht – also muss ich schauen, wie ich das Projekt in dieser knappen Zeit mit Anstand über die Bühne bringe!« Klingt vernünftig? Sicher.

Doch der Perfektionist rotiert allein beim Gedanken daran! Er sagt sich mit leidendem Unterton: »Aber die Zeit reicht doch nie! Da kommt doch kein ordentliches (sprich: perfektes!) Ergebnis dabei raus!« Exakt. Der Pragmatiker versteht das und liefert eben kein perfektes Ergebnis ab, das auch keiner außer dem pathologischen Perfektionisten erwartet, sondern eine Workable Solution, eine pragmatische (keine provisorische!) Lösung, mit der alle zufrieden sind.

Einzelkämpfer sind Pragmatiker. Ausgebrannte Projektleiter sind Perfektionisten. Wie schon Bert Brecht sagte: »Hart stoßen sich die Dinge im Raum.« In einer perfekten Welt hätten Sie die Zeit, die Sie für ein perfektes Projekt brauchen. Wenn Sie in dieser perfekten Welt leben, dann dürfen Sie Ihrem Perfektionismus nach Herzenslust frönen. Leben Sie jedoch in der realen Welt, dann ist Perfektionismus eine Packung Nägel zu Ihrem Sarg. Ganz abgesehen davon, dass Perfektionismus niemand erwartet.

Pragmatismus liefert befriedigende Projektergebnisse. Perfektionismus liefert befriedigte Projektleiter. Doch es ist nun leider nicht die Aufgabe eines Projektleiters, sich im und am Projekt selbst zu befriedigen ... Also arrangieren Sie sich am besten mit der Zeit, die Sie haben.

**Überstunden nach dem Minimax-Prinzip**

Nicht immer ist ein Projekt in der Zeit zu schaffen, die man faktisch zur Verfügung hat. In dieser Situation liegt der Gedanke an Überstunden nahe. Einzelkämpfer sind Überstunden gegenüber nicht abgeneigt – sofern sie die Ausnahme bleiben und nicht zur Regel werden. Wenn die tatsächlich zur Verfügung stehende Zeit trotz allem Pragmatismus (siehe oben) nicht ausreicht, hängen Einzelkämpfer eben ein halbes Stündchen täglich dran oder opfern mal einen Samstag. Sie tun das aber:

- nur wirklich ausnahmsweise und nicht wie die Perfektionisten im Regelfall
- wirklich nur, um ein pragmatisches, kein perfektes Ergebnis zu realisieren. Denn perfekte Ergebnisse erfordern Überstunden noch und nöcher!

- nur nach dem Minimax-Prinzip: Mit minimalen Überstunden zum maximal möglichen Ergebnis!

Schlagen Sie aus einer minimalen Anzahl Überstunden das maximale (nicht das perfekte!) Ergebnis heraus.

**Das Zeitfenster erweitern**
Überstunden zu schieben ist zwar die häufigste, aber nicht unbedingt die intelligenteste Art, sich mehr Zeit fürs Projekt zu verschaffen. Einzelkämpfer kennen und praktizieren eine etwas freizeit- und familienfreundlichere Methode der Zeitvermehrung, indem sie ihr Zeitfenster auf Kosten projektfremder Aufgaben erweitern. Das kann checklistenartig anhand folgender Fragen geschehen: Welche projektfremden Aufgaben lassen sich
- im Zeitaufwand ohne große Folgen verringern? Eine Reduktion um 50 Prozent und mehr ist mit etwas Prozesskompetenz bei vielen Aufgaben keine Seltenheit.
- komplett streichen? Es gibt immer Tätigkeiten, die man streichen kann – vor allem wenn man eben ein neues Projekt übertragen bekam.
- vertagen, verschieben, auf Eis legen? Es heißt zwar, dass alles »gestern« erledigt sein muss – doch der gewiefte Time-Manager weiß, dass zwei von zehn Aufgaben gut und gerne auch geschoben werden können.
- delegieren? Delegation ist die Zeitschöpfungsmethode der Könige. Schön, wenn Sie sie beherrschen.
- mit der guten Begründung einstellen oder einfrieren: »Ich habe gerade leider dafür keine Zeit, weil ich so ein wichtiges Projekt bekommen habe!«?
- einfach ignorieren, weil die Wahrscheinlichkeit hoch ist, dass sich die Sache von alleine erledigt oder nächste Woche sowieso keiner mehr danach fragt?

Wenn Sie projektfremde Aufgaben kürzen, lügen Sie sich nicht selbst in die Tasche: Wenn eine Aufgabe realistischerweise nur um eine halbe Stunde gekürzt werden kann, dann veranschlagen Sie bei der gewonnenen Zeit auch nur eine halbe Stunde!

Erfahrene Einzelkämpfer wissen, dass die Zeitfenster-Erweiterung ein wahrer Segen ist. Denn dabei entdeckt man doch immer wieder eine ganz erstaunliche Anzahl an Aufgaben und Tätigkeiten, die man eigentlich schon lange einstellen, delegieren oder auf Eis legen wollte. Da kommt das neue Projekt gerade recht! Man wird endlich alten Ballast los und gewinnt dabei auch noch mehr Zeit für das neue Projekt! Verfolgen Sie diesen Ballastabwurf nur energisch genug, wird daraus schnell etwas Größeres: eine generelle Ausmist-Aktion.

**Generelle Ausmist-Aktion**

Wenn Sie die eben skizzierte Zeitfenster-Erweiterung konsequent weiterdenken und auf sämtliche Ihrer aktuellen Aufgaben und Tätigkeiten ausweiten, kommt dabei automatisch eine generelle Ausmist-Aktion heraus.

Wir alle müssen uns täglich mit so vielen Dingen befassen, dass sich immer auch welche darunter befinden, die nur noch mitgeschleppter Ballast sind, den wir schon lange loswerden wollten oder sollten. Dieses Gefühl kennen Sie doch auch! Ein neues Projekt ist eine willkommene Gelegenheit für den lange fälligen Großputz. Wenn Sie in der Vergangenheit schon mal groß ausgemistet haben, dann wissen Sie: Wir alle schleppen eine erschreckende Menge Ballast mit uns herum! Misten Sie deshalb, ohne mit der Wimper zu zucken, alles aus:

- was eigentlich (schon lange) nicht mehr nötig ist
- was nicht wirklich das Erhoffte bringt
- was in der Priorität eindeutig ganz unten rangiert
- was Sie schon lange loswerden wollten
- was nicht mehr zu verantworten ist
- wofür sich ohnehin kaum einer mehr interessiert
- was ein echtes Steckenpferd, also nicht wirklich nötig ist
- was ein kommodes Bauernopfer für das neue Projekt abgibt

Wenn Sie diese Ausmist-Aktion bei jedem neuen Projekt starten, haben Sie übrigens ganz nebenbei ein äußerst wirksames Time-Management installiert, das Ihr Zeitbudget immer schön schlank und Ihren Terminkalender schön leicht hält. Ein Projekt hat auf diese Weise auch eine Audit-Funktion: Wann immer ein neues Projekt reinkommt, auditieren Sie Ihr Zeitbudget. Projekt und Zeitbudget profitieren gleichermaßen davon. Das nennt man Synergie!

**Schützen Sie Ihre Zeitfenster!**

Wenn Sie sich mit Pragmatismus, Minimax-Überstunden, vielen verkürzten, delegierten, gestrichenen oder vertagten Tätigkeiten und vielleicht mit einer Ausmist-Aktion mehr Zeit für Ihr Projekt verschafft haben, was passiert dann mit diesem Mehr an Zeit? Es kommt beileibe nicht Ihrem Projekt zugute, sondern wird teilweise von bösen Zeitkillern aufgefressen. Kaum haben Sie sich nämlich etwas zusätzliche Zeit verschafft,

- beraumt jemand völlig unnötige Meetings an,
- kommen Mitarbeiter oder Kollegen und wollen etwas von Ihnen,
- fallen Ihnen zwei, drei Angelegenheiten ein, die Sie unbedingt auch noch in der neu geschaffenen Zeit »nebenher« regeln sollten.

Jede freie Zeit ist unablässig von bösen Zeitfressern bedroht. Das erfahren wir alle, wenn wir uns nach einem hektischen Tag abends fragen: Wo um Himmels willen ist denn heute wieder die ganze schöne Zeit geblieben? Dem Projekt jedenfalls kam sie nicht oder nur wenig zugute! Denn das neu geschaffene Zeitfenster wurde einfach aufgefressen! Warum? Weil es ungeschützt war.

Und ungeschützte Zeitfenster werden an- und aufgefressen! Das ist ein ehernes Gesetz des Zeitmanagements und unser aller Erfahrung. Also schützen Sie Ihr neu geschaffenes Zeitfenster mit allen bekannten Schutzmaßnahmen für bedrohte Zeiten:

- Vereinbaren Sie mit sich selbst feste tägliche oder wöchentliche Projektarbeitszeiten.
- Legen Sie dazu die Termine und Tageszeiten fest, tragen Sie sie in Ihr Terminplanbuch oder -programm ein.
- Legen Sie sie bereits vor Beginn der eigentlichen Arbeit fest.
- Halten Sie diese Termine eben so bindend ein wie Termine mit dem Chef oder einem Kunden.
- Wenn Sie trotzdem schwach werden und einen Termin sausen lassen, müssen Sie ihn binnen 24, höchstens 48 Stunden nach- und aufholen.
- Während der Projektarbeitszeit erlauben Sie sich nicht, projektfremde Telefonate zu führen.
- Steigerung für Bundesliga-Einzelkämpfer: Während der Projektarbeitszeit erlauben Sie sich nicht, projektfremde Telefonate zu *empfangen*.
- Während der Projektarbeit ist Ihre Bürotür zu und das »Bitte nicht stören!«-Schild ist angebracht.
- Sagen Sie allen, dass Sie nur gestört werden dürfen, wenn Blut fließt.
- Während der Projektzeit schauen Sie nicht in Ihre Mailbox und schalten auch das akustische Signal aus, das den Eingang einer E-Mail meldet.
- Dass in dieser Zeit absolutes Handyverbot gilt, versteht sich von selbst.
- Falls nötig, suchen Sie sich für die Projektzeit einen ruhigen, ungestörten Arbeitsraum. (Es gibt Einzelkämpfer, die sogar eine halbe Stunde früher nach Hause gehen, weil sie nur zu Hause ungestört für das Projekt arbeiten können.)

**Terminierung vor Planung!**

Vielleicht haben Sie beim Betrachten der Checkliste eben gedacht: »Wie das? Ich soll meine Projektarbeitszeiten bereits terminieren, noch bevor ich eine Projektplanung gemacht habe?« Erfahrene Einzelkämpfer können über diese Frage nur schmunzeln. Denn sie haben es, wie alle Greenhorns, auch schon mal anders herum probiert: Erst die Projektplanung, dann die Terminierung der Arbeitszeiten. Was kommt dabei heraus? Chaos, Anarchie und Megastress!

Wenn Sie die Planung vor der Terminierung machen, dann verplanen Sie immer mehr Zeit, als Sie tatsächlich haben! Denn wer zuerst plant und dann die Termine festlegt, legt nicht jene Termine fest, für die er wirklich Zeit hat, sondern jene, welche die Projektaufwandsplanung erzwingt: Wenn die Projektplanung zum Beispiel auf einen Zeitbedarf von 58 Personenstunden kommt, dann terminieren Sie auch Termine für insgesamt 58 Stunden – auch wenn Sie eigentlich nur Zeit für 45 Stunden haben!

Einzelkämpfer-Tipp 13

Terminieren Sie Ihre Projektarbeitszeiten *vor* der Projektplanung. Damit stellen Sie sicher, dass sich das Projekt in seinem Zeitbedarf nach Ihnen richtet – und nicht umgekehrt Sie sich nach dem Projekt richten müssen!

Oder um es noch kürzer und plakativer zu formulieren: Zeitplanung vor Projektplanung!

Wer diese Reihenfolge umkippt, stürzt sein Projekt ins Desaster – so wie es täglich Tausende Projektverantwortliche tun. Wer terminiert, bevor er plant, weiß ganz genau: Mein Projekt muss sich nach den real vorhandenen Zeiten richten und kann nicht ein illusorisches Zeitbudget verbraten, bei dem ich selbst gegrillt werde!

***Die Welt steht Kopf!***

Einzelkämpfer-Tipp 13 stellt die übliche Projektmanagement-Praxis komplett auf den Kopf. Die meisten Projektverantwortlichen planen nämlich erst ihr Projekt und setzen dabei unwillkürlich einen Zeitaufwand an, den niemand leisten kann. Was wie ein simpler Rechenfehler aussieht, grenzt bei näherem Betrachten an psychotischen Realitätsverlust: Natürlich wäre es schön, wenn ich die 58 Personenstunden hätte, die meine Projektplanung so vollmundig verlangt. Aber wenn ich die 58 Stunden nicht habe und trotzdem damit plane, dann verlasse ich doch wohl den Boden der Tatsachen und schwebe wie weiland Major Tom schwerelos im Orbit. Wenn meine Planung auf unseriösen Zeitannahmen beruht, dann betrüge ich meinen Projektsponsor, beschädige mein Projekt und mache mir selbst völlig unnötigen Stress.

Projektmanagement richtet sich entweder nach den Tatsachen oder es scheitert. Das Scheitern tritt dabei in zwei Formen auf: Entweder der Projektverantwortliche brennt aus oder das Projekt scheitert. Oft passiert beides. Erfahrenen Einzelkämpfern passiert so etwas nicht.

***Stress bedeutet falsches Zeitmanagement***

Wer für ein Projekt mehr Zeit verwendet, als er eigentlich hat, macht sich selbst Stress. Wer dagegen nur die Zeit verplant, die er tatsächlich hat, schont sich, entgeht dem Stress und wird obendrein mit Projekterfolg belohnt. Das ist ideal: entspanntes Arbeiten *und* Erfolg dabei. »Ohne Schweiß kein Preis« ist im Lichte dieser Erkenntnis betrachtet ein Spruch für Masochisten. Wahrer Erfolg ist nicht schweißtreibend, sondern leicht. Wer sich im Projekt aufreibt, macht etwas falsch.

Das ist es doch, was Greenhorns so an alten Hasen aufregt! Die vergießen nicht einen Schweißtropfen über ihr Projekt, sehen locker, energiegeladen und entspannt aus und haben trotzdem, nein, gerade deshalb auch noch Erfolg mit ihren Projekten! Jetzt wissen Sie, warum.

**Die Chef-Erlaubnis**

Als letzte Möglichkeit der Zeitvermehrung betrachten wir eine ganz exklusive Methode:

Sebastian soll für einen Industriesauger einen neuen Saugdüsen-Behälter entwickeln. Weil er mehr als genug mit anderen Projekten und seiner eigentlichen Arbeit zu tun hat, geht er zu seinem Entwicklungschef und sagt: »Ich entwickle den neuen Behälter wirklich gerne. Aber Sie wissen ja selbst, wie viel gerade bei mir los ist. Ständig will jemand was von mir. An ungestörtes Arbeiten ist da nicht zu denken. Deshalb wird der Behälter viel länger benötigen als nötig und es wird auch keine 1A-Qualität herauskommen. Ich möchte aber schnellstmöglich den bestmöglichen Entwurf vorlegen. Dazu bräuchte ich jedoch die Teamassistentin einen halben Tag pro Woche für einige Routinearbeiten, ein CAD-fähiges Notebook, um zu Hause am Entwurf weiterzuarbeiten, und für drei Samstage den Schlüssel für die Materialerprobung.« Der Chef schmettert das Notebook ab, genehmigt aber die anderen Wünsche. Sebastian sagt: »Damit ist die Sache zeitlich machbar – das Notebook war sowieso bloß taktische Verhandlungsmasse.«

Einzelkämpfer holen sich die fehlende Zeit direkt vom Chef, Auftraggeber oder Projektsponsor. Das ist lediglich eine Frage der Zivilcourage und der Verhandlungskompetenz. Über beides verfügen clevere Einzelkämpfer in ausreichendem Maße.

## Die Opferhaltung

Es gibt Projektverantwortliche, die lesen dieses Kapitel durch, kapieren alles, unterschreiben alles – und leiden dann doch wieder unter Zeitnot: Sie setzen für ihre Projekte mehr Zeit an, als sie eigentlich haben. Sie leiden, sie scheitern. Warum, wenn sie es doch besser wissen müssten?

Wenn jemand etwas besser weiß und es trotzdem schlechter macht, kann es nicht am Wissen liegen. Es liegt an der Einstellung. Leidende Projektverantwortliche denken: »Aber ich kann doch nicht dem Projekt nur die Zeit geben, die ich effektiv zur

Verfügung habe! Ich muss doch mehr Zeit dransetzen! Was soll denn mein Chef oder der Sponsor von mir denken!«

Erfahrene Einzelkämpfer denken dagegen: »Ich würde ja gerne mehr Zeit auf das Projekt verwenden – aber ich habe eben nicht mehr Zeit! Das Projekt muss sich wie ich auch nach den realen Gegebenheiten richten!« Leidende Projektleiter denken wie Opfer: »Ich muss mich nach dem Projekt (dem Chef, meiner Frau, den Kindern, dem Staat ... ) richten.« Einzelkämpfer denken wie Gestalter: »Ich habe die Zeitnot nicht erfunden, ich mache lediglich das Beste daraus.« Projektleider traben überzogenen Ansprüchen hinterher. Einzelkämpfer traben nirgends hinterher, sie gestalten selbst ihre Arbeitszeit und ihr Leben.

Das Problem hinter der hinderlichen Einstellung ist: Bei der »normalen« Arbeit wird belohnt, wer dumpf hinterhertrabt. Auch wenn viele Führungskräfte immer noch vergeblich den mitdenkenden Mitarbeiter fordern, die Hierarchien bestrafen ihn eher. Bei der Projektarbeit wird jedoch bestraft, wer als kommodes, schlachtwilliges Opfer hinterhertrabt. In der Linie wird Gehorsam belohnt, im Projekt Eigenständigkeit. Eigenständigkeit ist eine Führungsfähigkeit. Wer die eigenen Führungseigenschaften nicht wachrufen kann, wird im Projekt immer Zeiten veranschlagen, die er nicht hat, und wie ein Opfer leiden. Wer dagegen in sich selbst die lange verschüttete Führungskompetenz wieder wachrufen kann, wird nur die Zeit ansetzen, die er auch wirklich hat.

### Einzelkämpfer-Tipp 14

Wenn Sie nicht die Gegebenheiten beherrschen, werden die Gegebenheiten Sie beherrschen!

Das nennt man dann Fremdbestimmung – uns allen bestens bekannt als die Geisel des 21. Jahrhunderts und als Hauptstressor des modernen Arbeitslebens.

## Die Entweder-oder-Wahl

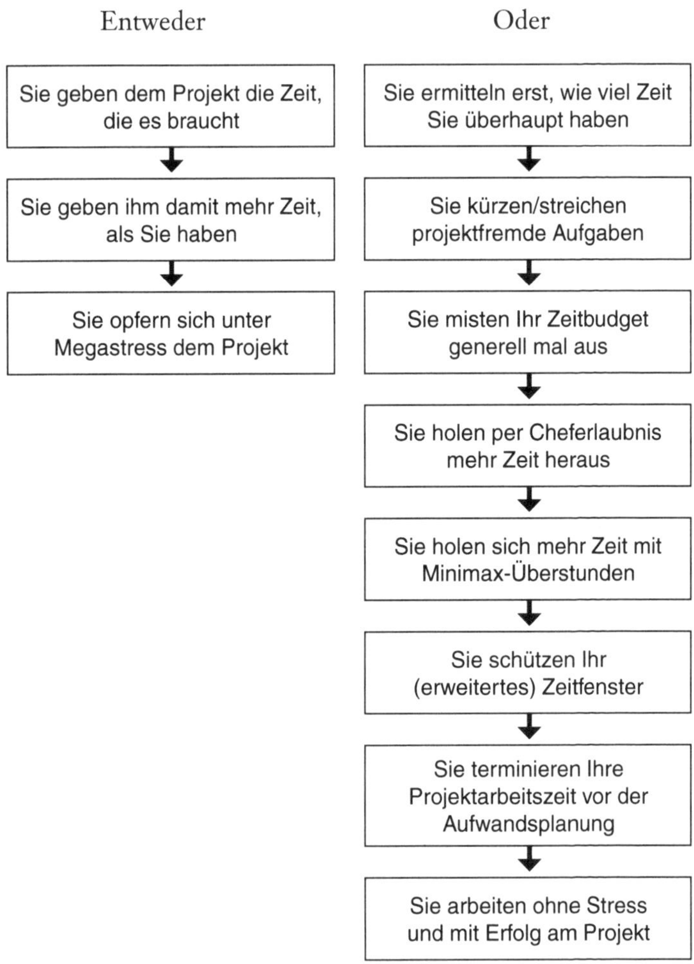

## Auf einen Blick

**Einzelkämpfer-Tipp 10:** Geben Sie einem Projekt niemals die Zeit, die es verlangt, sondern nur die Zeit, die Sie tatsächlich haben!

**Einzelkämpfer-Tipp 11:** Bevor Sie ein Projekt beginnen, finden Sie erst einmal heraus, wie viel Zeit Sie realistischerweise dafür erübrigen können!

**Einzelkämpfer-Tipp 12:** Opfern Sie sich nicht für ein Projekt, sondern schonen Sie sich, indem Sie pragmatisch bleiben, Ihr Zeitbudget ausmisten, Minimax-Überstunden schieben und Ihr Zeitfenster vergrößern und schützen.

**Einzelkämpfer-Tipp 13:** Terminieren Sie Ihre Projektarbeitszeiten *vor* der Projektplanung. Damit stellen Sie sicher, dass sich das Projekt in seinem Zeitbedarf nach Ihnen richtet – und nicht umgekehrt!

**Einzelkämpfer-Tipp 14:** Wenn Sie nicht die Gegebenheiten beherrschen, werden die Gegebenheiten Sie beherrschen!

Man löst keine Probleme, indem man sie
auf Eis legt.
*Winston Churchill*

# 3 Verhindern Sie Blähungen!

Sie haben inzwischen (idealerweise) Ihr Projekt aufs rechte Maß gestutzt und sich ausreichend Zeit dafür freigeboxt. Trotzdem werden Sie schon nach wenigen Tagen Projektarbeit stirnrunzelnd feststellen: »Das macht immer noch viel zu viel Aufwand!« Obwohl es ein kleines oder mittleres Projekt ist.

Das ist einigermaßen paradox. Denn betrachtet man ein Projekt nüchtern, sagen die meisten Projektverantwortlichen spontan: »So viel Arbeit ist das doch eigentlich gar nicht!« Mit der Betonung auf »eigentlich« – denn tatsächlich erfordert das kleine Projekt einen überproportional großen Aufwand. Daran ist jedoch nicht das »eigentliche« Projekt schuld, sondern ein erstaunliches Phänomen: Kleine Projekte machen eigentlich nicht viel Arbeit, doch tatsächlich werden sie künstlich aufgebläht.

## Projekte werden künstlich aufgebläht

Welcher Schurke bläht Projekte mit völlig unnützem Zeug auf? Eine Frage, zwei Irrtümer. Die Menschen, die Projekte aufblähen, sind keine Schurken, sondern oft Ihre besten Freunde, Ihre Chefs, gute Mitarbeiter und am häufigsten sogar Sie selbst! Und das, womit sie Ihr Projekt aufblähen, ist nicht irgendein dummer Unfug, sondern: Gute Ideen blähen Projekte auf.

Das ist allerdings paradox, dass ausgerechnet gute Ideen Projekte aufblähen. Doch am Projektmanagement ist manches paradox. Das ist kein Schaden. Schädlich ist allein, dass viele Projektverantwortliche diese Paradoxien ignorieren und sich selbst damit ein Bein stellen.

## Gute Ideen sind eine schlechte Idee

Ist ein Projekt erst einmal auf Schiene gelegt, belässt man es in der Regel nicht dabei. Vielmehr hat jeder, der mit dem Projekt mittelbar oder unmittelbar etwas zu tun hat, mindestens eine gute Idee, die er einbringen möchte. Viele wissen, wie man's noch besser machen könnte. Mancher bringt noch einen Aspekt vor, der »unbedingt noch rein muss«. Und auch Sie selbst kommen auf viele gute Ideen, während Sie sich Gedanken über das Projekt machen, bei Experten Erkundigungen einziehen oder das Projekt planen.

Das Vertrackte daran: Die eingebrachten Ideen sind meist wirklich gute Vorschläge, die echt etwas bringen. Leider blähen sie das Projekt bis zur Megalomanie auf, versehen es mit schwerem Ballast, der es und Sie nach unten zieht.

### *Vom Guten das Schlechte*

Nun sind gute Ideen zunächst einmal gut. Sie bringen was, sie machen Ihr Projekt besser. Das sind wichtige Vorteile. Leider haben gute Ideen auch vier entscheidende Nachteile:

- Gute Ideen blähen den Projektaufwand auf.
- Gute Ideen lenken vom Wesentlichen ab.
- Gute Ideen sind oft nicht wirklich nötig.
- Gute Ideen bringen oft etwas, aber nicht das Wesentliche.

Von diesen vier Nachteilen ist der zweite in der Regel der schlimmste. Denn: Je aufgeblähter ein Projekt, desto mehr verzetteln Sie sich!

Die Zeitnot, in die Sie dabei geraten, ist dabei noch nicht einmal das Schlimmste. Das Schlimmste ist: Je heftiger Sie sich verzetteln, desto stärker verlieren Sie den Blick für das wirklich Wesentliche im Projekt. Sie verfolgen so viele gute Ideen, dass

Sie sich um das eigentlich Wichtige nicht mehr (ausreichend) kümmern können. Den Stress, das eigentlich Wichtige zu vernachlässigen, empfinden viele Projektverantwortliche als wesentlich schlimmer als den üblichen Terminstress. Denn während man zum Beispiel noch eine Überstunde dranhängt und eigentlich schon längst bei der Familie sein sollte, nagt das ungute Gefühl an einem, dass die Arbeit, die man gerade schweißtreibend verfolgt, noch nicht einmal wirklich wichtig ist! Das ist frustrierend.

Projekte werden nicht deshalb zu unübersichtlichen Zeitfressern, weil Projekte eben chaotisch und zeitintensiv sind, sondern weil sie künstlich aufgebläht werden und man sich deshalb verzettelt!

***Sind mal wieder Sie an allem schuld?***

Das haben Sie doch schon geahnt! Natürlich sind mal wieder Sie an allem schuld! Sie überladen Ihr Projekt mit unnötigem Ballast und beklagen sich dann auch noch darüber, dass der Ballast zu viel Zeit frisst. Selber schuld! Glauben Sie?

Glauben Sie solche Märchen nicht, auch wenn die Literatur, Ihr Chef, Ihre Sponsoren und Auftraggeber Ihnen das suggerieren. Einzelkämpfer glauben solche Ammenmärchen nicht. Denn erstens hat Sie bislang – wollen wir wetten? – noch kein Mensch auf die blähende und kontraproduktive Wirkung von guten Ideen aufmerksam gemacht. Und zweitens erpressen Sie viele Ideengeber emotional und/oder beziehungstechnisch, ihre gute Idee doch bitte bitte auch noch im Projekt zu berücksichtigen. Sie können also wirklich nichts dafür, wenn die ganze Projektwelt sich gegen Sie verschworen hat.

**Die Blähquote**

Es stinkt gewaltig zum Himmel, wenn ein Projekt Blähungen hat. Wenn unser in2ition-Team Projekte begleitet, beobachten wir Blähquoten, die zwischen 1:2 und 1:5 liegen. Das heißt: Aus einem kleinen oder mittleren Projekt wird dank vieler guter

Ideen das Doppelte oder gar das Fünffache des ursprünglichen Aufwands gemacht. Vereinzelte Ausreißer bringen es sogar auf eine Blähquote von 1:10 oder höher. Kein Wunder, dass es in einem derart künstlich aufgeblähten Projekt dem Projektverantwortlichen irgendwann kolossal zu stinken beginnt. Vor allem: Je aufgeblähter das Projekt, desto geringer die Erfolgswahrscheinlichkeit.

Ein Projektverantwortlicher, natürlich Mathematiker, sah darin sogar einen funktionellen Zusammenhang: »Die Erfolgswahrscheinlichkeit eines Projekts verhält sich invers zur Blähquote.« Will heißen: Wenn Sie ein Projekt auf die doppelte Größe aufblasen (lassen), sinkt Ihre Erfolgswahrscheinlichkeit um die Hälfte – optimistisch geschätzt. Tatsächlich ist die Inversion progressiv: Eine Verdoppelung des Aufwandes provoziert erfahrungsgemäß eher eine Vervierfachung der Projektrisiken! Oder anders ausgedrückt: Die Blähquote treibt das Risiko exponentiell in die Höhe! Wenn Sie den Aufwand verdoppeln, vervierfachen Sie damit grob geschätzt auch das Risiko von Projektunfällen, Problemen und Totalflops (siehe Toll Collect).

Warum fällt es Projektverantwortlichen ohne Einzelkämpfer-Ausbildung so schwer, die Blähquote niedrig zu halten? Weil man von einer guten Idee meist so begeistert ist, dass man nur ihre Vorteile sieht – und schlicht den Aufwand vergisst, der dahinter steckt. Oder ihn bagatellisiert: »Das machen wir schon! Das geht schon irgendwie!« Bis man bemerkt, dass das, was man für Optimismus hielt, blanke Fahrlässigkeit war.

Ein weiterer Grund für ungute Blähungen ist die Investitionsfalle: Viele Projektverantwortliche merken irgendwann, dass ihr Projekt immer stärker aufgebläht wird. Sie würden die eine oder andere Idee auch gerne wieder raus aus dem Projekt nehmen. Doch erstens stammt die Idee meist von guten Kollegen, Kunden, Mitarbeitern oder Vorgesetzten, mit denen man ausführlich über die gute Idee geredet hat. Und es sieht äußerst undankbar aus, wenn man die Idee dann einfach so fallen lässt.

Und zweitens lässt man ungern fallen, worin man bereits so viel Zeit, Gespräche und Energie investiert hat.

Weil man die investierte Zeit nicht einfach als vergeudet abschreiben möchte, lässt man die gute Idee im Projekt – und vergrößert den Blähquotienten. Man ist in die Investitionsfalle getappt. Unternehmen Sie etwas dagegen.

***Fingerübung: Was ist gut, aber unnötig in Ihrem Projekt?***
Betrachten Sie eines Ihrer aktuellen Projekte einmal genauer. Betrachten Sie all die guten Ideen, die darin stecken – und fragen Sie sich, welche davon nicht wirklich wichtig und wesentlich sind. Listen Sie diese guten, aber unwesentlichen Ideen auf, wenn Sie möchten:

......................................................................

......................................................................

......................................................................

......................................................................

......................................................................

Wenn wir diese Übung in Trainings oder Coachings machen, reicht oft der obige Platz nicht aus, um die vielen guten, aber unwesentlichen Ideen aufzulisten. Die Projektverantwortlichen sind darüber am meisten geschockt und gleichzeitig freudig überrascht. Sie sagen oft:

- »Meine Güte – so viel Müll schleppe ich mit mir herum!«
- »Kein Wunder, dass mich das Projekt derart belastet.«
- »Wie viel Zeit ich doch hätte, wenn ich diesen Ballast los wäre!«
- »Jetzt ist mir klar, warum ich einfach nicht vorankomme!«
- »Die guten Ideen sind wohl doch nicht so gut, wie ich annahm.«
- »Mir war nicht klar, dass das Projekt bereits so aufgebläht ist!«

## Ziele schützen vor Verzetteln

Als Sie eben die Fingerübung machten, wie wussten Sie dann, welche Ideen auf die Liste gehören? Viele Projektverantwortliche antworten darauf: »Na, das weiß man doch, was wichtig ist im Projekt und was nicht.« Logisch, doch woher weiß man das? Woher weiß man, wobei man sich verzettelt und was wirklich wesentlich ist?

Wenn das Problem beim Verzetteln ist, dass man dabei das Wesentliche aus den Augen verliert, dann lautet die Lösung des Problems ganz offensichtlich: Behalten Sie immer das Wesentliche im Auge! Was ist das Wesentliche eines Projekts? Richtig, die Projektziele.

**Einzelkämpfer-Tipp 15**
Wer stets seine Projektziele im Auge behält, verzettelt sich nicht.

Wie heißen die Ziele in Ihrem aktuellen Projekt? Sie wissen es nicht auf Anhieb? Sie schämen sich deshalb? Vergessen Sie das. Die meisten Projektverantwortlichen kennen ihre Ziele nicht.

Das klingt peinlich, ist es aber nicht: Den meisten Projektverantwortlichen werden bei Auftragserteilung überhaupt keine Projektziele genannt! Logisch, denn die meisten Sponsoren und Auftraggeber erteilen den Projektauftrag nicht mit einer Zielbeschreibung, Zielvorgabe oder gar Zielvereinbarung, sondern lapidar mit einer Themenansprache und der Anweisung: »Machen Sie mal!« Da steht er nun, der arme Tor, und ist so klug als wie zuvor. Denn keiner sagt ihm, welche Projektergebnisse genau von ihm erwartet werden.

Für einen Wirtschaftslaien klingt das bizarr und geradezu unglaublich: Wie kann man ein Projekt in Auftrag geben, ohne die Ziele dafür zu nennen? Man kann, wenn man Manager oder Kunde ist und irrtümlich, aber gewohnheitsmäßig davon ausgeht, dass der Projektverantwortliche »schon weiß, was ich meine«. Dieses liebenswerte Phänomen ist konstituierendes Element einer Erscheinung, die man Praxisschock nennt: Da bildet man Ingenieure und Wirtschaftswissenschaftler nach den Prinzipien eines Scientific Management aus und dann geraten sie in eine Praxis, in der – oh Schock! – Projekte ohne Zielvereinbarung angepackt werden, weil Auftraggeber annehmen, dass ihre Projektverantwortlichen alle Telepathen sind!

Wie finden Sie aber nun unter solchen absurden Umständen heraus, welches Ihre Ziele sind? Indem Sie Sherlock Holmes spielen.

**Erst die Ziele, dann das Projekt**

Die meisten Projektverantwortlichen beginnen ihre Projektarbeit, ohne ihre Projektziele vollständig und richtig zu kennen. Also packen sie auch lauter gute Ideen in das Projekt, die mit den eigentlichen, aber unbekannten Zielen nicht das Geringste zu tun haben, das Projekt aber hübsch aufblähen. Gewitzte Einzelkämpfer fallen auf diese Projektfalle nicht herein. Sie fangen ein Projekt erst dann an, wenn sie wissen, welches ihre Ziele sind, womit sie gleichzeitig verhindern, dass das Projekt aufgebläht werden kann.

Einzelkämpfer-Tipp 16

Bevor Sie ein Projekt starten, finden Sie erst die Ziele heraus!

Überlegen Sie in einer ruhigen Minute (viel mehr braucht es wirklich nicht), welches für Sie die Ziele des Projekts sind. Listen Sie diese auf, denn Ziele kann man nicht im Kopf managen.

***Ihre Zielliste***
Notieren Sie die wesentlichen Ziele für Ihr aktuelles Projekt:

..............................................................................

..............................................................................

..............................................................................

..............................................................................

..............................................................................

..............................................................................

Es versteht sich von selbst, dass Sie sich für ein Projekt keine 20 Ziele vornehmen. Ein alleiniges Ziel ist prima, aber oft nicht praktikabel. Drei sind gerade noch machbar. Ab fünf beginnt die Unübersichtlichkeit, das Chaos und die strukturelle Überforderung.

**Klären Sie die Ziele mit dem Sponsor**
So eine Zielliste sieht ungewohnt und doch irgendwie gut aus, nicht wahr? Sie gibt Sicherheit und Orientierung. Doch bevor Sie mit dieser Liste in der Hand das Projekt beginnen, sollten Sie sich die Ziele offiziell genehmigen lassen: Lassen Sie Ihre Zielliste vom Auftraggeber gegenzeichnen.

Natürlich wird der Sponsor, wenn er die Ziele so konkret vor Augen hat, nicht mit jedem Ziel einverstanden sein. Sie können sich natürlich fragen, warum er das nicht vorher schon gesagt hat, und die Antwort würde lauten: Weil er im Gegensatz zu Ihnen das Projekt ohne Zielliste in Auftrag gegeben hat! Empörter Einwand: Aber das ist doch Aufgabe einer guten Führungskraft, die Ziele des eigenen Projekts zu kennen! Schön wär's ja, doch leider sind damit viele Führungskräfte überfordert. Gerade deshalb wurde der Projektverantwortliche erfunden: Der Projektverantwortliche kennt sich im Projektmanagement naturgemäß besser aus als der Auftraggeber. Also müssen Sie ihn führen – und nicht umgekehrt!

Natürlich stellt das die übliche Hierarchie im Betrieb auf den Kopf. Plötzlich führen Sie möglicherweise sogar Ihren eigenen Chef! Doch nichts weniger ist Projektmanagement: Das Auf-den-Kopf-Stellen der üblichen Hierarchie – das gibt nur keiner gerne offen zu.

***Die Detektiv-Zieltechnik***

Sobald Sie mit dem Auftraggeber über die Projektziele sprechen, werden Sie feststellen, dass der gute Mann (oder die Frau) oft genug keine oder keine brauchbare Vorstellung von seinen eigenen Projektzielen hat. Das ist keine Schande, das muss so sein. Das ist sogar gut für Sie, denn es rechtfertigt Ihre Existenz und unterstreicht geradezu die Bedeutung eines Projektverantwortlichen, der als Einziger im Projekt über die magische Fähigkeit verfügt, auf wunderbare Weise die Ziele des Projekts herauszubekommen und die Blinden ins gelobte Land zu führen.

Es ist der Job des Einzelkämpfers, aus dem Sponsor die konkreten Ziele detektivisch herauszukitzeln. Lassen Sie sich dabei nicht mit Allgemeinplätzen abspeisen, sondern konkretisieren Sie die Ziele wie ein guter Detektiv so weit wie möglich.

Yasmin ist Prozessingenieurin in der Fertigung. Ihr Chef sagt zu ihr: »Nehmen Sie sich mal die Durchlaufprobleme in Array 27 vor!« Yasmin erkennt sofort, dass das keine operative Aufgabe ist, die sie nebenbei mal erledigen kann. Es ist vielmehr ein veritables kleines Projekt, an dem sie einige Tage zu arbeiten hat. Deshalb lässt sie den Auftraggeber nicht so einfach mit dieser vagen und im Grunde unbrauchbaren Zielansprache davonkommen, sondern forscht detektivisch hinterher: »Wäre es für Sie okay, wenn ich die Durchlaufzeit um 10 Prozent beschleunige?« Der Vorgesetzte ist empört: »Natürlich nicht. Sie sollen das Tempo verdoppeln! Zumindest möchte ich eine Steigerung um drei Viertel!« Das ist zwar ein ehrgeiziges Ziel, aber dafür glasklar. Die Anweisung »Nehmen Sie sich mal das Problem vor!« war es dagegen nicht.

**Einzelkämpfer-Tipp 17**
Nur wer gute Detektivarbeit leistet, findet die echten Projektziele heraus.

Neun von zehn kleinen oder mittleren Projekten werden ohne abgesprochene, konkretisierte und schriftlich formulierte Ziele gestartet. Ich weiß, das klingt skandalös. Aber wenn Sie scharf nachdenken, werden Sie bemerken, dass Projektmanagement hierzulande wirklich skandalös abläuft. Denken Sie nur an Toll Collect und andere Vorzeige-Pleiten …

Natürlich gibt es gute Führungskräfte, die Ihnen mit jedem Projektauftrag eine komplette schriftliche, vollständige und trotzdem kompakte Liste der wesentlichen Projektziele übergeben. Ich beglückwünsche Sie, wenn Sie so einen Sponsor haben. Er beweist etwas, das viele Manager einfach nicht haben: Projektkompetenz. Doch von solchen kompetenten Vorgesetzten reden wir nicht, weil sie keine Probleme machen. Hier reden wir darüber, wie Sie Ihre Probleme mit den anderen Managern lösen.

Warum heißt die Technik zur Auftragsklärung Detektiv-Zieltechnik? Weil Sie ein Sherlock Holmes sein müssen, um die Projektziele herauszufinden. Denn oft genug weiß noch nicht einmal der Auftraggeber, was er konkret von Ihnen erwartet: »Na, dass das Problem eben beseitigt ist!« Schön und gut, aber was heißt das? Was genau versteht er unter dem Problem? Was soll abgestellt werden und was kann beibehalten werden? Was darf das Ganze kosten? Dürfen Sie auch die Struktur ändern? Darf es eine Ursachenlösung oder soll es aus unternehmenspolitischen Gründen eine Symptomkur sein? Alle diese Fragen sind nur mit detektivischem Spürsinn zu klären. Klären Sie sie.

***Der Clou des Detektivspiels***

Detektiv zu spielen kostet einige Überwindung, weil es ungewohnt ist. Bei der normalen Arbeit macht man einfach, was der Chef sagt – wenn der Chef Unfug anweist, ist er selbst schuld. Im Projekt ist es umgekehrt: Wenn der Chef schwammige Ziele vorgibt, hat der Projektverantwortliche danach den Schaden. Denn der Chef macht ihn verantwortlich: »So habe ich mir das aber nicht vorgestellt!« Ja, warum hat er das dann nicht gleich gesagt? Weil es kein Detektiv aus ihm herausgekitzelt hat! Kein Columbo, Holmes, Bulle von Tölz, Schimanski oder Marlowe. Wer ist Ihr Lieblingsdetektiv? Nehmen Sie ihn ruhig zum Rollenvorbild, wenn Sie Jäger des verlorenen Schatzes spielen und hinter den verschollenen Projektzielen herjagen.

Wenn Sie wissen wollen, was Ihr Chef von Ihnen erwartet, müssen Sie es schon aus ihm herauskitzeln! Von alleine sagen das Chefs nämlich in der Regel nicht. Es sei denn, Ihr Chef hat dieses Buch gelesen und kann darüber hinaus konkrete Zielvereinbarungen treffen. Dann beglückwünschen Sie sich zu so einem tollen Auftraggeber.

Ganz davon abgesehen, dass das Detektivspiel diebisch Spaß macht, weist es auch einen überragenden Vorteil auf: Wenn Sie Ihre Projektziele kennen, können Sie gute Ideen aus dem Projekt kicken und erleiden keine Projektblähungen! Denn Sie können bei jeder vorgebrachten guten Idee die entscheidende Frage stellen: Bringt diese Idee einen Zielbeitrag oder bläht sie nur unnötig auf?

**Verzetteln verhindern: Die Kick-out-Technik**

Fragen Sie sich bei jeder guten Idee so früh wie möglich: Bringt diese Idee einen relevanten Zielbeitrag oder bläht sie nur auf? Auf diese simple Frage hin werden Sie so manche Überraschung erleben. Denn viele gute Ideen leisten keinerlei oder lediglich einen marginalen Beitrag zu Ihren konkreten Projektzielen! Sie sind eben lediglich eine Form der Ausschmückung, nice to have, aber nicht notwendig im Sinne der Zielsetzung.

**Einzelkämpfer-Tipp 18**
Werfen Sie jede gute Idee raus, die keinen wesentlichen Zielbeitrag bringt!

Selbst wenn eine gute Idee einen wesentlichen Zielbeitrag leistet, müssen Sie ihr noch keine wertvolle Zeit opfern und das Risiko des Verzettelns eingehen, denn es gibt noch den

**Einzelkämpfer-Tipp 19**
Priorisieren Sie Ihre Projektziele und ignorieren Sie jede gute Idee, die lediglich einen Beitrag für untergeordnete Ziele leistet!

Denn es ist logisch, in einem Projekt zuerst die vorrangigen Ziele zu verfolgen. Die nachrangigen Ziele blähen das Projekt nur unnötig auf.

Welches sind die priorisierten Ziele in Ihrem aktuellen Projekt? Notieren Sie sie, wenn Sie möchten:

..........................................................................

..........................................................................

..........................................................................

..........................................................................

..........................................................................

..........................................................................

Haben Sie's bemerkt? So eine Priorisierung ist nicht so einfach, wie es sich der unerfahrene Einzelkämpfer macht, der sagt: »Aber meine Projektziele habe ich doch im Kopf!« Denn erstens hat man nie sämtliche Projektziele im Kopf – dafür ist der Kopf nämlich nicht vorgesehen. Außerdem hat man selten die konkretisierte Fassung im Kopf. Und drittens kann man die Priorisierung überhaupt nicht im Kopf machen.

Denn ohne Zweifel werden Sie die Reihenfolge der obigen Prioritäten einmal, wenn nicht mehrmals umgeworfen und korrigiert haben. Das ist die normale Vorgehensweise für eine Priorisierung. Deshalb macht man sie am besten am PC, wo man schnell die Reihenfolge umwerfen kann. Oder per Post-its, die man vor sich auf dem Tisch schnell in jede beliebige Reihenfolge bringen kann.

***Die Kuscheltechnik für den Kick-out***

Das Problem beim Ablehnen guter Ideen ist, dass jeder Projektverantwortliche fürchtet, den Ideengeber zu verärgern, der immerhin Vorgesetzter, Kunde, guter Mitarbeiter oder Kollege ist. Diese Befürchtung können Sie vergessen, wenn Sie so formulieren, dass Sie dabei die gute Idee nicht in den Dreck ziehen; zum Beispiel so:

»Wirklich eine gute Idee, Herr Müller. Ich werde sie mir gleich notieren. Das Hauptziel im Projekt liegt auf einer Vergrößerung der Informationsdichte. Wenn ich Ihren Vorschlag zur Prozessbeschleunigung aufnehme, habe ich in diesem Projekt einfach zu wenig Zeit und Aufmerksamkeit für Ihre Idee. Ihr Vorschlag ist so gut, dass er ein eigenes Projekt verdient hätte.«

Wie reagiert Kollege Müller darauf? Er kann nicht anders, als einverstanden zu sein. Denn Sie sagen ihm nicht »Deine Idee ist Käse!«, sondern: »Deine Idee ist prima – leider ist es dafür das falsche Projekt!« Nebenbei bemerkt: Auf diese Weise sammeln Sie eine ganze Liste von guten Ideen (Sie sammeln doch hoffentlich?!) für künftige Projekte. Lassen Sie sich Ihr Projekt nicht von guten Ideen aufblähen, sondern sammeln Sie diese für eigene Projekte! Damit schlagen Sie zwei Fliegen mit einer Klappe, denn: Die meisten guten Ideen gehen kaputt, weil sie in ein Projekt gezwängt werden, in das sie nicht hineingehören.

Wenn wir normale Projektverantwortliche mit Einzelkämpfern vergleichen, stellen wir oft fest, dass die Einzelkämpfer auch beliebter sind, obwohl sie so viele Ideen abschmettern. Obwohl? Nein, gerade deshalb. Denn wenn wirklich nur die guten Ideen angenommen werden, dann wertet das die Ideen und die Ideengeber auf. Denn jede(r) möchte eine Idee liefern, die einen wesentlichen Beitrag zu einem überragenden Ziel leistet. Es ist quasi eine Auszeichnung, eine gute Idee im Projekt eines Einzelkämpfers unterzubringen. Ideengeber sind oft richtig stolz darauf, wenn sie eine Idee einbringen können, die die hohen Anforderungen des Einzelkämpfers erfüllt. Was wieder einmal den alten Spruch belegt, dass sich Qualität stets auszahlt.

**Lean Projektmanagement**

Wenn Sie Projekte von »normalen« Projektverantwortlichen mit denen von Einzelkämpfern vergleichen, werden Sie Folgendes feststellen:

- Projekte von unerfahrenen Verantwortlichen haben eine hohe Blähquote, sind sehr zeitaufwändig, stecken voll von guten Ideen, der Leitende verzettelt sich, verliert den Überblickt, versinkt im üblichen Projektchaos – und das selbst bei kleinen Projekten!
- Projekte von Einzelkämpfern sind unglaublich schlank, sie beschränken sich nur auf das Wesentliche, verlaufen stressfrei und schnell und das eigentlich Wichtige wird immer im Auge behalten.

Einzelkämpfer machen Lean Projektmanagement. Sie bekommen zwar dieselben Projekte wie ihre Kollegen, doch dann verhindern sie erfolgreich das Aufblähen und das übliche Verzetteln. Deshalb sind Einzelkämpfer so entspannt im Projekt und deshalb liefern sie ihre Projekte sehr viel häufiger termingerecht ab, was sie bei Vorgesetzten natürlich beliebt und zu vorrangigen Aufstiegskandidaten macht.

Einzelkämpfer sind auch deshalb beliebt, weil es ihnen bei End- und Zwischenpräsentationen so gut wie nie passiert, dass der Sponsor oder Auftraggeber sagt: »Aber so habe ich mir das nicht vorgestellt! Ich habe eigentlich etwas anderes erwartet!« Denn Einzelkämpfer haben vor Projektstart die Detektiv-Zieltechnik angewandt, sie haben herausgefunden, was der Auftraggeber genau wünscht (auch wenn er das bis dato selbst nicht wusste!) und die Zielliste abzeichnen lassen. Damit ist sichergestellt, dass sie das und nur das im Projekt tun, was der Sponsor von ihnen erwartet.

Einzelkämpfer berichten immer wieder, wie vergleichsweise entspannt sie ein Projekt begleiten können, weil sie das Wesentliche ständig im Auge behalten. Sie haben immer den vollen Überblick. Projektverantwortliche ohne Einzelkämpfer-Kompetenz beklagen das übliche Projektchaos und unterschiedliche Grade von Verzetteln. Spaß macht das nicht.

Einzelkämpfer haben viel mehr Spaß an und im Projekt, weil sie sich auf das Wesentliche konzentrieren (können) und täglich sehen, wie es in den wesentlichen Punkten vorangeht. Das motiviert, macht Spaß und erfolgreich, was noch mehr motiviert, Spaß macht und … Eine Aufwärtsspirale. Normale Projektverantwortliche sind dagegen in einer Abwärtsspirale gefangen: Da sie das Wesentliche aus den Augen verloren haben, geht es im Projekt nicht so recht voran, was demotiviert, was nicht gerade zum Erfolg beflügelt, was noch stärker demotiviert …

## Steuern vs. Arbeiten

Vielleicht kennen Sie die Story vom Holzfäller, der Bäume sägt. Er muss 100 Raummeter Holz in zehn Tagen schaffen. Am ersten schafft er die Quote: zehn Kubikmeter. Am zweiten nur acht, am dritten nur sieben – sein Projektziel ist akut bedroht, ja kaum noch zu schaffen. Am vierten Tag kommt ein Einzelkämpfer vorbei und sagt: »Kollege, schärf doch mal deine

Bandsäge, die ist doch stumpf wie ein Stein!« Darauf erwidert der gestresste Holzfäller: »Keine Zeit dafür, das Band zu schärfen, ich muss Zeit aufholen!« Dieser Holzfäller hängt sich ohne Zweifel wie Superman in sein Projekt rein. Leider nützt ihm das nichts, denn er hat einen wesentlichen Unterschied nicht erkannt: Es gibt Arbeiten am Projekt und Arbeiten im Projekt.

Oder fachlich formuliert: Es gibt Steuerungsaufgaben und Arbeitspakete. Unerfahrene Projektverantwortliche konzentrieren sich viel zu sehr auf die Arbeitspakete in Projekten. Sie vernachlässigen darüber ihre Steuerungsaufgaben (das Schärfen der Säge!). Daher der alte Spruch: Viel Projekt – wenig Projektmanagement.

Unerfahrene Projektverantwortlicher arbeiten viel und steuern wenig. Einzelkämpfer steuern viel, arbeiten deshalb weniger, aber haben mehr Erfolg und Spaß dabei! Auch dafür gibt es einen Spruch: Work smart, not hard! Wer hart arbeitet, ist danach zwar gestresst und fertig, doch belohnt wird er selten dafür. Wer dagegen smart arbeitet, hat Spaß *und* Erfolg bei der Arbeit – und die Anerkennung der Vorgesetzten und Kollegen obendrein.

**Seien Sie kein Schlittenhund!**

In jedem Projekt gibt es zwei Arten von Aufgaben: die eigentliche Projektausführung und die Projektsteuerung. Letztere stellt ganz zu Beginn des Projekts die Zielfrage: Was muss ich eigentlich im Projekt leisten, was ist wirklich wichtig und was bläht lediglich unnötig auf?

Wenn Sie diese Frage stellen, machen Sie keine Projektarbeit im operativen Sinne. Sie arbeiten nicht an einem Arbeitspaket. Das eigentliche Projekt ruht in diesem Augenblick. Aus diesem Grund verzichten unerfahrene Projektverantwortliche auf die nötige Projektsteuerung! Weil sie in diesem Augenblick nicht an der Werkbank stehen und am Projekt arbeiten können. Sie tappen in dieselbe Falle wie der Holzfäller. Denn natürlich ruht das Projekt, wenn man eine Steuerungsaufgabe ausführt –

doch danach geht es viel schneller weiter! Sie investieren quasi zehn Minuten in die Steuerung, um damit zehn Stunden Projektarbeit einzusparen – und jede Menge Stress und Ärger. Das Projekt kommt schneller voran, weil Sie es dank Ihrer Detektivarbeit von unnötigem Ballast und Blähungen befreien.

Der Unterschied zwischen einem gewöhnlichen Projektverantwortlichen und einem Einzelkämpfer ist wie der Unterschied zwischen Husky und Musher (dem Steuermann des Schlittens). Der Schlittenhund rennt hinter jedem gesetzten Kurs her – auch wenn es der völlig falsche ist! Der Musher dagegen steuert den Schlitten und sorgt dafür, dass die Huskys auch auf dem richtigen Kurs traben. Was möchten Sie sein? Hund oder Steuermann? Wie managen Sie derzeit Ihre aktuellen Projekte? Eher als Husky oder eher als Musher? Wie viel Prozent mehr Steuermann möchten Sie gerne sein?

**Ihre eigentliche Aufgabe im Projekt**

Es ist wichtig, dass Sie im Projekt Ihre Arbeitspakete erledigen. Doch viel wichtiger ist, dass es die richtigen Arbeitspakete sind! »Doing things right« ist wichtig. Wichtiger ist: »Doing the right things!«

»The right thing« ist in diesem Fall, sich im Projekt vor unnötigen, da unwesentlichen, Ideen, Ballast und Blähungen zu schützen; nur jene Ideen durchzulassen, die in herausragender Weise den Zielen mit Top-Priorität dienen. Ballast abwerfen ist wichtiger und sinnvoller, als Ballast mit sich herumzuschleppen!

**Einzelkämpfer-Tipp 20**

Wichtiger als Ihre Arbeitspakete abzuarbeiten ist es für Sie, unwichtige Arbeitspakete (Ideen) aus dem Projekt rauszukicken!

Die eigentliche Arbeit ist nicht Ihre eigentliche Arbeit. Es ist nicht Ihre vorrangige Aufgabe, Ihre Arbeit zu erledigen, sondern die unnützen Aufgaben detektivisch zu ermitteln und wie ein guter Terminator zu eliminieren – damit Sie ungestört das tun können, was wirklich wichtig und wesentlich ist. Arbeiten kann jeder. Doch nur Einzelkämpfer erkennen auch, welche Arbeiten wichtig sind und welche Ballast.

Warum ich das immer und immer wieder betone? Weil es fast jeder Projektverantwortliche weiß, aber nur die wenigsten tatsächlich auch machen. Diese wenigen werden fürstlich belohnt. Wer konsequent und vor allem vor Projektstart sämtlichen unnötigen Ballast abwirft, hat nur noch die Hälfte, oft sogar nur ein Drittel der Arbeit und des Zeitaufwandes im Projekt – und nur noch 10 Prozent Ärger und Stress! Im Gegenzug erhält er dafür eine hohe Erfolgswahrscheinlichkeit für sein Projekt. Dafür lohnt es sich doch, professioneller Einzelkämpfer zu werden, meinen Sie nicht auch?

**Vertrauen Sie Ihrer Intuition!**

Sie haben schon lange geahnt, dass es wichtiger ist, Ballast abzuwerfen, als wie ein Schlittenhund hinter den Projektaufgaben herzuhecheln? Sie haben sich nur leider allzu oft von der Versuchung der operativen Hektik verführen lassen?

Das ist okay und ganz normal und beinhaltet im Übrigen auch schon die Lösung des Dilemmas:

Einzelkämpfer-Tipp 21

Respektieren Sie Ihre Intuition, hören Sie auf Ihre innere Stimme!

Natürlich ist es einfacher und bequemer und wird einem auch von allen Projektlaien ständig suggeriert, sich wie der Hering in die Bratkartoffeln zu stürzen und sofort mit den Projektaufgaben zu beginnen – egal, ob sie nun Ballast oder wesentlich sind. Doch wer so handelt, endet auch wie ein Hering: gebrutzelt und gebraten im Projektstress. Solange Sie in sich die leise innere Stimme hören, die flüstert: »Vielleicht erst mal die Projektziele klären und dann unnötige Details abspecken?«, hören Sie bitte auf diese Stimme.

Das Respektieren der eigenen Intuition gelingt nicht von heute auf morgen. Nicht, nachdem Sie sich so lange Zeit von der Verzettelei haben verführen lassen. Erwarten Sie also keine Wundertaten von sich. Bleiben Sie Realist. Wenn Sie bei jedem neuen Projekt auch nur ein bisschen mehr an Ziele, an Detektivarbeit und ans Abwerfen von Ballast denken, sind Sie auf dem richtigen Weg. Denn der Weg des Einzelkämpfers ist ein Weg der langsamen, aber stetigen Entwicklung und Professionalisierung. Auch Franz Beckenbauer wurde nicht über Nacht zum besten Libero aller Zeiten …

**Schlechtes Gewissen?**

Viele Projektverantwortliche fragen an dieser Stelle im Coaching oder Seminar: »Mir ist klar, dass ich meinen Projekten eine Anti-Blähkur verschreiben und einige Ideen einfach rauswerfen sollte. Aber entsteht da nicht der Eindruck, dass ich mir einen frohen Lenz mache?« Ein gutes Argument.

Wer sein Projekt von guten, aber unnötigen Ideen bereinigen möchte, leidet oft unter den Einflüsterungen von Zweifeln und fragt sich: »Wirkt das nicht faul? Oder unkollegial? Unengagiert? Unmotiviert? Hat da mein Chef nicht den Eindruck, dass ich mich eben nicht mit vollem Einsatz reinhänge?«

Welche spezifischen Zweifel kommen Ihnen in dieser Situation? Dann haben Sie die Sache richtig erkannt: Es sind Zweifel, keine Tatsachen. Und Tatsache ist, dass Sie sich eher auf Ihre Erfahrung als auf Ihre Zweifel verlassen können. Denn Sie wissen aus Erfahrung: Es ist genau umgekehrt. Jeder Projektverantwortliche, der sich zu viele gute Ideen auflädt, verhält sich:

- unkollegial, weil er viele Ideen aus Zeitmangel schlecht oder gar nicht umsetzt – und das regt die Ideengeber weitaus mehr auf!

- unproduktiv, weil er sich zwangsläufig verzettelt
- unprofessionell, weil er einen Riesenaufwand inszeniert, aber wenig brauchbare Ergebnisse bringt
- unverantwortlich, weil er damit Vorgesetzte, Kunden, Kollegen, die Firma und sich selbst schädigt

Denn im Projekt kommt es eben nicht auf den Input an (viele Ideen, sich voll reinhängen), sondern allein auf den Output, auf das, was unterm Strich dabei herauskommt. Das haben Sie schon lange geahnt? Dann vertrauen Sie dieser Ahnung künftig (stärker). Denn sie weist Ihnen den Weg zum Erfolg im Projekt.

## Auf einen Blick

**Einzelkämpfer-Tipp 15:** Wer stets seine Projektziele im Auge behält, verzettelt sich nicht.

**Einzelkämpfer-Tipp 16:** Bevor Sie ein Projekt beginnen, finden Sie erst die Ziele heraus!

**Einzelkämpfer-Tipp 17:** Nur wer ein guter Detektiv ist, findet die Projektziele heraus.

**Einzelkämpfer-Tipp 18:** Werfen Sie jede gute Idee raus, die keinen wesentlichen Zielbeitrag bringt!

**Einzelkämpfer-Tipp 19:** Priorisieren Sie Ihre Projektziele und ignorieren Sie jede gute Idee, die lediglich einen Beitrag für untergeordnete Ziele leistet!

**Einzelkämpfer-Tipp 20:** Wichtiger als Ihre Arbeitspakete abzuarbeiten ist es für Sie, unwichtige Arbeitspakete (Ideen) aus dem Projekt rauszukicken!

**Einzelkämpfer-Tipp 21:** Achten Sie Ihre Intuition, hören Sie auf Ihre leise innere Stimme!

Man sollte nie die gleiche Dummheit zweimal machen, denn die Auswahl ist groß genug.
*Bertrand Russell*

# 4 Wie soll das ablaufen?

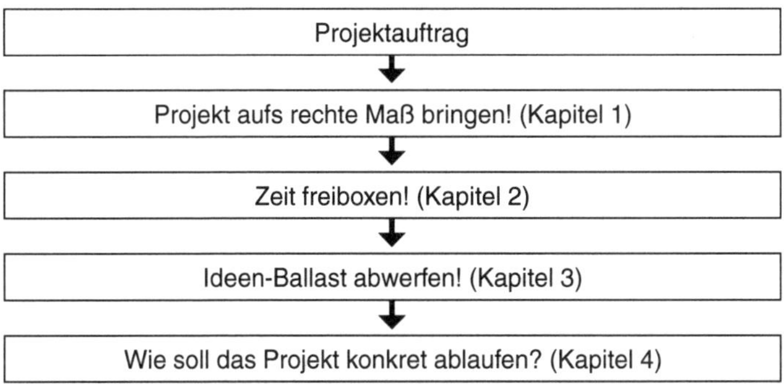


*Der Weg des Einzelkämpfers*

Denken Sie, bevor Sie ein Projekt starten. Denken Sie vor allem daran: Wie wollen Sie das Projekt konkret anpacken?

### Einzelkämpfer-Tipp 22

Bevor Sie mit der Arbeit beginnen, stellen Sie sich die alles entscheidende, Ordnung stiftende und das übliche Projektchaos verhindernde Frage: Wie soll das Projekt ablaufen?

Wird diese Frage nicht gestellt, können Sie schon nach wenigen Tagen das beobachten, wofür Projekte berüchtigt sind: das charakteristische Chaos. Keiner weiß so recht, wo man steht, wer was macht, es wird Doppelarbeit geleistet und unnötiger Aufwand betrieben, ständig verzögert sich irgendetwas und einer wartet immer auf einen anderen. Vor allem kommt es ständig zu den typischen Missverständnissen:

- »Das habe ich mir aber anders vorgestellt!«
- »Warum haben Sie das dann nicht gleich gesagt!«
- »Das habe ich doch!«

Selbst wenn Sie ganz alleine im Projekt arbeiten, haben Sie sicher schon dieses Chaos an Missverständnissen, unnötigen Arbeiten und Zeitverzögerungen erlebt, nicht wahr? Und wie können Sie Chaos im Projekt vermeiden? Durch das Gegenteil: Ordnung.

## Vergessen Sie Projektplanung!

Ordnung verhindert Chaos. Zwei Drittel der Literatur zum Thema Projektmanagement beschäftigt sich mit eben dieser Ordnung. In der Literatur und in vielen Seminaren heißt das Mittel der Wahl: Projektplanung. Sie stöhnen innerlich auf? Damit beweisen Sie gesunden Menschenverstand:

Einzelkämpfer-Tipp 23
Lassen Sie die Finger von der klassischen Projektplanung! Sie ist zu komplex und ineffizient für Einzelkämpfer-Projekte!

Die Diskreditierung der Projektplanung geht inzwischen so weit, dass gestandene Projektmanager rebellieren, wenn es in Seminaren ans Thema »Projektplanung« geht: »Nicht schon wieder! Das bringt doch nichts!«

Es gibt Trainer, die sich darüber aufregen. Die haben noch nicht kapiert, dass es im Projekt nicht auf Planung ankommt, sondern auf Ordnung.

**Warum Projektplanung nicht taugt**

Die klassische Projektplanung ist zu aufwändig. Sie trifft vor allem nicht den Kern der Sache. Die traditionelle Projektplanung beschäftigt sich mit:

- Netzplänen, die Ihnen nicht viel bringen, weil sie unglaublich aufwändig zu pflegen sind und Ihnen doch nur sagen, was Sie schon wissen oder nicht wissen wollen.
- Projektplanungs-Software, für die ungefähr dasselbe gilt – wobei die Zeitvergeudung wenigstens etwas mehr Spaß macht; doch Spaß ist kein Ersatz für Erfolg!
- Phasenmodellen und »überlappenden Phasen«, die dann im Papierkorb landen.
- Regeln und Vorschriften zur Projektplanung, die garantiert ins Desaster führen, sobald Sie sie nur blind befolgen.

Insbesondere vor dem letzten Risiko kann ich Sie nicht nachdrücklich genug warnen.

**Regeln und Vorschriften sind Unfug!**

Ich treffe immer wieder Projektverantwortliche, die ihre Projekte voll gegen die Wand gefahren haben oder einfach nicht schnell und erfolgreich genug vorankommen, weil sie es gut gemeint haben. Sie haben bestimmte Regeln und Vorschriften aus der Literatur oder sogar aus dem eigenen innerbetrieblichen Projekt-Handbuch buchstabengetreu befolgt – und eben das brachte sie in Schwierigkeiten. Warum? Wie das Sprichwort schon sagt: Der schlimmste Feind von gut ist gut gemeint.

Einzelkämpfer-Tipp 24

Folgen Sie niemals Regeln oder Vorschriften zur Projektplanung. Regeln können nicht Ihren gesunden Menschenverstand ersetzen!

Regeln sind starr. Projekte sind es niemals. Darum passen Regeln eindeutig nicht auf Projekte. Wer sich bei der Projektvorbereitung auf starre Regeln und Vorschriften verlässt, ist verlassen. Denn in der Regel passen die Regeln ausgerechnet nicht auf das konkrete Projekt, das Sie im Moment gerade betreuen! Folgen Sie nicht Regeln. Schalten Sie lieber Ihren gesunden Menschenverstand ein!

## Ordnung mit gesundem Menschenverstand

Dass die üblichen Methoden der Projektplanung ineffizient, zu komplex, zu aufwändig und in den Ergebnissen oft total trivial sind, haben Sie sicher auch schon bemerkt. Da werden arglose Projektverantwortliche für teures Geld und Trainerhonorare für dumm verkauft. Das ist schlimm.

Schlimmer ist, dass die herkömmlichen Planungsmethoden bei Einzelkämpfer-Projekten völlig an der Realität, am gesunden Menschenverstand und am Wesentlichen vorbeigehen. Denn die wesentlichen Punkte einer sinnvollen Ordnung fürs Projekt lauten schlicht:

- Was genau soll beim Projekt herauskommen?
- Was muss ich für diese gewünschten Ergebnisse tun?
- Wie kann ich das in eine sinnvolle Reihenfolge bringen?
- Wie viel kann und will ich für jeden Schritt investieren?
- Gegen welche Eventualitäten sollte ich mich absichern?

Das ist schon alles? Richtig. Das haben Sie sich auch schon gedacht? Gut gedacht. Verlassen Sie sich als Einzelkämpfer nicht auf schlaue Bücher oder Seminare, sondern auf Ihren gesunden Menschenverstand.

**Software ist für Weicheier**

Die fünf Fragen auf Seite 82 sind das Evangelium, die Säulen einer stabilen Ordnung im Projekt. Es liegt auf der Hand, dass Sie für diese fünf Fragen keine Projekt-Software und keinen Netzplan brauchen.

Sie brauchen dafür lediglich Bleistift, Radiergummi und Papier, vielleicht noch ein Kalenderprogramm, das bei vielen Büroprogrammen als Anhängsel mit dabei ist. Und wenn nicht, dann tut's auch der gute alte Wandkalender.

Warum haben das die teuren Ratgeber und Seminare noch nicht mitbekommen? Weil das alles Scharlatane und Betrüger sind, die mit hoch komplexen Planungs-Tools den armen Projektverantwortlichen das Geld aus der Tasche ziehen? Das wird zwar oft unterstellt, trifft aber abgesehen von Ausnahmefällen nicht zu. Eher trifft das Spinat-Syndrom zu.

***Das Spinat-Syndrom***

Jahrzehntelang glaubte die Menschheit, dass Spinat extrem viel Eisen enthalte. Deshalb mussten Legionen von Kindern den Spruch über sich ergehen lassen: »Iss deinen Spinat, da ist viel Eisen drin!« Das ist gelogen. Sogar Schokolade enthält mehr Eisen als Spinat. Spinat enthält genau ein Zehntel des Eisens, das ihm unterstellt wurde. Warum stand es dann in allen Büchern falsch? Weil vor Urzeiten ein einzelner Schlamper sich in der Kommastelle (daher der Faktor 10) vertan hatte und danach jahrzehntelang alle anderen Schlamper denkfaul von ihm abschrieben! So einfach ist das mit unserer Wissenschaft. Schon Nobelpreisträger Richard P. Feynman lief gegen das »Abschreibertum im Wissenschaftsbetrieb« Sturm – doch wer hört schon auf Nobelpreisträger?

Genauso verhält es sich auch mit dem Projektmanagement. Da hat einer mal vor Urzeiten eine Projektplanung für ein Mammutprojekt aufgestellt – und alle anderen haben von ihm abgeschrieben. Vor allem, weil es den meisten Projekttrainern und -autoren an Projektpraxis mangelt. Logisch: Was man lehrt, muss man nicht unbedingt auch gut machen (können).

Lassen Sie sich deshalb nicht von der traditionellen Literatur zur Projektplanung beirren. Papier ist geduldig. Denken Sie stets an Einzelkämpfer-Tipp 24: Verlassen Sie sich einzig und allein auf Ihren gesunden Einzelkämpfer-Verstand, der Ihnen lange schon sagt, dass mit der üblichen Projektplanung kein Blumentopf zu gewinnen ist.

Im Folgenden betrachten wir die fünf zentralen Ordnungsfragen der Projektvorbereitung en detail.

**Die Projektübersicht: Was genau soll herauskommen?**

Wenn Sie einen Begriff brauchen, können Sie diese erste Ordnungsfrage auch als Ergebnisplanung bezeichnen:

Einzelkämpfer-Tipp 25

Notieren Sie die gewünschten Projektergebnisse und alle ihre relevanten Teile auf Post-its!

Wenn Sie beispielsweise ein Haus bauen, notieren Sie sich: drei Stockwerke, 15 Zimmer, 2 Garagen, Wintergarten, Zentralheizung … Eben alle wesentlichen Teile. Was für ein Projekt wesentlich ist, bestimmt der Einzelkämpfer ganz alleine – auch wenn er kein Architekt ist! Vertrauen Sie dabei ruhig Ihrer Expertise – wenn Sie diese Zeilen lesen und verstehen können, haben Sie genug davon, auch wenn Ihr Chef Ihnen das noch nie gesagt hat.

Beachten Sie dabei lediglich eine Formerfordernis: Erstellen Sie Ihre Ergebnisplanung nicht per Tabelle oder Liste. Denn bei diesen beiden Formen ist speziell bei der Ergebnisplanung die Reihenfolge schwerer zu ändern als bei Post-its, die Sie auf ein großes Blatt Papier (A3 oder größer) kleben. Kleben Sie sie auf keinen Fall auf Ihren Schreibtisch – das ist ein häufiger Anfängerfehler. Denn Ihren Schreibtisch können Sie nicht schnell beiseite legen, wenn eine andere Arbeit reinkommt, oder an die Wand hängen, damit Sie die Projektordnung immer vor Augen haben!

Bringen Sie die gesammelten Ergebnisteile in eine sinnvolle Ordnung. Kleben Sie untereinander, was untereinander gehört. Damit haben Sie auch schon Ihre Projektergebnisplanung, Ihre Projektübersicht. Sie heißt so, weil Einzelkämpfer in der Ausbildung nach dem ersten Anlegen einer solchen Planung meist überrascht sagen: »Hoppla, das Projekt wird ja plötzlich ganz übersichtlich!« Die Übung ist kinderleicht. Sie stellt außerdem sicher, dass Sie keine Projektaufgabe vergessen, und sie zeigt Ihnen auch, wie die einzelnen Ergebnisteile zusammenhängen.

Erstellen Sie die Projektübersicht nicht, werden Sie das nagende Gefühl nie ganz los, irgendetwas vergessen zu haben. Das Gefühl bestätigt sich immer. In der Regel sind es mehrere Ergebnisteile, die man vergisst.

## Die Aktivitätenliste: Was müssen Sie dafür tun?

**Einzelkämpfer-Tipp 26**

Erstellen Sie eine Aktivitätenliste: Welche Tätigkeiten sind nötig, um die gewünschten Ergebnisse zu erzielen?

Wichtig ist, dass Sie in diesem zweiten Ordnungsschritt für jedes Post-it aus der Projektübersicht einen separaten A4-Bogen anlegen, auf den Sie alle Aktivitäten notieren, die für die Erreichung dieses Post-its nötig sind.

Ein typischer Anfängerfehler: Man klebt zu den Ergebnis-Post-its auch noch die nötigen Tätigkeiten auf Post-its – dann ist das Chaos perfekt und der Überblick verloren. Lochen Sie daher die A4-Bögen und heften Sie sie in einem Ordner in der Reihenfolge der Ergebnis-Post-its ab, um die berühmte Zettelwirtschaft zu vermeiden.

Gegen so viel Ordnung haben manche eine angeborene Abneigung – doch ohne diese Ablage landen Sie schnell da, wo Sie ohne Ordnung öfters landen: im Chaos. Glauben Sie mir, so ein Ordner ist ein kleiner Preis für die himmlische Ruhe und Effektivität, mit der Sie danach arbeiten können! Betrachten wir ein Beispiel:

Stephan soll für seinen Chef eine Marktpotenzial-Studie erstellen. Auf seinem A3-Bogen mit der Projektübersicht hat er Post-its angebracht mit gewünschten Ergebnissen wie
- aktuelle Zahlen der Marktforschung,
- Meinungen der Inhouse-Experten,
- Anzahl und Qualität der Konkurrenten,
- Konsequenzen für den Marktauftritt.

Das sind einige der wesentlichen Ergebnisse, die er erarbeiten möchte. Für das zweite Post-it legt er sich folgende Aktivitätenliste an:
- Liste zu befragender Experten erstellen
- Liste mit Auftraggeber abstimmen
- Gesprächsleitfaden erarbeiten
- Gesprächstermine vereinbaren
- Gespräche führen
- Gespräche analysieren
- Analyse-Ergebnisse in die Potenzial-Studie übertragen
- Analyse-Ergebnisse visualisieren

Das hätten Sie nicht gedacht, nicht wahr? Dass eine so simple Aufgabe derart viele Tätigkeiten erforderlich macht, hätte Stephan auch nicht gedacht. Zwei Sekunden, nachdem er im Einzelkämpfer-Training die Liste erstellt hatte, biss er sich auf die Unterlippe und sagte: »Verdammt, wenn ich wie üblich auf die Versuchung reingefallen wäre, sofort mit der Arbeit loszulegen, hätte ich ganz sicher Punkt 2 vergessen und Punkt 3 wahrscheinlich erst nach den ersten beiden verkrachten Gesprächen eingeschoben. Jetzt leite ich doch schon seit Jahren Projekte und das wäre mir immer noch passiert!« Ohne Aktivitätenplanung passiert Ihnen das sogar noch mit 30 Jahren Projekterfahrung!

**Welche Reihenfolge?**

Im Beispiel eben haben wir diesen Schritt bereits vollzogen: Stephans geplante Aktivitäten sind schon in der richtigen Reihenfolge. Dafür hat er vier Anläufe benötigt. Denn zum Beispiel Punkt 2 hatte er zu Beginn nicht auf der Liste, und als er ihn einfügte, war er zunächst an der falschen Stelle in der Reihenfolge.

Aus diesem Grund empfiehlt es sich, die Aktivitätenliste per Textverarbeitungsprogramm zu erstellen. Denn dabei lässt sich die Reihenfolge am schnellsten und leichtesten umstellen – hier bei der Aktivitätenplanung. Bei der Ergebnisplanung in Ordnungsschritt 1 (siehe oben) empfiehlt sich der PC nicht. Warum nicht, werden Sie sehr schnell feststellen, wenn Sie es einmal ausprobieren: Die Ergebnisplanung ist zu komplex dafür. Mit Post-its gewinnen Sie viel schneller und einfacher die Übersicht – bei der Ergebnisplanung.

Wenn Sie am Stöhnen sind, vergessen Sie's. Für die obige Aufgabenliste samt korrekter Reihenfolge benötigte Stephan genau 2 Minuten und 35 Sekunden – ich stand mit der Stoppuhr daneben. Für die komplette Aktivitätenplanung brauchen Sie bei Einzelkämpfer-Projekten selten mehr als eine halbe bis eine Stunde. Doch selbst wenn es eine Stunde ist, ist sie gut investiert. Denn das Chaos, das Sie ohne Aktivitätenplanung heraufbeschwören, kostet Sie locker das Zehnfache an Zeit!

***Vorsicht Falle!***
Die Aktivitätenplanung ist eines der Erfolgsrezepte von Einzelkämpfern schlechthin. So einfach sie ist, es werden in der Praxis von ungeschulten Einzelkämpfern zwei Kapitalfehler dabei begangen.

Der erste Fehler: »Ach, so genau muss man das doch nicht machen!« Die nötige Vorbereitung wird

- nicht ernst genommen,
- als Einschränkung der Entscheidungsfreiheit missverstanden,
- aus Zeitnot nicht gemacht oder
- schlicht vergessen.

Resultat ist das übliche Chaos. Sie kennen sich selbst am besten: Neigen Sie zu einer Abneigung gegenüber Vorbereitung, Organisation und Planung? Dann stellen Sie sich vor jedem Projekt vor die Wahl: Ordnung oder Chaos? Sofern Sie sich bewusst entscheiden und nicht Ihrer unbewussten Neigung zum Opfer fallen, ist jede Entscheidung rational und gut.

Der zweite Fehler: Mit vielen Einzelkämpfern geht der Gaul durch. Sie machen aus der Aktivitätenplanung eine Doktorarbeit, fügen auch beim zehnten Mal Durchlesen noch hier eine Aktivität ein und da noch eine, stellen hier die Reihenfolge noch einmal um und führen dort noch einen Unterordnungspunkt ein. Weil auch ich hin und wieder dazu neige, habe ich mir einfach den guten alten Schiller gemerkt, der treffend dazu sagte: »Wer gar zu viel bedenkt, wird wenig leisten.«

Denken, Ordnen, Organisieren und Planen sind wichtig – doch weitaus wichtiger ist Handeln! Wenn Sie ein kleiner Ordnungsfanatiker sind, dann erinnern Sie sich bei der Projektvorbereitung einfach hin und wieder daran – das reicht schon, um sich vor Schaden zu bewahren und den Gaul im Zaum zu halten.

## Legen Sie den Aufwand fest!

Einzelkämpfer-Tipp 27
Ordnen Sie in der Aktivitätenliste jeder Tätigkeit die Zeit zu, die Sie dafür benötigen.

- Schreiben Sie neben jede Tätigkeit die Zeit, die Sie voraussichtlich und realistischerweise dafür benötigen werden. Das ist der Zeitaufwand pro Aufgabe. Lügen Sie sich dabei nicht selbst in die Tasche.
- Addieren Sie die Zeitaufwände aller Tätigkeiten pro Post-it. Das geht mit etwas Know-how auch mit jedem Textverarbeitungsprogramm. Es ist aber auch kein Beinbruch, wenn Sie das per Bleistift machen.
- Addieren Sie die Zeitaufwände über alle Aktivitätenlisten. Das ist der Totalaufwand für Ihr Projekt in Stunden (oder Tagen).
- Kriegen Sie den obligaten Schreck: Der Totalaufwand ist viel größer als das Zeitfenster, das Sie (s. Kapitel 2) frei geboxt haben!
- Ermitteln Sie die Quote: Wie viel Prozent des SOLL-Totalaufwands deckt das IST-Zeitfenster denn ab?
- Gehen Sie alle Tätigkeiten nochmals durch und prüfen Sie, ob Aufwandskürzungen möglich, tolerabel und sinnvoll sind.

### *Den Aufwand kürzen*

Sie haben herausbekommen, wie viel Zeit Sie für das Projekt haben (siehe Kapitel 2), und Sie haben ermittelt, wie viel Zeit das Projekt eigentlich braucht – jetzt wäre es schön, wenn die aufgelisteten Aktivitäten auch tatsächlich in das vorhandene Zeitfenster passen würden. Tun sie aber in der Regel nicht.

Was machen viele Projektverantwortliche in dieser Standardsituation? Sie sagen sich: »Das wird schon irgendwie passen! Dann mache ich halt ein wenig schneller!« Hand aufs

Herz: Hat das jemals bei Ihnen geklappt? Wirklich? Natürlich nicht. Denn mit mehr Stress kann man das Zeitproblem nicht wirklich lösen. Diese Lösung bringt also nicht viel und ist obendrein sehr teuer und belastend. Einzelkämpfer machen das anders. Sie checken ab,

- ob es vereinzelt Tätigkeiten gibt, auf die sie mit tolerablen Qualitätseinbußen auch verzichten können;
- welche Routine-Aktivitäten auf der Liste stehen, auf die man im speziellen Fall verzichten kann;
- welche Tätigkeiten sie mit weniger Aufwand und daher in kürzerer Zeit erledigen können;
- welche Tätigkeiten sie delegieren können.

Stephan zum Beispiel findet, dass er bei dem Zeitdruck, unter dem er steht, gut und gerne auf die Abstimmung seiner Expertenliste mit dem Auftraggeber verzichten kann: »Ich weiß im Groben, wen er drinhaben will, und selbst wenn ich einen vergesse, ist das kein Beinbruch!« Damit hat er inklusive Terminvereinbarung eine halbe Stunde gespart. Auch bei der Erstellung des Gesprächsleitfadens spart er eine halbe Stunde: »Ich konzentriere mich auf drei statt auf sieben Fragen – das reicht. Denn was ihnen wichtig ist, sagen die Experten, auch ohne dass ich die passende Frage stelle!«

***Endtermin verschieben***

Zwei unerhörte Worte, nicht wahr? Sie sind jedoch zwangsläufig. Denn in acht von zehn Fällen werden Sie mit der Aufwandskürzung nicht so weit kommen, dass Ihr Projekt ins vorhandene Zeitfenster passt.

Einzelkämpfer-Tipp 28

Passt das Projekt auch nach Aufwandskürzung nicht ins Zeitfenster, verhandeln Sie über eine Verschiebung des Endtermins!

Sie haben einen Horror davor? Das ist normal, das hat jede(r). Der Horror reduziert sich jedoch schlagartig auf ein tolerables Niveau, wenn Sie Ihrer Erfahrung vertrauen: Es passiert doch sowieso! Der Endtermin kann doch sowieso meist nicht gehalten werden. Und je später Sie das dem Auftraggeber sagen, desto saurer ist er auf Sie. Wenn Sie es ihm schon vor Projektstart sagen, ist er zwar auch nicht begeistert, doch wenigstens wird er dann nicht denken, dass Sie's total versaut haben und die Dinge nicht auf die Reihe bekommen. Wenn Sie es ihm zwei Tage vor dem Endtermin beichten, muss er zwangsläufig zu dieser Schlussfolgerung kommen.

Vor allem: Wenn Sie dem Auftraggeber Ihre Aktivitätenplanung vorlegen, wird er einer Terminverschiebung nolens volens zustimmen. Denn dann sieht er schwarz auf weiß, dass das Projekt nicht ins Zeitfenster passt. Oder er

- reduziert seine Ergebniserwartungen so, dass der Aufwand sinkt, und
- streicht selbst einige Tätigkeiten heraus, die er nicht unbedingt erwartet.

In allen drei Fällen gewinnen Sie – es kann also gar nicht schief gehen. Der Horrorfall des cholerischen Auftraggebers, der sagt: »Ich will aber die vereinbarten Ergebnisse zum vereinbarten Endtermin, auch wenn das Projekt nicht ins Zeitfenster passt!«, ist extrem viel seltener als die Ängste vieler Projektverantwortlichen glauben machen. Glauben Sie nicht Ihren Ängsten, vertrauen Sie lieber Ihrer Erfahrung.

Selbst wenn der Auftraggeber nicht mit Ihrem Wunschtermin einverstanden ist (was meist passiert), bedeutet jede Verschiebung nach hinten eine Verbesserung für Sie.

***Projektmanagement ist zirkulär***

Was bei den Verhandlungen zur fälligen Verschiebung des Endtermins oft passiert, ist eine Rückschleifung in Phase 1, 2 und 3: Sie (und der Auftraggeber)

- dampfen das Projekt noch stärker ein, getreu dem Motto: Was nicht passt, wird passend gemacht!
- schauen nochmals nach, ob Sie das Zeitfenster nicht doch noch ein wenig erweitern können.
- prüfen nochmals, welche Ideen Sie vor dem Hintergrund der verschärften Zeitsituation noch aufgeben könnten.

Merken Sie was? Noch bevor Sie mit der ersten Projektaufgabe begonnen haben, gestalten Sie das Projekt bereits entscheidend. Der Spruch »Vorbereitung ist die halbe Miete!« bestätigt sich. Denn in der Vorbereitung gestalten Sie das Projekt so, dass es überhaupt erst Erfolgsaussichten bekommt. Ohne das Maßhalten, Zeitboxen, Ballastabwerfen und Ordnungschaffen ist ein Projekt von vornherein zum Scheitern oder zur Enttäuschung verdammt, und zwar exakt mit einem Risiko von 75 Prozent. Denn so groß ist die Flop- und Frustquote bei Projekten derzeit.

Projektvorbereitung ist nicht die halbe, sondern drei Viertel der Miete. Die operative Ausführung der Aktivitäten ist eine notwendige Voraussetzung für Projekterfolg. Doch sie allein reicht nicht aus. Ausreichend ist allein eine gute Vorbereitung und Projektsteuerung. Warum ich das ständig wiederhole? Weil die umgekehrte Einstellung derart fest im Kopf vieler Projektverantwortlichen zementiert ist, dass wir uns an den alten Didaktiker-Spruch erinnern müssen: Repetition is the mother of skills – Wiederholung ist die Mutter aller Fähigkeiten.

**Sichern Sie Ihr Projekt ab!**

Seien Sie ehrlich: Wie oft passiert es Ihnen, dass mitten im Projekt Pleiten, Pech und Pannen auftauchen, von denen Sie hinterher, wohlgemerkt, sagen: »Also das hätte ich mir schon vorher denken können!« Warum haben Sie es nicht? Eben weil Sie es nicht getan haben: Sie haben nicht schon vorher, sondern erst hinterher daran gedacht. Sie haben keine Projektabsicherung gegen Risiken gemacht!

Es ist für mich immer wieder bitter, zu beobachten, wie äußerst fachkompetente Projektverantwortliche in große Schwierigkeiten geraten, bloß weil sie ein dummes kleines Risiko übersehen haben. Das ist ärgerlich. Und völlig unnötig!

---

Einzelkämpfer-Tipp 29
Machen Sie stets eine kurze, kompakte Risiko-Absicherung!

---

- Fragen Sie sich: Was könnte alles passieren – aus der bisherigen Erfahrung beurteilt? Projektamateure stöhnen beim Gedanken an Risk Management regelmäßig auf, weil sie diesen kleinen Unterschied nicht mitbekommen haben. Sie glauben nämlich, dass sie beim Risk Management *sämtliche theoretisch denkbaren* Risiken auflisten und absichern müssten. Das ist Unfug – denn theoretisch denkbare Risiken gibt es unendlich viele. Deshalb listen Einzelkämpfer (schriftlich!) nur und ausschließlich jene Risiken auf, die *normalerweise* und *erfahrungsgemäß* auftauchen. Dadurch reduziert sich die Anzahl der Risiken drastisch!
- Filtern Sie die gelisteten Risiken (Komplexitätsreduktion nennt das der Fachmann): Kreuzen Sie nur jene an, die aufgrund Ihrer Erfahrung auch wahrscheinlich sind. Die eher unwahrscheinlichen streichen Sie durch. Sie werden überrascht sein, wie wenig Risiken danach noch übrig bleiben. An dieser Stelle sagen Einzelkämpfer-Azubis meist: »Wenn ich gewusst hätte, dass das so einfach und übersichtlich ist, hätte ich das früher schon gemacht!«
- Sichern Sie sich gegen die wenigen verbliebenen Risiken ab.

Die Absicherung gegen Risiken erfolgt generell auf zweierlei Weise. Überlegen Sie sich:
- Was können Sie tun, um das Risiko zu verringern? (Vorbeugung, Risikofaktorminimierung, Frühaufklärung … )

- Was können Sie im Fall der Fälle tun, wenn das Risiko trotzdem virulent wird? (Rückversicherung, Schubladenplan, Schadensbegrenzung, Erste Hilfe, »Plan B«, Absicherung gegen Schäden, Backups … )

**Unsichere Kantonisten**

Wenn die Absicherung von Projekten so einfach ist, warum geraten dann so viele Projekte mittendrin in Schwierigkeiten wegen Dingen, die »ich mir eigentlich schon vorher hätte denken können«? Das hat zwei simple Gründe:

Erstens glauben erstaunlich viele Projektverantwortliche, darunter etliche mit akademischem Grad, dass Projektrisiken wie das Wetter sind: »Kann man nix dagegen machen!« Wobei schon die Metapher verräterisch ist: Natürlich kann man nix gegen Regen machen – außer einen Schirm mitnehmen! Einzelkämpfer haben immer ihren Taschenschirm dabei. Die Projektabsicherung ist wie ein Regenschirm: Macht wenig Aufwand, hält aber schön trocken, wenn's tatsächlich zu kübeln beginnt.

Zweiter Hinderungsgrund: Risiko macht Stress. »Ich will überhaupt nicht daran denken, was alles schief gehen kann!«, sagen viele Projektverantwortliche. Das ist nur allzu verständlich. Wer möchte schon an Unangenehmes denken? Jeder Einzelkämpfer zum Beispiel. Denn er weiß: Wenn er vor Projektstart nicht ans Unangenehme denken möchte, dann wird er später im Projekt dazu gezwungen sein, daran zu denken – und dann ist es viel unangenehmer! Also lieber jetzt daran denken als später, wenn es zu spät ist, wenn man vor dem sprichwörtlichen Scherbenhaufen steht. Das ist sehr tugend- und gewissenhaft? Ist es. Man könnte fast sagen: Einzelkämpfer unterscheiden sich auch charakterlich von Projektamateuren. Sie sind charakterlich gereift, gefestigt, sie wissen, worauf es ankommt. Da Sie sich bis zu dieser Seite durchgelesen haben, dürfen Sie diese guten Charaktereigenschaften durchaus für sich reklamieren. Sie sind als Einzelkämpfer auf dem besten Wege.

## Auf einen Blick

**Einzelkämpfer-Tipp 22:** Bevor Sie mit den Arbeitspaketen starten, stellen Sie sich die alles entscheidende, ordnende und das übliche Projektchaos verhindernde Frage: Wie soll das Projekt ablaufen?

**Einzelkämpfer-Tipp 23:** Lassen Sie die Finger von der klassischen Projektplanung! Sie ist viel zu komplex und ineffizient für Einzelkämpfer-Projekte!

**Einzelkämpfer-Tipp 24:** Folgen Sie niemals Regeln oder Vorschriften zur Projektplanung. Regeln können nicht Ihren gesunden Menschenverstand ersetzen!

**Einzelkämpfer-Tipp 25:** Notieren Sie die gewünschten Projektergebnisse und alle ihre relevanten Teile auf Post-its!

**Einzelkämpfer-Tipp 26:** Erstellen Sie eine Aktivitätenliste pro Post-it: Welche Tätigkeiten sind nötig, um die gewünschten Ergebnisse zu erzielen? Bringen Sie diese Aktivitäten in die richtige Reihenfolge!

**Einzelkämpfer-Tipp 27:** Ordnen Sie jeder Tätigkeit die Zeit zu, die Sie dafür benötigen.

**Einzelkämpfer-Tipp 28:** Passt das Projekt auch nach Aufwandskürzungen nicht ins Zeitfenster, verhandeln Sie über eine Verschiebung des Endtermins!

**Einzelkämpfer-Tipp 29:** Machen Sie stets eine kurze, kompakte Risiko-Absicherung!

Vernunft muss sich jeder selbst erwerben,
nur die Dummheit pflanzt sich gratis fort.
*Erich Kästner*

# 5 Entzünden Sie Teamgeist – auch ohne Team!

Wie weit sind Sie? Sie haben inzwischen Ihr gedankliches Musterprojekt

- aufs rechte Maß gebracht,
- (fast) genügend Zeit dafür frei geboxt,
- lästigen Ideen-Ballast abgeworfen und
- einen zügigen Projektablauf organisiert.

Jeder, der irgendwie ins Projekt involviert ist, weiß jetzt, was er zu tun hat. Was passiert nun? Machen Sie Ihr Kreuz bei der Aussage, die eher zutrifft:

A) Alle arbeiten vereinbarungsgemäß ihre Aufgaben ab.
B) Viele schieben ihre Arbeit mehr oder minder vor sich her.

Sie haben B angekreuzt? Sie verfügen offenkundig über reichlich (schlechte) Projekterfahrung. Warum ist es bei drei von vier Projekten tatsächlich B? Das sagen Ihnen Ihre internen Zulieferer, wenn Sie Verzug oder Minderleistung monieren: »Tut mir leid, ich wollte wirklich pünktlich abliefern – aber ich habe gerade so viel anderes zu tun!« Auch vom Auftraggeber oder Sponsor hören und sehen Sie nicht mehr viel, geschweige denn von seiner Unterstützung, denn auch er hat genug anderes zu tun. Und die externen Lieferanten überziehen wie immer ihre Termine und/oder liefern schlampig ab – weil auch sie mehr als genug anderes zu tun haben.

Das ist halt so in Projekten, sagen viele. Muss das so sein? Nein – und das weiß auch jeder Projektverantwortliche.

## Schlecht ist nicht normal

Man sollte die Welt zwar so nehmen, wie sie ist – aber man sollte sie nicht so lassen. Es stimmt: Keiner von uns hat ausreichend Zeit, seine Projektarbeit ordentlich zu machen. Doch wenn wir ehrlich sind, müssen wir sagen: Es liegt in den meisten Fällen und bei den meisten Kollegen nicht so sehr an der Zeit, es liegt vielmehr am guten Willen.

Denn mit etwas Engagement kann man auch bei vollem Schreibtisch seine Projektaufgaben vereinbarungsgemäß erledigen. Doch genau daran hapert es, wie mir Projektleiter täglich klagen:

- »Es fehlt das echte Engagement fürs Projekt.«
- »Es gibt keinen Zusammenhalt im Projekt, keine gegenseitige Verpflichtung.«
- »Natürlich hat jeder genug anderes zu tun, aber ich vermisse bei einigen Beteiligten einfach den guten Willen.«
- »Ich habe zwar ein Projekt, aber kein Projektteam, das wirklich ein Team ist. Das ist bloß ein Haufen überlasteter Experten.«
- »Wenn alle wollten, könnten auch alle – doch viele wollen einfach nicht so recht!«

Das ist selbst dann so, wenn Sie ein Projekt ohne »offizielles« Projektteam haben – was bei Einzelkämpfer-Projekten die Regel ist. Dann lassen Sie eben die Lieferanten, der Sponsor und die Zuarbeiter hängen! Warum? Weil sich Ihnen keiner verpflichtet fühlt, geschweige denn dem Projekt.

### Ein Projekt braucht Teamgeist

In den meisten kleineren und mittleren Projekten herrscht nur ein mäßiger Zusammenhalt, kein Teamgeist, kein Wir-Gefühl, keine ausreichende Kooperationsbereitschaft. Man lässt sich gegenseitig hängen und entschuldigt sich dann mit der vielen Arbeit dafür – dabei mangelt es schlicht an Engagement und gutem Willen. Das Projektteam ist keine eingeschworene Gemeinschaft, eben weil keiner der Beteiligten diesen Schwur geleistet hat. Doch ohne den nötigen Zusammenhalt und vor allem ausreichend Kooperationsbereitschaft und Engagement sind Einzelkämpfer-Projekte nicht oder nur mit viel Ärger und Aufwand zu meistern. Ohne Teamgeist geht es eben nicht oder nur sehr beschwerlich. Sie haben vielleicht kein offizielles Team – aber Sie brauchen trotzdem Teamgeist! Dringend!

**Einzelkämpfer-Tipp 30**
Ein Projekt braucht Teamgeist! Dieser kommt nicht von allein. Tun Sie was dafür!

Ein Projekt kann man anordnen – den nötigen Teamgeist jedoch nicht. Die meisten Projektverantwortlichen wissen das nicht. Sie denken: »Alle haben dasselbe Ziel, also müssen sich auch alle engagieren!« Oder: »Wir arbeiten doch alle im selben Projekt, also wird sich auch jeder reinhängen.« Pustekuchen! Das Gegenteil erleben Sie jeden Tag!

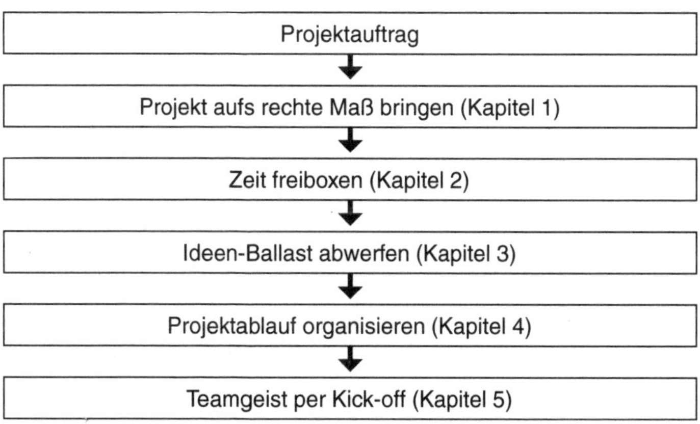


*Der Weg des Einzelkämpfers*

**Team-Building**

Team-Building ist nicht das Gebäude, in dem ein Team arbeitet, sondern der gebräuchliche Begriff für den Prozess, der Ihrem etwas lustlosen Haufen den nötigen Zusammenhalt verleiht; Teambildung zu Deutsch.

Die meisten Projekte leiden an mangelnder Kooperation, weil versäumt wurde, die Teammitglieder aufs Projekt einzuschwören, sie zu motivieren, für das nötige Engagement zu sorgen. Ein eingeschworenes Team wird man eben erst, wenn einer den Rütli-Schwur anstimmt. Wie?

**Einzelkämpfer-Tipp 31**

Sei das Projekt auch noch so klein, ein Kick-off muss sein! Denn ein Kick-off ist die Garantie für das Engagement aller Beteiligten.

Die meisten Projektverantwortlichen haben den Begriff schon mal gehört. Die meisten finden den Kick-off »nett, aber bei uns geht das auch ohne«. Drei Tage nach dieser Äußerung beklagt man sich dann, dass es nicht so recht läuft im Projekt, dass es an Wir-Gefühl mangelt. Wen wundert's … Viele Projektverantwortliche sehen den Zusammenhang zwischen fehlendem Kick-off und fehlendem Wir-Gefühl nicht. Sehen Sie ihn?

Ein Beispiel: Frank hat ein kleines Einzelkämpfer-Projekt, bei dem er von zwei Kollegen und drei innerbetrieblichen Zuarbeitern unterstützt wird. Daneben gibt es noch einen hochrangigen Sponsor, der das Projekt angeregt hat. Diese sechs lädt er nach Terminabsprache (was immer etwas aufwändig ist, bis man alle beisammen hat) zum Kick-off-Meeting ein. Man trifft sich zwanglos (nur!) eine halbe Stunde im Meetingsaal. Frank leitet den Kick-off. Als die Saaltür wieder aufgeht, gehen alle Teilnehmer mit leuchtenden Augen raus, packen am selben Tag noch ihre Aufgaben an, reden in der Folgezeit auch übers

Projekt, wenn sie sich zufällig auf den Gängen begegnen, schicken sich gegenseitig aufmunternde E-Mails – und liefern das Projekt zwei Tage vor dem Endtermin komplett ab. Warum? Frank weiß es: »Wir waren alle so motiviert, dass das Projekt bei jedem ganz zuoberst auf dem Schreibtisch lag, auch wenn dieser noch so voll war!«

***So gestalten Sie einen Kick-off***

Sie könnten zwar versuchen, ohne Kick-off für das nötige Engagement im Projekt zu sorgen. Doch das fällt erfahrungsgemäß sehr schwer und ist meist wenig erfolgreich. Warum? Schauen Sie mal in der Turnhalle vorbei. Was macht jede Sportmannschaft vor dem Anpfiff? Die Spieler stecken die Köpfe zusammen, machen sich gegenseitig Mut und brüllen ihren Schlachtruf. Ein Trainer kann natürlich versuchen, die Spieler während des Spiels noch positiv zu beeinflussen. Doch ein vernünftiger Trainer würde sich nie allein darauf verlassen. Denn er weiß: Steckt man die Köpfe nicht vor dem Anpfiff zusammen, geht man schon wie ein Verlierer aufs Feld. Wie funktioniert nun ein beflügelnder Kick-off? Viel einfacher, leichter und schneller, als notorische Skeptiker meinen:

1) Lassen Sie den Sponsor (falls vorhanden, sonst machen Sie's selbst) erstens sagen, warum ihm das Projekt wichtig ist, und zweitens sich bei den Teammitgliedern für ihre Bereitschaft zur Mitarbeit bedanken. Briefen Sie den Sponsor entsprechend, denn die meisten Sponsoren haben von ihrer entscheidenden Wirkung auf Projekte kaum Ahnung. Das ist ärgerlich, wenn man bedenkt, wie wichtig der Sponsor für das Engagement in einem Projekt ist: Stellt er sich mit einem triftigen Grund hinters Projekt, legen sich die Beteiligten gleich ganz anders ins Zeug! Denn dann weiß jede(r), für wen und wofür er/sie sich anstrengt. Ein engagierter Sponsor sponsert auch das Engagement im Projekt!
2) Fordern Sie jeden Projektbeteiligten auf, in nur zwei bis drei Sätzen zu sagen, was er im Projekt zu tun hat und wie er

absichert, dass das auch klappt. Das sorgt für die nötige gegenseitige Verpflichtung im Projekt. In den meisten Projekten lässt man ohne Gewissensbisse den Kollegen hängen – weil man weder genau weiß, wer er ist, noch was er macht! Wer weiß, wer der andere ist und was er tut, fühlt sich ihm und dem Team viel stärker verpflichtet.

3) Sprechen Sie einige grundlegende Regeln im Team ab. (Wie wollen wir uns wann worüber informieren? Wann treffen wir uns (siehe auch Kapitel 6, Status-Meeting)? Was tun wir, wenn einer trotz Zusage nicht liefert? Wer protokolliert? Wollen wir uns auf Meetings so kurz wie möglich fassen? Welche Regeln brauchen wir noch, damit alles reibungslos läuft?) Dass die meisten Projektteams so unmotiviert agieren, obwohl es jede(r) wirklich gut meint, liegt auch daran, dass alles recht chaotisch ist – wie immer, wenn es keine Regeln gibt, an die man sich halten kann. Regeln geben Orientierung. Orientierung schafft Engagement.
4) Sprechen Sie mit den anderen ab: Wie verhalten wir uns bei Problemen und drohenden Verzögerungen? Vereinbaren Sie einen Troubleshooting-Prozess. Bereiten Sie sich gemeinsam auf Eventualitäten vor. Absicherung gibt Sicherheit. Sicherheit schafft Engagement.

Das war's schon. Mehr brauchen Sie nicht für einen professionellen und vor allem wirksamen Kick-off. Und auch nicht mehr Zeit: In einer halben bis einer Stunde ist so ein vierstufiger Kick-off erledigt – wenn Sie etwas Moderationskompetenz (siehe Kapitel 10) mitbringen und die üblichen Endlosdiskussionen gekonnt abkürzen. Manche schaffen es für Kleinprojekte auch in 20 Minuten. So viel Zeit hat jeder.

| | |
|---|---|
| 1<br>Sponsor gibt Sinn und Dank | 3<br>Regeln vereinbaren |
| 2<br>Jeder sagt, was er macht | 4<br>Eventualitäten absichern |

*Der Quadro-Kick-off*

Was Sie beim Kick-off nicht tun sollten, ist, fachliche oder planungstechnische Dinge zu besprechen. Das bläht die Sitzung erstens unnötig zeitlich auf und beschädigt zweitens das Engagement der Beteiligten. Denn über Technik und Planung lässt sich trefflich streiten – und Streit mindert das Engagement. Probleme, Planung und Technik können Sie auch noch später in einem ganz gewöhnlichen Projekt-Meeting wälzen, wenn die positive Wirkung des Kick-off auf das Engagement aller Beteiligten sich zur Gänze entwickeln konnte.

***Warum funktioniert das?***

Warum der Kick-off Ihrem Projekt Flügel verleiht, dafür haben Sie eben vier gute Gründe kennen gelernt. Es gibt noch einen entscheidenden fünften: Bei einem Projektstart ohne Kick-off fühlt sich keiner so recht für das Projekt verantwortlich – man schiebt die Verantwortung von sich weg auf das Team; nach dem bekannten Motto: »TEAM steht für: Toll, ein anderer macht's!« Das Resultat kennen Sie: Wer keine Verantwortung übernimmt, liefert unbefriedigende Ergebnisse.

Wenn Projekte in Schwierigkeiten geraten, schief laufen oder floppen, liegt es selten an fachlichen oder finanziellen Problemen, sondern meist am mangelnden Verantwortungsgefühl. Dieses Gefühl ist einer der berühmten weichen Faktoren, die Projekte sabotieren.

Hat man jedoch beim Kick-off die Köpfe zusammengesteckt, dann fühlt sich jeder fürs Projekt und seine Aufgaben verantwortlich. Oder wie eine Einzelkämpferin es formulierte: »Jeder hat jedem mal in die Augen geschaut – das verbindet.«

Ob Sie danach noch einen Schampus aufmachen und den erfolgreichen Start des Projekts begießen, bleibt Ihnen und der herrschenden Firmenkultur überlassen …

## Führen? Ich doch nicht!

Ein gelungener Kick-off ist ein Projekt-Turbolader. Warum wird dann so selten angekickt? Weil die meisten Projektverantwortlichen sich als Fachexperten verstehen und nicht als Führungskraft, die für die taktische Einstellung sorgt, den Siegeswillen, das nötige Wir-Gefühl.

Leider haben Sie in einem Projekt aber nun einmal auch Führungsaufgaben. Und wenn Sie die nicht wahrnehmen (können), revanchiert sich Ihr Team mit mangelndem Engagement. Führungskompetenz entfaltet sich nicht von alleine, Sie müssen sie aktivieren. Das ist nicht schwer. Stellen Sie sich einfach folgende Frage: In welchem Bereich meines Lebens führe ich bereits gut? In der Familie, beim Sport, im Kreis der Kumpels, in Verbänden oder Vereinen? Übertragen Sie diese Führungskompetenz und -erfahrung einfach aufs Projekt. Das funktioniert. Darauf kommen lediglich die wenigsten. Diese Self-Management-Technik nennt man übrigens Self-Modelling.

**Einzelkämpfer-Tipp 32**
Als Projektverantwortlicher sind Sie auch Führungskraft. Führen Sie!

Keine Bange: Eine (anfangs noch) schwache Führung ist besser als gar keine Führung. Jede Führung ist besser als ein total unengagiertes Team. Klar, das kostet Sie am Anfang ein wenig Überwindung – doch das lohnt sich doppelt und dreifach! Vor allem für Ihr Selbstbewusstsein. Das wird Quantensprünge machen. Das Projekt profitiert noch mehr davon. Denn die meisten Projekte sind, so erstaunlich das klingt, undermanaged: zu viel Technik, zu wenig Führung, daher zu wenig Engagement der Beteiligten.

**Abwiegler ins Boot holen**

Was machen Sie, wenn auf Ihre Kick-off-Einladung eine(r) sagt: »Das brauchen wir doch nicht. Das braucht man doch bloß bei großen Projekten!«? Verlieren Sie nicht die gute Laune, bleiben Sie geduldig. Manche Menschen wissen einfach nicht, was gut für sie ist. Aber dafür haben sie ja Sie. Erklären Sie's ihnen, reden Sie ihnen gut zu:

- »Nur ein halbes Stündchen – aber dieses halbe Stündchen bringt uns echt weiter. Sie werden es selbst erleben!«
- »Keine Angst, es geht dabei um ganz ernsthafte und konkrete Themen.« Zählen Sie die vier TOP (s.o.) des Quadro-Kick-off auf und erklären Sie sie kurz.
- »Diese vier TOP sind für das Projekt entscheidend!«

Diese Argumente überzeugen Skeptiker. Denn es liegt nie an der mangelnden Zeit, auch wenn einige Beteiligte Zeitmangel vorschützen. Es liegt vielmehr daran, dass die meisten Menschen nicht wissen, was bei einem Kick-off wozu gemacht wird. Erklären Sie's ihnen und sie werden gerne kommen.

Bei vielen Beteiligten ist diese Erklärung noch nicht einmal nötig, denn sie kommen gerne. Warum? Weil sie ahnen oder wissen, wie motivierend so ein Kick-off sein kann. Sie wünschen sich kein Business as usual, sondern endlich mal einen vernünftigen, beflügelnden Projektstart! In vielen Unternehmen gehört der Kick-off längst schon dazu.

## Auf einen Blick

**Einzelkämpfer-Tipp 30:** Ein Projekt braucht Teamgeist! Dieser kommt nicht von allein. Tun Sie was dafür!

**Einzelkämpfer-Tipp 31:** Sei das Projekt auch noch so klein, ein Kick-off muss sein! Denn ein Kick-off ist die Garantie für das Engagement aller Beteiligten.

**Einzelkämpfer-Tipp 32:** Als Projektverantwortlicher sind Sie auch Führungskraft. Führen Sie!

Wer sich im kleinsten Lager befindet,
der ist in der stärksten Schule.
*Gilbert Keith Chesterton*

# 6 Ampeln Sie den Status!

Alexander betreut ein kleines Projekt. Auf die Frage nach dessen Stand antwortet er: »Läuft eigentlich ganz gut.« Eine Woche später hängt das Projekt schief. Überraschenderweise stellt sich heraus, dass es eigentlich schon seit zwei Wochen in Schwierigkeiten steckt, weil ein Beteiligter schon damals feststellte, dass er seinen Termin nicht halten kann – doch davon hat Alexander zwei Wochen lang nichts erfahren!

## Der Letzte, der's mitkriegt

Viele Projektverantwortliche antworten auf die Frage, wie denn ihr Projekt gerade läuft, mit »ganz gut«. Ich frage mich dabei immer, ob es daran liegt,

A) dass das Projekt tatsächlich gut läuft oder
B) dass sie nicht wissen, was gerade im Projekt schief läuft.

Leider ist in der überwiegenden Mehrzahl der Fälle Antwort B zutreffend. Während der Projektleiter noch denkt »alles in Ordnung«, passiert schon eine Panne im Projekt, von der er wieder erst viel zu spät Wind bekommt. Wie ein Coaching-Klient mal sagte: »Der Projektleiter erfährt als Letzter, wenn im Projekt was schief läuft!« Meist bemerkt man das Desaster erst, wenn der Termin verstrichen ist, an dem man noch hätte reagieren können. Hätte man die drohende Verzögerung schon beim ersten Anzeichen, also *rechtzeitig* erkannt, hätte man noch gegensteuern und/oder umdisponieren können. Man wäre flexibel geblieben und hätte sich jede Menge Stress, Druck, Verdruss und Zeitnot erspart. Vor allem hätte man den Ärger mit dem Sponsor, Kunden oder Auftraggeber vermieden.

**Status statt Vertrauen**

Warum sind Verspätungen, Verzögerungen, Pleiten, Pech, Pannen und Minderleistungen im Projekt nicht die Ausnahme, sondern die Regel? Weil zu viel vertraut wird. Vertrauen an sich ist gut, doch blindes Vertrauen führt zwangsläufig ins Desaster. Die meisten Projektverantwortlichen wissen nicht, in welchem Status ihr Projekt tatsächlich ist, weil sie darauf vertrauen, dass jeder, der eine Aufgabe im Projekt hat, diese auch vereinbarungsgemäß ausführt. Sie nehmen gutgläubig an: »Wenn bei jemandem etwas schief läuft, kümmert er sich sicher darum oder gibt mir rechtzeitig Bescheid.« Das ist eine gewaltige Fehlannahme! Warum? Weil diese Spielregel nie explizit vereinbart wurde und sich deshalb auch kaum ein Spieler von sich aus daran hält. Logisch, nicht?

Wie ist der Status Ihrer aktuellen Projekte? Sind Sie sicher? Woher wissen Sie das? Oder vermuten Sie das nur? Läuft wirklich alles glatt? Oder haben Sie die schlechte Nachricht bloß noch nicht mitgekriegt?

Einzelkämpfer-Tipp 33

Vertrauen ist gut, Status-Kontrolle ist besser.

**Das Projektstatus-Meeting**

Wie kriegen Sie den wahren Status Ihres Projekts rechtzeitig mit? Natürlich im Meeting. Im Status-Meeting. In diesem Meeting wird der Status des Projekts besprochen. Das Status-Meeting verschafft einen elementaren Zeitvorsprung, der in der Regel ausreicht, um Schwierigkeiten zu vermeiden oder rechtzeitig zu beheben. Das Status-Meeting ist quasi das AWACS des Projektmanagements, das Frühwarnsystem des Einzelkämpfers.

Selbst wenn sich einige wenige Schwierigkeiten nicht ganz vermeiden lassen, lässt sich der Vorwurf Ihres Sponsors, Auftraggebers oder Kunden vermeiden: »Warum ist Ihnen das nicht früher aufgefallen?«

Diesen Vorwurf hören nur Projektverantwortliche, die kein AWACS haben und daher immer als Letzte erfahren, wenn es Schwierigkeiten im Projekt gibt.

Eine erstaunliche Anzahl Projektverantwortlicher sagen an dieser Stelle: »Aber wir machen doch jede Menge Projekt-Meetings!«

Stimmt. Trotzdem werden Verzögerungen und Planabweichungen auf diesen 08/15-Meetings viel zu spät erkannt; wenn überhaupt. Warum?

- Weil sie nicht explizit herausgekitzelt, nicht thematisiert werden.
- Weil man kollektiv darauf vertraut, dass schon jemand den Mund aufmachen wird, wenn etwas faul sein sollte im Staate Dänemark.
- Weil man über Detailprobleme redet, zum Beispiel über technische Spezifikationen. Darüber verdrängt man die prinzipiellen Probleme, zum Beispiel, dass die verwendete Technik noch nicht ausgereift ist und es daher müßig ist, über die Spezifikationen zu diskutieren.

Es ist schön, wenn Sie auf die Ehrlichkeit der Menschen vertrauen. Besser ist es, den Status abzufragen.

In einem normalen Meeting hat kein vernünftiger Mensch einen hinreichenden Anreiz, zuzugeben, dass er in Schwierigkeiten steckt. Denn er findet keinerlei Unterstützung dafür. Das ist der Unterschied zwischen einem normalen Projekt-Meeting und einem Status-Meeting. Der Unterschied hat drei Farben.

## Die Ampel-Technik

Projekte geraten in Schwierigkeiten, weil diese viel zu spät bemerkt werden – vom Projektverantwortlichen! Schwierigkeiten in Projekten sind normal. Sie sind keine große Sache, denn sie lassen sich normalerweise schnell und leicht bereinigen – wenn sie rechtzeitig erkannt werden! Werden sie es nicht, haben wir den Ärger, wie wir ihn alle kennen. Wenn Sie das Kribbeln in der Nase gleich bekämpfen, ist es in zwei Tagen weg. Wenn Sie warten, bis daraus eine Lungenentzündung wird, haben Sie ein Problem.

Es ist erfolgsentscheidend und nervenschonend, Probleme dann zu erkennen, solange sie noch klein und niedlich sind. Dieses Erkennen funktioniert nicht mit bloßem Auge, wie die Praxis zeigt. Sie können als Projektverantwortlicher noch so aufpassen, es entgehen Ihnen doch immer wieder ausgerechnet die unangenehmen Dinge (das Angenehme bindet Ihnen jeder auf die Nase), weil sie bewusst oder unbewusst verschwiegen werden. Deshalb ist technische Hilfe unablässig. Was für den Biologen das Mikroskop ist, ist für den Einzelkämpfer die Ampel-Technik.

---

**Einzelkämpfer-Tipp 34**

Lassen Sie im Projekt-Meeting jeden Beteiligten den Fortschritt seiner Aufgabe einer von drei Farben zuordnen:
Grün = im Plan oder fertig
Gelb = Achtung! Problem oder Verzögerung deutet sich an!
Rot = bereits/immer noch in Verzug!

---

### Was die Ampel bringt

Die Ampel-Technik ist der kleine Unterschied, der den großen Unterschied macht. Die Technik ist kinderleicht, verändert Projekt-Meetings jedoch radikal. Während in herkömmlichen Meetings Probleme verschwiegen, verdrängt oder schöngeredet werden (sog. Overreporting), kommen im Ampel-Meeting die Projektbeteiligten ruckzuck mit The Bad News rüber. In der Tat ist das eine erstaunliche Umkehr. In herkömmlichen Meetings werden Beteiligte davon abgeschreckt, Probleme zu melden. Im Ampel-Meeting werden sie dazu motiviert. Wenn wir bei Projektbegleitungen die Ampel-Technik einführen, ist das Feedback: »Dass es so einfach ist, hätten wir nicht gedacht! Hätten wir das bloß früher schon gemacht!«

Wie jede gute Technik ist auch die Ampel-Technik ein fantastisches Mittel zur Steigerung des Engagements und der Stimmung im Projekt. Warum? Weil zunächst einmal jedes Grün ein Erfolgserlebnis ist, das beflügelt. Das merkt man allein daran, dass nach Grünmeldungen die Meetingteilnehmer oft spontan dem Kollegen applaudieren: »Gut gemacht. Weiter so! Noch eine Aufgabe, die erledigt ist!« In so komplexen und inhärent unübersichtlichen Situationen wie einem Projekt gibt es einfach ein gutes Gefühl, wenn man sieht, was unter Kontrolle, im grünen Bereich, abgehakt ist. Jeder kleine Erfolg beflügelt – nothing succeeds like success.

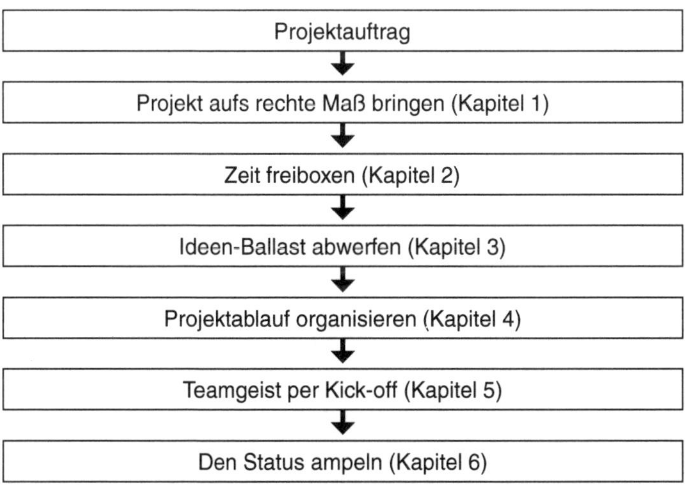


*Der Weg des Einzelkämpfers*

Ampel-Meetings verwandeln Probleme in Engagement. Wenn ich Projektteams begleite, höre ich immer wieder: »Das ist gelb? Mensch, da hängen wir uns jetzt aber voll rein und reißen die Sache aus dem Feuer. Was können wir tun, damit wir so schnell wie möglich wieder grün werden?« In herkömmlichen Meetings passiert das Gegenteil: Der Verzug wird nicht bemerkt und nach zwei weiteren Wochen springt der Status von Gelb auf Rot – dann merkt plötzlich jeder, dass was faul ist. Dann ist es meist zu spät.

**Alarmstufe Rot!**

Die Ampel-Technik erleichtert auch die Problemlösung. Wenn tatsächlich ein Aufgabenstatus rot ist, stellen Sie grundsätzlich vier Fragen:

1) Welche Optionen lösen das Problem oder erreichen zumindest Schadensbegrenzung?
2) Welche zusätzlichen Ressourcen benötigen wir dafür?
3) Wie müssen wir den Projektplan korrigieren (Endtermin)?
4) Wie können wir absichern, dass das nie wieder passiert?

Einzelkämpfer-Tipp 35

Jeden roten Status müssen Sie dem Auftraggeber melden!

Es sei denn, der Rotstatus ändert nichts Wesentliches am Projektplan und am Endtermin – was hin und wieder selbst bei Rotstörungen vorkommen soll. Natürlich wird die Rotmeldung den Auftraggeber nicht begeistern. Doch dieser Unmut ist nichts im Vergleich zu dem Ausraster, den Sie provozieren, wenn Sie es ihm nicht jetzt sagen, sondern es darauf ankommen lassen, dass er es am (überzogenen!) Endtermin selbst merkt. Was ist der Trade-off? Bei vielen Vorgesetzten lässt er sich relativ exakt beziffern. Wie eine Projektmanagerin meint: »Wenn ich meinem Boss einen roten Status melde, ist er meist verärgert. Aber er ist fünfmal mehr verärgert, wenn er das erst am Ende vom Projekt mitkriegt!« Wie ist das Verhältnis (Tradeoff) bei Ihrem Auftraggeber? Sehen Sie, es ist besser, wenn Sie es ihm gleich sagen. Je schneller, desto besser. Trotzdem ist es nützlich, wenn Sie wissen, wie man einen erzürnten Auftraggeber beschwichtigt.

***Den Auftraggeber beschwichtigen***

Folgende Argumente beschwichtigen den Auftraggeber:

- »Ich kann Ihren Ärger verstehen. Ich bin auch sauer, dass ausgerechnet so was passieren muss.« Akzeptanz deeskaliert die Situation und die Identifikation (»Mir geht's auch so!«) mit dem Auftraggeber verhindert, dass er allzu arg auf Sie einhaut – denn auf Menschen, die einem ähnlich sind, haut man nicht ein. Das ist eine Art Beißhemmung.
- »Die Sache hat ein Gutes: Wir können froh sein, dass wir es so früh bemerkt haben. Eine Woche später – und der Schaden wäre beträchtlich gewesen.« Weisen Sie auf die Vorzüge Ihres AWACS hin – viele Auftraggeber kommen von alleine nicht drauf.
- »Wir haben folgende Optionen erarbeitet, um aus dem Rot rauszukommen.« Das mag jeder Sponsor: Menschen, die nicht nur mit einem Problem zu ihm kommen, sondern auch gleich Lösungen präsentieren.

Wie weit Sie den Endtermin nach hinten schieben können und wie viel zusätzliche Ressourcen für die Beseitigung des Rotstatus Sie dem Auftraggeber aus dem Kreuz leiern können, hängt wie immer von Ihrer Verhandlungsstärke ab; einer der Schlüsselkompetenzen im Projektmanagement – doch das ist ein anderes Thema.

**Vorsicht Falle: Die Sündenbock-Safari**

Die Ampel-Technik ist kinderleicht. Das sollte uns eine Warnung sein! Denn wann immer eine Technik kinderleicht ist, ist es auch kinderleicht, sie zu verhauen. Eine der häufigsten Pannen beim Ampeln ist die Sündenbock-Safari: Kaum gibt jemand zu, dass sein Status gelb oder gar rot ist, kriegt er eins auf die Mütze: »Das darf nicht wahr sein! Wie können Sie das zulassen! Sie haben doch zugesagt, pünktlich zu liefern! Das ganze Projekt gerät wegen Ihnen in Verzug!« Da zieht einer auf Safari aus, um einen Sündenbock zu schießen. Das hat Folgen:

- Der Sündenbock reagiert sauer, weil er zum Abschuss freigegeben wurde: großer Beziehungsschaden!
- Der Sündenbock schießt zurück, indem er sich rechtfertigt und andere Mitschuldige benennt, die sich nun ihrerseits wehren: Deshalb sind typische Meetings so lange und nutzlos. Es wird zu viel gerechtfertigt und zu wenig Sachliches geredet.
- Der Sündenbock wird nie wieder einen roten oder gelben Status melden, um künftiger Verfolgung zu entgehen.
- Alle anderen Teammitglieder lernen daraus: »Melde bloß nie Gelb oder gar Rot, weil dann kriegst du eins auf die Mütze!«
- Eine sachliche Abhilfe für das Statusproblem ist in so einer aufgeladenen Atmosphäre kaum mehr möglich. Das heißt: Die beschädigte Beziehungsebene be- oder verhindert eine Sachlösung.

Sündenbock-Safaris helfen keinem. Im Gegenteil. Sie konstituieren eine No-Win-Situation: Alle verlieren. Sie sind wie Kriege: Es gibt keine Gewinner. Natürlich fühlen Sie sich besser, wenn Sie dem Sündenbock die Leviten lesen. Doch dieses gute Gefühl hat hohe Kosten: Sie reiten Ihr Projekt und sich noch tiefer damit rein. Daher:

**Einzelkämpfer-Tipp 36**
Gewöhnen Sie sich und anderen Sündenbock-Safaris ab!

Das ist eine Frage der inneren Einstellung. Sagen Sie sich immer und immer wieder: Wer das Problem verursacht hat, ist unwichtig. Wichtig ist allein, wie wir es schnellstmöglich lösen können!

*Safari-Stopp*

Schuldzuweisungen lösen keine Probleme! Sonst wäre Problemlösung einfach! Dann müsste man einfach nur einem Sündenbock mächtig die Leviten lesen, um ein Problem zu lösen. Doch wie wir alle wissen, erleichtert Levitenlesen den Leser zwar emotional (nicht den Zuhörer!), doch es löst keine Probleme (obwohl unerfahrene Menschen diese Erleichterung mit Problemlösung verwechseln). Also kommen Sie runter vom Safari-Trip und beißen Sie sich jedes Mal auf die Zunge, wenn Sie sich dabei ertappen, auf Safari zu gehen. Es ist okay, wenn Sie sich über nicht eingehaltene Zusagen ärgern. Es ist jedoch nicht okay, wenn Sie sich von Ihrem Ärger hinreißen lassen und den Verzögerer runterputzen. Dann beherrschen Sie nicht Ihre Gefühle, sondern Ihre Gefühle beherrschen Sie – und wer möchte das schon?

Nach einem halben Dutzend Zungenbissen werden Sie feststellen, dass Sie die lästige Gewohnheit fast vollständig abgelegt haben (vorübergehende Rückfälle sind normal und tolerabel).

Moderieren Sie Sündenbock-Safaris weg. Machen Sie Ihre Teammitglieder so lange auf die Nutzlosigkeit von Safaris aufmerksam, bis bei diesen der Groschen fällt: »Natürlich ist es ärgerlich, aber Ärger bringt uns nicht weiter. Wie kommen wir wieder in den grünen Bereich? Vorschläge, bitte!« Meist hat der Sündenbock die besten Vorschläge. Einleuchtend, er hat ja was gutzumachen. Und das tut er auch, wenn Sie ihm eine faire Chance geben und nicht zur Jagd auf ihn blasen.

**Vorsicht, kollektive Verdrängung!**

Waren Sie überrascht? Sicher nicht. Von der Ampel-Technik oder einer ihrer Varianten haben Sie sicher schon einmal gelesen oder gehört. Warum kennen Sie dann nicht mehr Projektverantwortliche oder Projektteams, die regelmäßig damit arbeiten? Weil neben der verbreiteten Safari-Neigung noch ein zweites Phänomen den Erfolg des Einzelkämpfers zu vereiteln versucht: die kollektive Verdrängung.

Vor allem Einzelkämpfer-Projekte sind in der Regel nicht besonders groß. Dass etwas schief läuft, ahnt deshalb zumindest der eine oder andere im Team; vor allem natürlich der Einzelkämpfer selbst! Wie reagieren Menschen auf böse Vorahnungen? Mit Verdrängung: »Ach, das wird schon wieder. Das renkt sich von alleine wieder ein. Dafür hab ich grad sowieso keine Zeit. Das ist nicht so schlimm, das bügeln wir schon irgendwie wieder glatt. Was soll ich denn noch alles tun?« Solche Gedanken oder Aussprüche kennen wir alle bestens aus Anschauung und Erfahrung. Sie sind so menschlich wie der Hang zum schnellen Autofahren – und genauso gefährlich.

Das Einzige, was Sie vor der kollektiven Verdrängung schützt, ist paradoxerweise das, was verdrängt wird: die Status-Ampel. Überwinden Sie einfach (es ist einfach, nicht leicht!) immer und immer wieder den inneren Schweinehund und machen Sie es sich zur Gewohnheit, in jedem verdammten Projekt-Meeting den Status zu ampeln. Keine Ausnahmen von der Regel! Und wenn schon alle stöhnen und es Ihnen selbst zum Halse raushängt: Jeder in der Runde muss eine Farbe sagen! Erst danach geht es zum gemütlichen Teil des Meetings!

Ampeln Sie von Anfang an. Es ist weitaus einfacher, ein Projekt mit 10 Grad Schieflage wieder aufzurichten als eines, das bereits mit 45 Grad Schieflage extrem havarie-gefährdet ist! Wehret den Anfängen!

**Schicken Sie den Oberlehrer heim!**

Es wird immer wieder behauptet, dass nicht der IQ, sondern der EQ über den Erfolg eines Menschen entscheidet; auch und gerade im Business. Nicht die Fachkompetenz, sondern die emotionale Kompetenz. Schmerzhaft deutlich wird das bei der

Ampel-Technik: Die Ampel-Technik geht immer dann ins Auge, wenn sie mit Kontrollmentalität, Aufsehertum, Oberlehrerhaftigkeit oder »Hausaufgaben herzeigen« durchgeführt wird.

Kein Mensch lässt sich gerne kontrollieren und keiner mag einen Oberlehrer. »Habt ihr alle eure Hausaufgaben gemacht? Lasst mal sehen!« Wenn Sie damit ein Ampel-Meeting eröffnen, können Sie es gleich vergessen. Gruppendynamik und Reaktanz (Widerstandsverhalten) werden Sie unter sich begraben!

Betonen Sie deshalb immer und immer wieder: »Der Ampel-Status dient nur einem einzigen Zweck: Wir wollen wissen, wie es um das Projekt steht, wie wir im Plan liegen. Ich bin keinem böse, der mal in Verzug gerät – solange wir ehrlich und vor allem rechtzeitig darüber reden. Wir sind alle Kollegen. Keiner hat ein Interesse daran, einen anderen in die Pfanne zu hauen.«

Das sind einfache Worte, die jedem Einzelkämpfer gut über die Lippen gehen. Wer dafür nicht ausreichend emotionale Kompetenz mitbringt, sollte sich diese so rasch wie möglich bei einem Coaching holen.

## Tipps für den Einzelkämpfer

Etliche Ingenieure ärgern sich zwar darüber, doch es stimmt leider: Der Projekterfolg wird nicht so sehr auf der fachlichen, sondern auf der menschlichen und methodischen Seite errungen. Wer es nicht schafft, die Ampel menschlich und methodisch einwandfrei rüberzubringen, der macht sich damit zu einem Projektverantwortlichen, dem keiner mehr etwas rechtzeitig sagt, weil man sich einfach den Ärger ersparen möchte. Solche Projektverantwortlichen erkennen Sie an ihren Fehlern. Achten Sie drauf und vermeiden Sie sie:

Projektverantwortliche, die nichts mitbekommen, singen gerne Oje-Arien: »Sie können nicht das Vereinbarte liefern? Oje, was sollen wir denn dann machen? Das ist jetzt aber äußerst ärgerlich!« Wer für solche Arien bekannt ist, dem sagt bald keiner mehr was – selbst wenn ihm der Schuh brennt. Man möchte sich einfach die Jammertirade ersparen. Eigentlich verständlich, nicht? Wenn ein Beteiligter seine Ampel auf Gelb oder Rot stellt, jammern Sie nicht, akzeptieren Sie die Meldung vorbehaltlos und bedanken Sie sich sogar dafür: »Danke für die rechtzeitige Meldung. Damit ist bereits der erste Schritt für eine Lösung getan!«

Projektverantwortliche, die nichts mitbekommen, können sich versteckte Vorwürfe nicht verkneifen: »Musste das denn sein? Hätten Sie das nicht irgendwie vermeiden können?« Für jedes Ampel-Feedback hingegen (und nicht nur dafür!) gilt das Prinzip der vorwurfsfreien Entgegennahme! Das heißt nicht, dass Sie die Gelb- oder Rotphase gut finden müssen. Das tut niemand. Das heißt lediglich, dass Sie sich Ihre Vorwürfe verkneifen – wenn Sie klug sind und sich nicht selbst sabotieren wollen.

Projektverantwortliche, die nichts mitbekommen, lassen Romane zu. Anstatt in zwei Sätzen über den Status seiner Projektaufgaben zu berichten, quatscht ein Beteiligter geschlagene fünf Minuten über Gott und die Welt. Oder wie eine Projektmanagerin mal sagte: »Jeder, der auch nur eine Unterlagscheibe fürs Projekt besorgt, macht darüber gleich eine PowerPoint-Präsentation!« Das lassen die anderen nicht mit sich machen – oder revanchieren sich mit ihren eigenen Jagdgeschichten! Jedenfalls verkommt das Status-Meeting dadurch zur Karnevalssitzung. Karneval ist zwar lustig – aber was das Zeit kostet und Produktivität vernichtet! Moderieren Sie daher jedes Status-Meetings so straff, dass es nach maximal einer halben Stunde erledigt ist.

Das heißt auch: Vertagen Sie gegebenenfalls die Lösungssuche für die gemeldeten Gelb- und Rotphasen auf eine separate Sitzung, wenn Sie auf die Schnelle nicht auf eine Lösung kommen. Sie müssen auf einem Status-Meeting die Lösungen für Gelb- und Rotprobleme nämlich nicht ausdiskutieren! Das dauert oft viel zu lange und ist ineffektiv. Viel sinnvoller ist es, sich individuell und gründlich bis zur baldigen (!) nächsten Sitzung Gedanken über eine gute Lösung zu machen oder diese an eine Task Force zu delegieren. Denn immerhin heißt es »Projektstatus-Meeting« und nicht »Projektlösungs-Meeting«.

## Wie oft ampeln?

Wie oft wird so ein Projektstatus-Meeting einberufen? Sie kennen die Antwort: So oft wie nötig! Auch eine richtige Antwort: Regelmäßig. Bessere Antwort: Regelmäßig und bei Bedarf. Das heißt: Sie vereinbaren einen Turnus, können diesen aber jederzeit unterbrechen, wenn Sie einen akuten Bedarf ahnen oder diagnostizieren. Dann warten Sie also nicht auf das nächste anberaumte Meeting, sondern berufen spontan und sofort eines ein.

Die Einzelkämpfer-Praxis zeigt: Einmal im Monat ist zu wenig. Die Zeit dazwischen ist so groß, dass man zwangsläufig den Faden verliert – nämlich den Erfolgsfaden. Die meisten Einzelkämpfer sagen: »Eigentlich ist der wöchentliche Turnus ideal!« Aber wer hat schon so viel Zeit? Wer kriegt schon einmal die Woche alle unter einen Hut? Deshalb hat sich folgender Turnus etabliert: alle 14 Tage Meeting, wöchentlich telefonieren. Man trifft sich also alle zwei Wochen und in der Woche dazwischen telefoniert der Einzelkämpfer mit allen Beteiligten (so viele sind es ja nun nicht!), um den jeweiligen Status abzufragen.

Sie erinnern sich in diesem Zusammenhang an den Kick-off (siehe Kapitel 5, Seite 99 ff.)? Dann ist Ihre Einzelkämpfer-Kompetenz bereits beeindruckend gut ausgebildet. Denn tatsächlich lautet Punkt 3 beim Quadro-Kick-off: Regeln vereinbaren. Dazu zählt auch die Regel: In welchem Turnus treffen wir uns zum Projektstatus-Meeting?

## Viagra für Einzelkämpfer

Neulich überraschte uns ein Projektverantwortlicher mit dem Spruch: »Die Ampel ist das Viagra für Einzelkämpfer!« Tatsächlich kann man mit dem Ampel-Viagra zwar nicht länger, aber man kann erheblich mehr! Die Ampel erhöht so drastisch die Übersichtlichkeit, dass Sie viel mehr Projekte gleichzeitig erfolgreich managen können!

Denn Sie haben immer den vollen Überblick über alle Projekte – sogar in Farbe! Sie müssen das selbstverständlich nicht Ihrem Boss verraten. Der wird sich höchstens wundern, warum Sie immer noch so entspannt und souverän agieren, obwohl er Sie mit Projekten nur so zubombt. Unübersichtlichkeit ist der eigentliche Hemmschuh, Energiefresser und Stressor in Projekten – nicht so sehr die fachliche Arbeit. Die Ampel räumt ein für alle Mal mit dieser Unübersichtlichkeit auf. Mit der Ampel werden auch noch so viele Projekte niemals unübersichtlich. Oder anders ausgedrückt: Professionelles Multi-Projektmanagement ist ohne Ampel weder denk- noch machbar. Das wissen zwar viele Projektverantwortliche, jedoch nicht viele Topmanager, die eigentlich fürs Multi-Projektmanagement zuständig wären …

Noch ein Tipp: Wenn Sie ein Ampel-Meeting protokollieren (lassen), dann versehen Sie jedes protokollierte Arbeitspaket per Aufkleber oder Buntstift mit der jeweiligen Farbe für seinen Status. Das erleichtert den Überblick ungemein. Zusätzlich können Sie auf Ihren Aktivitätenlisten (s. Kapitel 4) die jeweiligen Aufgaben mit der aktuellen Farbe kennzeichnen. Damit sehen Sie auf einen Blick, was im Projekt alles im grünen Bereich ist.

**Das Ende der Schwafel-Meetings**

Über Projektmeetings regt sich ja nun jeder auf: »Zeitraubend, ineffektiv, ärgerlich!« ist noch eine moderate Kritik. Tatsache ist, dass auf Meetings zu viel palavert wird. Es wird alles hundertmal durchgekaut, während einige Märchenonkel in minutenlangen Selbstbeweihräucherungs-Arien schwelgen. Ein Einzelkämpfer meinte mal ironisch: »Bei uns reden einige nach dem Motto: ›Es wurde zwar schon alles gesagt – aber noch nicht von mir!‹«

Wenn Sie glauben, dass an der Meeting-Misere (siehe Kapitel 10) die mangelnde Moderationskompetenz der Projektverantwortlichen schuld sei, haben Sie damit zwar nicht ganz Unrecht. Doch Sie sitzen auch einem populären Irrtum auf, der noch nicht einmal in jeder Personalentwicklungsabteilung erkannt wurde: Sie brauchen nicht unbedingt auf ein Moderationsseminar zu gehen. Eines der besten Moderations-Tools kennen Sie nämlich schon: die Ampel-Technik.

Mit der Ampel-Technik dauert jede Sitzung nur noch halb so lange – bei doppeltem Ergebnis. Und das ist noch konservativ geschätzt. Viele Einzelkämpfer sagen mir: »Wo wir früher drei Stunden pro Meeting brauchten, kommen wir heute mit einer halben Stunde aus.« Denn die Ampel verkürzt das Gelaber dramatisch. Man braucht nicht minutenlang über den Stand einer Aufgabe zu berichten. Es reicht völlig, wenn man »grün, wird termingerecht fertig« sagt. Man muss auch nicht minutenlang rechtfertigen, warum man in der Bredouille sitzt. Es reicht, wenn man sagt: »Gelb – ich brauche das Labor nochmals für einen halben Tag, sonst kann ich mein Ergebnis nicht liefern!« Die überragende zeitsparende Wirkung der Ampel-Technik liegt jedoch im Turbolader Anerkennung: Je besser Sie einen gemeldeten Grünstatus oder einen rechtzeitig gemeldeten Gelb- oder Rotstatus anerkennen, desto weniger Anlass hat der Beteiligte, zu labern. Der elementare Zusammenhang ist nämlich: Nur wer sich nicht (ausreichend!) anerkannt fühlt, redet zu viel!

**Einzelkämpfer-Tipp 37**
Loben Sie jedes Grün mit vollem Einsatz!

Labern ist nämlich nicht Selbstzweck (auch wenn es bei manchen so aussieht), sondern quasi ein Hilferuf. Ein Hilferuf nach Anerkennung. Wer sich wichtiger macht, als er ist, dem mangelt es an Streicheleinheiten. Mit einem einzigen kräftigen Lob ersparen Sie sich und Ihrem Team zehn Minuten Selbstbeweihräucherungs-Arien. Die Ampel-Technik ist dafür das ideale Instrument, weil sie die Anerkennung dadurch plausibel macht, dass sie Statusmeldungen ermöglicht und legitimiert. Das gilt übrigens nicht nur für Ampel-Meetings: Mit glaubwürdiger und konkreter Anerkennung können Sie die Dauer jedes Meetings um bis zur Hälfte reduzieren!

Das spart eine Menge Zeit. Auch wenn es ein wenig Übung erfordert. Denn wie Sie schnell feststellen werden, ist das Aussprechen von Anerkennung eine Fähigkeit, die Sie wie alle anderen Westeuropäer in langen Jahren etwas verlernt haben ...

- Stimmt die Anerkennung, stimmt auch die Meeting-Dauer.
- Stimmt die Anerkennung, stimmt auch die Leistung im Team.
- Stimmt die Anerkennung, stimmt auch der Projekterfolg.

Anerkennung ist ein so genannter weicher Faktor. Wieder einmal erkennen wir, dass die weichen Faktoren den Projekterfolg und den persönlichen Erfolg viel stärker determinieren als landläufig angenommen. Wie gut sind Sie mit Anerkennung? Reicht es? Sind Sie zufrieden damit? Sind es die Menschen, die Sie anerkennen, auch? Wissen Sie das oder glauben Sie das?

## Auf einen Blick

**Einzelkämpfer-Tipp 33:** Vertrauen ist gut, Status-Kontrolle ist besser.

**Einzelkämpfer-Tipp 34:** Lassen Sie im Projekt-Meeting jeden Beteiligten den Fortschritt seiner Aufgabe einer von drei Farben zuordnen:
Grün = im Plan oder fertig
Gelb = Achtung! Problem oder Verzögerung deutet sich an!
Rot = bereits/immer noch in Verzug!

**Einzelkämpfer-Tipp 35:** Jeden roten Status müssen Sie dem Auftraggeber melden!

**Einzelkämpfer-Tipp 36:** Gewöhnen Sie sich und anderen Sündenbock-Safaris ab!

**Einzelkämpfer-Tipp 37:** Loben Sie intensiv jedes Grün!

Lass dir von keinem Fuhrmann imponieren, der dir erzählt: »Lieber Freund, das mach ich schon seit zwanzig Jahren so!«
Man kann eine Sache auch zwanzig Jahre lang falsch machen.
*Kurt Tucholsky*

# 7 Bekämpfen Sie Projektschädlinge!

Wer über etwas Projekterfahrung verfügt, weiß, dass nicht die fachlichen Fragen beim Projekt das Problem sind, sondern die Faktoren, die die eigentliche Projektarbeit behindern. Einige davon haben Sie bereits bewältigen gelernt:

- maßlose, megalomanische Projektaufträge (Kapitel 1)
- zu kleine Zeitfenster (2)
- Bläh-Ideen (3)
- das übliche Chaos im Projekt (4)

In diesem Kapitel lernen Sie, zwei weitere Projektschädlinge unschädlich zu machen: Scope Creepers und Zeitfresser.

## Scope Creepers

Sie kennen ihn auch: den Sponsor, Vorgesetzten oder Auftraggeber, das Teammitglied, den Kunden oder den guten Kollegen, der bei einer Zwischen- oder der Endpräsentation, einem Projektbericht oder einfach so aus heiterem Himmel zu Ihnen sagt:

- »Das war aber anders vereinbart! Da fehlt doch was!«
- »Aber um das XY kümmert ihr euch auch noch, oder?«
- »Davon sollten Sie ein wenig mehr liefern!«
- »Wenn Sie schon mal dran sind, könnten Sie auch gleich …«
- »Eigentlich müssten wir auch noch … «
- »Gute Arbeit, aber das … macht ihr noch genauer, oder?«

– »Das läuft ja super! Könnten Sie das nicht auch gleich mit allen anderen Produkten (Bereichen, Themen … ) machen?«

Wie reagieren Sie normalerweise auf solche Vorschläge? Die meisten Projektverantwortlichen reagieren positiv, denn die vorgebrachten Vorschläge sind meist nachvollziehbar, sinnvoll, überzeugend, ja oft nötig oder sogar dringend. Also packt man's schnell noch rein ins Projekt. Denn, wie ein junger Projektmanager sagt: »Gute Ideen machen ein Projekt noch besser!« Ist das nicht gut? Nein, wie wir bereits in Kapitel 3 gesehen haben.

Denn schon nach wenigen Tagen stellt man fest, wie eine Projektleiterin jüngst klagte: »Da habe ich mir was Schönes eingebrockt! Was wie eine kleine Zusatzaufgabe aussah, entpuppt sich immer mehr als eigenständiges Zusatzprojekt!« Machen Sie sich keine Illusionen: Das ist nicht die Ausnahme, das ist die Regel! Der Zusatzwunsch entpuppt sich in aller Regel als viel komplizierter, komplexer, aufwändiger, zeit- und ressourcenintensiver, als Sie gedacht haben. Meist wirft er sogar ungeahnte fachliche Probleme auf. Das haben Sie sicher auch schon mehr als einmal erlebt. Aber warum ist das so? Dahinter steckt ein Universalprinzip: Wenn Sie ein Vorhaben fast fertig (geplant) haben und danach noch etwas Wesentliches hinzufügen, verursachen Sie damit nicht nur den offensichtlichen Aufwand für das Hinzugefügte, sondern den meist übersehenen Aufwand für die in Konsequenz erzwungenen Abänderungen des bereits Erreichten oder Geplanten!

Als Hausbesitzer wissen Sie zum Beispiel: Wenn Sie die Fassade neu verputzen lassen und während der Arbeiten noch schnell am Wohnzimmer einen Ausbau dranhängen wollen, dann fällt dadurch nicht nur der Aufwand für den Ausbau an – Sie müssen an einer kompletten Fassadenseite praktisch alles ändern; vom Baugerüst über die Wärmedämmung bis zu den Fenstern! Manchmal erkennen Projektleiter in so einer Situation messerscharf: »Da können wir in vielen Projektteilen praktisch von vorne anfangen!« Zumindest wirft selbst ein kleiner

Scope Creeper meist den Projektplan in einigen Teilen um. Gerade das macht Scope Creeper so aufwändig und ärgerlich! Oder wie eine andere Projektverantwortliche sagt: »Ein Scope Creeper ist wie ein Eisberg: Man sieht nur ein Siebtel seines Aufwands. Sechs Siebtel lauern unter Wasser!« Deshalb achten erfahrene Einzelkämpfer mit Argusaugen auf alles, was auch nur entfernt wie ein Scope Creeper aussieht.

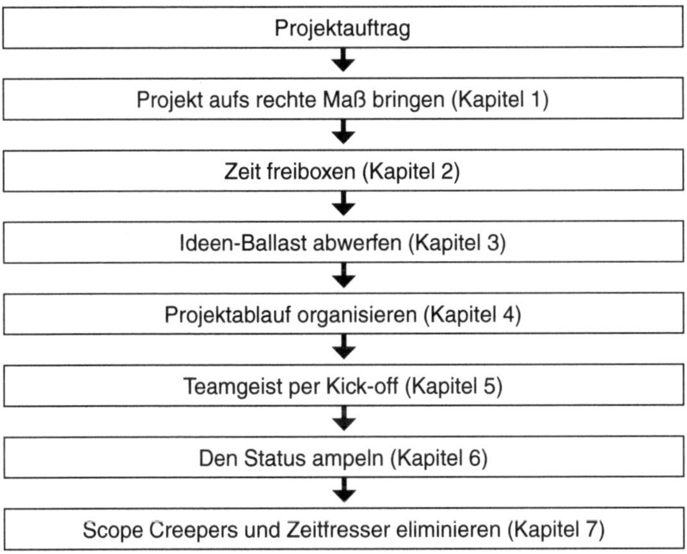


*Der Weg des Einzelkämpfers*

## Das schleichende Projektgift

Die englische Bezeichnung für eisbergähnliche Zusatzwünsche zeigt ihre Gefährlichkeit: Scope Creepers sind Ideen, die quasi unter dem Deckmantel der Projektverbesserung lautlos angekrochen kommen (to creep – kriechen), jedoch in dem Moment, in dem man sie hereinlässt, sofort den Umfang (Scope) des Projektes kolossal aufblähen, die Projektplanung über den Haufen werfen, den Erfolg bedrohen, Ihnen eine Menge Stress und Ärger einbrocken und den Endtermin unerreichbar machen.

Noch gefährlicher werden Scope Creepers (SC) dadurch, dass sie selten einzeln auftreten, sondern meist geballt. Viele Projekte werden mittendrin, wenn kaum einer damit rechnet, förmlich unter einer Creeper-Lawine verschüttet. Ein Projektleiter installierte deshalb mal spaßeshalber einen SC-Zähler und erschrak: »Diese Woche haben wir sage und schreibe 27 Scope Creepers abgewehrt! Mir wird schlecht, wenn ich daran denke, dass wir die früher alle reingenommen hätten!«

Scope Creepers lassen sich mit den Bläh-Ideen zu Beginn eines Projekts vergleichen (siehe Kapitel 3), mit einem entscheidenden Unterschied: Mitten im Projekt lässt man sich umso leichter zu Bläh-Ideen hinreißen, je runder das Projekt im Moment läuft – eben weil das Projekt gerade so gut läuft. Nach Aufnahme des Scope Creepers läuft es dann plötzlich gar nicht mehr so gut … Wie verhindern Sie das?

**Drehen Sie die Medaille!**

Wenn Ihnen mitten im Projekt jemand eine gute Idee vorträgt, freuen Sie sich über die mögliche Verbesserung – und stellen Sie ihr sofort den nötigen Aufwand gegenüber! Merksatz: Es gibt keinen Vorteil ohne Kosten! Denn jede Medaille hat zwei Seiten. Lassen Sie sich nicht von der blinkenden Vorderseite blenden. Drehen Sie die Medaille um. Richten Sie den Blick bewusst auf die Kehrseite. Lügen Sie sich dabei nicht selbst in die Tasche: Schätzen Sie den zusätzlichen Aufwand *realistisch* und *ehrlich* ein.

Einzelkämpfer-Tipp 38

Wägen Sie bei Scope Creepers stets ab: Den Creeper reinnehmen und damit zusätzlich Stress, Zeitdruck, Aufwand und eine Verschiebung des Endtermins in Kauf nehmen? Oder das Projekt ohne Creeper termingerecht und ungefährdet zu Ende führen?

Scope Creepers sind kein Schicksal, sondern Ihre Wahl: Was wählen Sie? Seien Sie sich auch des Faktors Zeit bewusst: Wählen können Sie nicht mehr, wenn Sie den Creeper schon reingenommen haben und dann bemerken, dass die Zeit, die Ressourcen oder das Know-how doch nicht ausreichen. Wählen können Sie immer nur, *bevor* Sie den Scope Creeper reinnehmen.

**Zwei Ausnahmen**

Sie dürfen einen Scope Creeper dann und nur dann reinlassen, wenn Sie auf den ersten Blick zweifelsfrei erkennen können, dass es sich um eine Bagatellaufgabe handelt, die erfahrungsgemäß (konkrete Erfahrung dafür nötig!)
- nur wenige Minuten oder Stunden kosten wird,
- keine wesentlichen zusätzlichen Ressourcen braucht,
- keine Unterstützung anderer Kompetenzträger benötigt und
- vor allem den geplanten Projektablauf nicht beeinträchtigt.

Die zweite Ausnahme von der Regel: Sie dürfen einen Scope Creeper immer dann reinlassen, wenn er einen oder mehrere der vorgenannten vier Punkte zwar nicht erfüllt, Ihr Auftraggeber aber bereitwillig den Endtermin verschiebt, zusätzliche Ressourcen genehmigt oder die benötigten zusätzlichen Kompetenzträger auf Abruf bereitstehen.

Seien Sie vorsichtig mit der Anwendung dieser Ausnahmeregelung. Nicht alles, was prima facie wie eine Ausnahme aussieht, ist auch eine. Gehen Sie nicht leichtfertig mit der Ausnahmeregelung um – denn den Schaden von Scope Creepers tragen immer Sie! Prüfen Sie jeden Einzelfall gewissenhaft. Je disziplinierter Sie dabei sind, umso termintreuer bringen Sie Ihr aktuelles Projekt ins Ziel – und vor allem umso erfolgreicher und stressärmer. Denn eines ist klar:

Durch Scope Creepers aufgeblähte Projekte verursachen nicht nur Terminverzögerungen und Stress, sondern floppen überdurchschnittlich oft oder enttäuschen im Ergebnis, weil Sie sich nicht mehr die nötige Zeit für die Kernziele nehmen können.

**Die SCA-Technik**

Bis hierhin ist selbst blutigen Projektneulingen die Sache klar: »Scope Creepers müssen draußen bleiben!« Wieso werden dann immer noch so viele Projekte unnötig von Scope Creepers aufgebläht und sabotiert? Die meisten Projektverantwortlichen, die genau wissen, dass Scope Creepers Gift sind, fallen trotzdem auf sie herein, weil ihnen die nötige Abwehrtechnik fehlt.

Die Technik macht's. Genauer: die SCA-Technik, die Scope-Creepers-Abwehrtechnik:

1) Drehen Sie die Medaille um! Stellen Sie jeder mitten im Projekt auftauchenden guten Idee sofort und unmittelbar ihren Aufwand gegenüber. Nennen Sie das Kind beim Namen! Denken Sie nicht: »Das ist eine gute Idee!«, sondern: »Achtung! Scope Creeper!« Hüten Sie sich vor der verführerischsten Quelle für Scope Creepers: Ihrer eigenen Kreativität. Wenden Sie die Medaille gerade und vor allem auch für eigene Ideen!
2) Sagen Sie dem Ideengeber niemals ins Gesicht, dass Sie seine Idee für einen Scope Creeper halten. Das löst Widerstand und Rechthaber-Orgien aus. Kein Mensch lässt sich gerne seine Ideen madig machen.
3) Geben Sie dem Ideengeber immer erst die verdiente Anerkennung: »Eine gute Idee! Eine wichtige Sache.« Damit signalisieren Sie, dass Sie weder ihn noch seine Idee ablehnen, sondern sachlich und objektiv reden möchten.
4) Nachdem Sie die Vorzüge seiner Idee gewürdigt haben, sprechen Sie die Kehrseite der Medaille an: »Wenn ich Ihre Idee im Projekt umsetze, brauche ich grob geschätzt fünf zusätzliche Manntage, das Budget für … und mindestens zwei zusätzliche Fachexperten für …« Oft hört der Ideengeber zum ersten Mal, dass seine Idee nicht nur Nutzen sondern auch Kosten hat! Versuchen Sie bloß nicht, dem Ideengeber seine Idee wegen der Kosten auszureden. Denn er wird sich wehren: »Nun machen Sie mal halblang! Fünf zusätzliche Tage? Dazu brauchen Sie doch höchstens einen!«

5) Überreden bringt nichts. Fragen ist besser, weil es keinen Widerstand provoziert. Stellen Sie dem Ideengeber zwei Fragen: »Wenn wir den nötigen Aufwand betrachten: Lohnt sich das noch für uns?« und »Wenn ja: Müssen wir das unbedingt jetzt machen?«

***Was die SCA-Technik bringt***

Sie werden erfreut feststellen, dass 50 bis 80 Prozent aller Ideengeber auf die beiden letzten Fragen hin überrascht gucken und dann sagen: »Also wenn wir dafür bezahlen müssen … Wenn das derart viel Aufwand macht … Wenn sich das Projekt deshalb so verzögert … Wenn wir dafür extra die Spezialisten von der F&E holen müssen … dann brauchen wir das nicht wirklich. Vor allem brauchen wir es nicht so dringend! Das können wir auch noch später machen.«

Gratuliere! Scope Creeper abgewehrt! Und behaupten Sie nicht, dass ausgerechnet Ihr Auftraggeber negativ auf diese Abwehr reagiert. Dann machen Sie noch etwas falsch. Beliebter Anfängerfehler: Man lässt nonverbal oder durch ungeschickte Formulierung durchblicken, dass man die Idee des Ideengebers für unsinnig oder unnötig hält. Das verletzt seinen Stolz, weshalb er seinen Scope Creeper erbittert verteidigt. Argumentieren Sie deshalb immer vorwurfsfrei. Das können übrigens die wenigsten Erwachsenen von Haus aus. Aber das kann man lernen (per Übung, Training oder Coaching).

Ein Einzelkämpfer in einem Chemie-Unternehmen war recht einfallsreich, was die nötige Übung anlangt: »Ich habe mir die SCA-Technik in Gesprächen mit meinen pubertierenden Söhnen antrainiert. Die wollen jeden Tag etwas, das für mich oder das Haushaltsbudget ein Scope Creeper ist. Die SCA-Technik funktioniert dabei besser als schroffe Absagen oder Appelle an die Vernunft! Die Jungs kapieren sehr schnell, wenn ihre Wünsche mehr Aufwand als Nutzen bringen oder nicht so dringend sind, wie sie meinen.« Wir sehen wieder mal: Das ganze Leben ist ein Projekt.

***Vom Scope Creeper zum Change Request***
Wir sagten, dass 50 bis 80 Prozent der Ideengeber positiv auf die SCA reagieren und von ihrem Wunsch Abstand nehmen. Was ist mit den restlichen? Auch diese reagieren positiv: »Stimmt, den Aufwand habe ich nicht gesehen. Den müssten wir eben zusätzlich reinstecken. Was soll das kosten?«

Auf diese Weise verdient man in Industrieprojekten, im B2B-Bereich (Business to Business) sein Geld! Denn mit vielen Projekten ist wegen des schlimmen Preiskampfes in saturierten Märkten kein Profit mehr zu machen. Oft muss man unter Kosten anbieten – doch mit jedem Scope Creeper, für den der Kunde zu zahlen bereit ist, steigert man seine Marge.

Viele clevere Projektmanager warten dabei nicht, bis der Kunde mit Scope Creepers angetrabt kommt, sondern provozieren diese selbst. Indem sie zum Beispiel das Projekt so spärlich grundausstatten, dass der Kunde praktisch Zusatzwünsche entwickeln *muss*, will er Freude am Projektergebnis haben.

## Die Utopisten-Technik

Sehr viel seltener, als Projektverantwortliche befürchten, trifft man auf einen Auftraggeber, der auf seinem Scope Creeper besteht und nichts dafür herausrücken will: »Das muss im Preis drin sein! Und der Endtermin wird auf keinen Fall verschoben!« Wenn ein Auftraggeber sich derart unvernünftig verhält, geraten unerfahrene Projektverantwortliche meist frustriert in Rage und starten einen Überzeugungsfeldzug: »Aber das ist eben nicht im Preis drin, weil ... « Das nützt wenig und ist auf jeden Fall sehr anstrengend und frustig, wie Sie sicher schon bemerkt haben.

### Einzelkämpfer-Tipp 39

Mit einem unvernünftigen Kunden kann man nicht vernünftig reden. Reden Sie nicht, hinterfragen Sie seine Utopien.

Fragen wirken immer viel überzeugender als jeder Überzeugungsversuch. Die erste Frage lautet dabei stets: »Warum müssen wir das ausgerechnet jetzt anpacken? Gibt es dafür einen wichtigen Grund?«

Denn es besteht immerhin die Möglichkeit, dass es diesen triftigen Grund gibt und der Auftraggeber ihn bislang lediglich nicht erwähnt hat (weil er dachte, dass das sowieso jedem klar sein müsse). Gibt es diesen Grund, können Sie mit sich reden lassen. Für einen triftigen Grund kann man schon mal seine Projektplanung anpassen. Gibt es den Grund nicht, sieht es auch der Utopist ein – auch wenn er sich noch wehren wird: »Aber das ist doch eine nützliche Sache!« – »Sicher, sie ist sogar sehr nützlich. Ist sie auch vordringlich? Dringlicher als das laufende Projekt?«

Wenn der Grund Ihnen nicht triftig erscheint, bleiben Sie dran. Streiten Sie nicht. Überzeugen Sie nicht. Überreden Sie nicht (das funktioniert alles nicht). Hinterfragen Sie. Wiederholen Sie die Frage nach dem vordringlichen Grund. So lange, bis der Utopist selbst einsieht, dass es keinen vordringlichen Grund gibt. Selbst wenn es diesen triftigen Grund gibt, müssen Sie den Scope Creeper nicht akzeptieren, denn Sie können die zweite Frage stellen:

»Wie soll ich das ohne zusätzliche Zeit und Mittel schaffen? Wie stellen Sie sich das vor? Wic soll das konkret ablaufen?«

Damit zwingen Sie den Utopisten in die Vorleistung. Er muss Ideen liefern zur Realisierung seiner Utopie. Und lassen Sie sich nicht mit der häufig auftretenden Finte abschütteln: »Aber das müssen Sie doch wissen! Das ist Ihr Problem!« Insistieren Sie: »Stimmt. Meiner Meinung nach ist die Sache unmöglich. Aber vielleicht übersehe ich ja eine Möglichkeit. Vielleicht wissen Sie mehr als ich. Also sagen Sie mir bitte: Wie stellen Sie sich das konkret vor?«

Wenn Sie derart dranbleiben und nachfragen, nachfragen, nachfragen, sieht der Utopist es irgendwann ein: Es geht wirklich nicht ohne zusätzliche Mittel. Sieht er es nicht ein, liefert er meist einige halbgare Ideen,

– aus denen Sie tatsächlich einige gute Anregungen herausziehen können;
– die Sie als Verhandlungshebel gebrauchen können: »Gute Idee, aber das hilft nicht wirklich. Ich brauche mindestens … (Tage, Euro, Experten) mehr.« Treten Sie darüber in Verhandlungen ein. Selbst wenn Sie dabei nur ein wenig mehr herausschlagen können, ist das immer noch besser, als die Utopie frustriert zu schlucken und keine Verbesserung zu erzielen.

***Der kleine Unterschied***

Bei der Utopisten-Technik tritt der Unterschied zwischen erfahrenen Einzelkämpfern und Projektamateuren deutlich zu Tage: Amateure regen sich zwar oft fürchterlich über Scope Creepers und Utopisten auf, doch
– entweder versuchen sie, den Utopisten ihre Utopien auszureden, was regelmäßig erfolglos endet,
– und/oder sie schlucken den Scope Creeper irgendwann wie eine fette Kröte.

Einzelkämpfer dagegen hinterfragen so lange, bis der Utopist seine Utopie aufgibt oder bis sie zumindest einen (teilweisen) Verhandlungserfolg erzielen. Mich überrascht immer wieder, wie viele Projektverantwortliche Kröten schlucken, anstatt es wenigstens mit der Utopisten-Technik zu versuchen. Ein Versuch schadet schließlich nichts …

**Plan ändern!**

Mit der SCA- und der Utopisten-Technik werden Sie acht von zehn Scope Creepers abwehren können.

Die restlichen werden Sie mit gutem Gewissen reinnehmen: Sie sind vordringlich und/oder werden mit zusätzlichen Ressourcen ausgestattet. Damit wäre alles in Butter. Glauben Sie wirklich? Wenn nicht, sind Sie bereits ein prima Einzelkämpfer. Denn Sie ahnen:

Einzelkämpfer-Tipp 40

Jeder akzeptierte Change Request verändert Ihre Planung!

Wenn Sie Ihre Planung nicht entsprechend anpassen, dringt mit jedem akzeptierten Change Request ein bisschen mehr Chaos in Ihr Projekt ein! Ändern Sie deshalb (siehe Kapitel 4):

- Ihre Projektübersicht: Fügen Sie die neuen Ergebnisse hinzu.
- die Aktivitätensammlung: Fügen Sie neue Tätigkeitslisten hinzu, selbstverständlich inklusive Zeitaufwandschätzungen.
- den totalen Zeitaufwand – und verhandeln Sie (nochmals) über eine Verschiebung des Endtermins.

Kein Auftraggeber genehmigt gerne eine Verschiebung des Endtermins. Doch jeder Auftraggeber genehmigt sie umso eher, je eher Sie ihm Aktivitätenlisten mit Zeitaufwänden vorlegen. Was man schwarz auf weiß vorlegt, überzeugt eben eher.

## Zeitfresser

Wenn das Projekt gut läuft, werden Projektamateure schnell anfällig nicht nur für projektbezogene Scope Creepers, sondern auch für projektfremde Zeitfresser. Sie

- nehmen zusätzlich neue Projekte rein,
- akzeptieren Zusatzaufgaben außerhalb des Projekts,
- helfen Kollegen gutmütig bei deren Aufgaben oder
- fangen neue Baustellen an.

Das heißt, sie machen das Gegenteil dessen, was sie in Kapitel 2 machten: Sie verkleinern ihr eigenes Zeitfenster! Oft nehmen sie dieselben Tätigkeiten auf, die sie beim Zeitfenster-Freiboxen noch aus der Arbeitsplanung herausnahmen! Erfahrene Einzelkämpfer begehen diesen Fehler nicht, denn sie wissen:

Einzelkämpfer-Tipp 41

Time Management ist keine Tätigkeit, sondern eine Grundhaltung! Ihr Zeitfenster ist täglich, stündlich bedroht! Also verteidigen Sie es auch stündlich gegen Zeitfresser!

Wie vielen Zeitfressern sind Sie heute schon begegnet? Wer oder was hat heute versucht, Ihre Zeit zu stehlen? Deshalb: Seien Sie stets auf der Hut! Das sind Sie? Trotzdem sind Sie auch heute wieder auf einige Zeitfresser reingefallen?

**Warum wir immer wieder auf Zeitfresser reinfallen**

Viele Projektverantwortliche fallen immer wieder auf Zeiträuber herein, weil sie ganz unreflektiert denken:

- »Das Projekt läuft so gut, also habe ich die Zeit.«
- »Eine Aufgabe passt immer noch rein!«
- »Bloß weil ich gerade ein Projekt habe, kann ich meine Kollegen (Vorgesetzten, Kunden, Mitarbeiter …) doch nicht hängen lassen!«
- »Wenn ich die Zusatzaufgabe nicht annehme, könnte jemand denken, dass ich mich nur noch um mein Projekt kümmere und die eigentliche Arbeit liegen lasse!«

Das alles sind gute Gründe. Doch wer hat den Schaden, wenn Sie den Zeitfresser reinnehmen? Natürlich Sie. Sie werden schnell bemerken, dass Sie eben doch nicht so viel Zeit haben wie gedacht, dass Sie mit jeder Zusatzaufgabe weniger Zeit fürs Projekt haben, dass Sie sich überfordern und übervorteilen (lassen). Dass Sie sich zusätzlich Stress und Druck aufladen.

Nicht Stress macht das Leben stressig, sondern dass wir ihn leichtfertig in unser Leben lassen. Wer sich nicht wehrt, lebt verkehrt. Warum wehren sich so wenige Projektverantwortliche gegen Stress und Zeitdiebe? Wieder eine Frage der Technik: Weil sie nicht wissen, wie.

**Gewusst wie: Zeitdiebe abwehren**

Damit keine Missverständnisse entstehen: Es ist immer einfacher, eine Zusatzaufgabe zu akzeptieren, als sich dagegen zu wehren. Es ist einfacher, den Kopf in den Sand zu stecken, als erhobenen Hauptes durchs Leben zu gehen. Die Frage, die Sie sich stellen müssen, lautet daher: Will ich's bequem? Oder mein eigenes Leben führen?

Wie Sie sicher bemerkt haben, ist die Entscheidung für die Bequemlichkeit nicht wirklich lohnend. Glück, Erfolg und Zufriedenheit kann die Bequemlichkeit nicht geben; das alles finden Sie nur im eigenen Leben. Sich für das eigene Leben zu entscheiden fällt Ihnen umso leichter, je besser Sie Zeitdiebe entwaffnen können:

- Vertrösten Sie! »Ich mache das gerne, wenn das Projekt vorbei ist. Dann bin ich ganz für Sie da! Jetzt hätte ich einfach nicht die Zeit und die Aufmerksamkeit, die Ihre Aufgabe bräuchte!« Das haut nicht immer hin – doch in jedem Fall, in dem es hinhaut, haben Sie erfolgreich Ihr Projekt-Zeitfenster geschützt! Es zu versuchen lohnt sich immer!
- Wiederholen Sie sich! Zeitdiebe lassen in der Regel nicht so schnell locker und kommen immer wieder mit demselben Anliegen oder einem neuen. Mauern Sie! Wiederholen Sie sich den Mund fransig. Und dabei immer lächeln! Sie müssen kein schlechtes Gewissen haben. Denn wenn ein Zeitdieb sich von Ihrer wiederholten Weigerung abhalten lässt, dann war sein Wunsch nicht wirklich wichtig. Und wenn er sich nicht abhalten lässt, wissen Sie wenigstens, dass es sehr wichtig ist und sich reinzunehmen lohnt. Das wird aber selten passieren.
- Verweigern Sie die Lösungssuche! Meist ignorieren Zeitdiebe Ihre Absage an ihren Wunsch und wollen wissen: »Aber wie sollen wir das denn machen? Was können wir tun?« »Was meinst du dazu?« »Wie werden Sie die Sache nach Ihrem Projekt angehen?« »Wie könnte eine Lösung aussehen?« Bei solchen Fragen ist die Versuchung über-

menschlich, sich hinreißen zu lassen und dem Bittsteller einen kleinen Tipp mitzugeben. Böser Fehler. Wenn Sie einem Zeiträuber den kleinen Finger geben, nimmt er ruckzuck die ganze Hand! Sie werden den Zeitdieb nicht mehr los, verlieren darüber Zeit und können seinen Wunsch oft nicht mehr verschieben.

- Formulieren Sie Ihre Verweigerung der Lösungssuche höflich! Zum Beispiel so: »Gute Frage, darüber reden wir nach dem Projekt, wenn ich den Kopf frei und die Zeit dafür habe. Ich möchte jetzt keine halbgaren Ratschläge geben, die nichts taugen.« Sagen Sie das, auch wenn Ihnen die Lösung wie Feuer auf der Zunge brennt! Einzelkämpfer können sich beherrschen.
- Nehmen Sie den Zeitdieb in Vorleistung! Fügen Sie Ihrer Weigerung an: »Vielleicht überlegen Sie in der Zwischenzeit, wie eine Lösung aussehen könnte, damit wir nach dem Projekt schnellstmöglich vorankommen.« Der Clou daran: Weit über die Hälfte aller Zeitdiebe erledigt sich mit dieser Vorleistung nämlich von selbst. Denn der Bittsteller war einfach zu bequem, sich eigene Gedanken zu machen. Oder er sieht ein, dass die Sache irrelevant, wenig aussichtsreich oder unrentabel ist. Viele Probleme erledigen sich mit der Zeit auch von alleine – obwohl keiner so recht weiß, warum. Das ist auch egal. Hauptsache, es wirkt.

### Einzelkämpfer-Tipp 42

Die erfolgsentscheidende Projektarbeit besteht nicht darin, Arbeit im Projekt zu leisten, sondern projektfeindliche Arbeiten abzuwehren!

Einzelkämpfer beherrschen das ganz gut. Sie traben nicht wie Schafe hinter jeder Aufgabe her, sondern verfolgen zielstrebig nur Aufgaben, die sie voranbringen. Ein Projektleiter nannte das mal »die tägliche Projekthygiene«. Das ist es: Das Projekt täglich sauber halten, von Scope Creepers und Zeitdieben säubern.

Was haben Sie heute schon für Ihre Projekthygiene getan? Welche Scope Creepers und Zeitdiebe haben Sie erfolgreich abgewehrt oder mit hieb- und stichfester Begründung (und Zusatzressourcen!) reingenommen? Halten Sie Ihr Projekt sauber!

**Hilfe, mein Chef ist ein Zeitdieb!**

Was tun Sie, wenn Ihr eigener Vorgesetzter Ihnen eine Zusatzaufgabe aufs Auge drücken will, die Ihnen kostbare Zeit fürs Projekt stiehlt? Ärgern Sie sich nicht über ihn, sondern verhelfen Sie ihm zum nötigen Durchblick, indem Sie die Konsequenzen fürs Projekt aufzeigen: »Ich mache das gerne. Vorher sollten wir allerdings klären, welche Auswirkungen das auf mein aktuelles Projekt hat. Es wird sich auf jeden Fall zirka … (Tage, Wochen) im Endtermin nach hinten verschieben. Was ist für Sie wichtiger? Das Projekt oder diese neue Aufgabe?«

Die meisten Chefs sagen darauf: »Wissen Sie was? Ich gebe die Aufgabe jemand anders, der gerade nicht so eingespannt ist.« Oder: »Ach, es eilt nicht so, machen Sie das einfach nach Projektende.« Oder auch: »Diese Aufgabe ist wichtiger!« Damit gibt Ihnen der Chef die implizite Erlaubnis, Ihr laufendes Projekt im Endtermin nach hinten zu korrigieren. Fazit: Mit der Abwehr von Zeitdieben gewinnen Sie auch beim Chef in jedem Fall.

Warum kommt der Chef nicht von selbst auf die Idee, seine Zusatzaufgabe erst einmal auf die Konsequenzen für Ihr Projekt zu prüfen? Weil er sieht, wie gut Ihr Projekt derzeit läuft, und denkt: »Da läuft ja alles, da passt sicher noch eine Zusatzaufgabe rein.«

Manche Chefs sehen von selbst, dass eine Zusatzaufgabe das Projekt aufhält, manche sehen es nicht. Denen, die es nicht sehen, sollten Sie es zeigen. Wer sollte Ihrem Chef sonst die Augen öffnen? Es ist schön, einen guten Chef zu haben. Doch wenn er es nicht ist, sollten wenigstens Sie gut sein …

## Auf einen Blick

**Einzelkämpfer-Tipp 38:** Wägen Sie bei Scope Creepers stets ab: Den Creeper reinnehmen und damit zusätzlich Stress, Zeitdruck, Aufwand und eine Verschiebung des Endtermins in Kauf nehmen? Oder das Projekt ohne Creeper termingerecht zu Ende führen?

**Einzelkämpfer-Tipp 39:** Mit einem unvernünftigen Kunden können Sie nicht vernünftig reden. Reden Sie nicht, hinterfragen Sie seine Utopien.

**Einzelkämpfer-Tipp 40:** Jeder akzeptierte Change Request verändert Ihre Planung!

**Einzelkämpfer-Tipp 41:** Time Management ist keine Tätigkeit, sondern eine Grundhaltung! Ihr Zeitfenster ist täglich, oft stündlich bedroht! Also verteidigen Sie es auch stündlich gegen Zeitfresser!

**Einzelkämpfer-Tipp 42:** Arbeiten am Projekt ist wichtig. Wichtiger ist, zweitrangige Arbeiten vom Projekt fernzuhalten!

Man soll die Wahrheit heiter sagen,
denn dem Clown hört man lieber zu
als dem Prediger.
*John Bayton Priestley*

# 8 Projekt-PR: Halten Sie sich den Rücken frei!

Was passiert, wenn Sie an einem Projekt arbeiten, womöglich noch unter Zeitdruck? Hält man Ihnen den Rücken und den Terminplan für Ihre Projektarbeit frei? Bekommen Sie Unterstützung von oben? Lässt man Sie in Ruhe Ihre Arbeit machen? Pustekuchen! Einzelkämpfer beklagen zuhauf:

- »Die Leute wissen doch, dass ich gerade ein Projekt am Hals habe – trotzdem werde ich von allen Seiten mit neuen Aufgaben zugeschoben!«
- »Neulich haben wir entdeckt, dass zwei andere Projektgruppen am selben Thema arbeiten. Weiß denn da oben keiner, wer was bearbeitet? Warum muss ich meine knappe Zeit mit Arbeiten vergeuden, die schon doppelt und dreifach besetzt sind?«
- »Gestern zieht mein Chef zwei meiner Leute aus dem Projekt ab mit der Begründung: ›Es läuft bei euch ja!‹ Jetzt nicht mehr!«
- »Ständig ändern sich die Ansprechpartner in den Abteilungen. Ich weiß bald nicht mehr, wer überhaupt noch für uns zuständig ist!«
- »Mein eigener Vorgesetzter müllt mich mit neuen Projekten zu. Weiß der nicht, dass ich noch an seinen alten Projekten genug zu stemmen habe?«

Der Wirtschaftslaie nimmt an, dass ein Projekt zumindest vom und im eigenen Unternehmen unterstützt und gefördert wird. Das ist nicht nur eine irrige Annahme, es ist vielmehr das Gegenteil der Fall: Projekte werden vom eigenen Unternehmen behindert! Ein Projektleiter bei einem Anlagenbauer bringt es auf den Punkt: »Bei manchen Projekten habe ich das Gefühl, dass sich der ganze Betrieb gegen mich verschworen hat!«

An diesem kritischen Punkt sind Einzelkämpfer sehr verwundbar. In einem großen Projekt mit einem großen Projektteam, in dem viele Teammitglieder sind, kann man sich vereint gegen die Übergriffe aus dem eigenen Unternehmen wehren. Als Einzelkämpfer steht man ganz allein auf weiter Flur. Viele Einzelkämpfer setzt das unter unmenschlichen Druck. Dieser Druck macht den eigentlichen Projektstress – nicht die Sachaufgabe!

Warum ist das so? Warum werden Einzelkämpfer-Projekte aus den eigenen Reihen behindert? Warum behindern Sie die eigenen Kollegen, Mitarbeiter und Vorgesetzten? Wollen die Ihnen eins auswischen?

Das glaubt zwar mancher Einzelkämpfer, doch der wahre Grund ist viel einfacher: Vor Wochen oder Monaten hat Ihr Umfeld mal mitgekriegt, dass Sie ein Projekt begonnen haben. In der Zwischenzeit haben die Leute um Sie herum nichts mehr oder zu wenig davon gehört. Also gilt bei ihnen: Aus den Augen – aus dem Sinn!

Ihr Projekt ist bei den meisten in Ihrem Umfeld überhaupt nicht mehr im Bewusstsein vorhanden. Höchstens in der Form: »Da war doch mal was …?« Das heißt: Wenn jemand auf Ihrem Projekt herumtrampelt, Teammitglieder abzieht, noch mehr in das Projekt reinpacken will, Budgets kürzt und Termine vorzieht, dann tut er das in der Regel nicht absichtlich (Absicht erkennen Sie im Übrigen recht schnell und eindeutig), sondern weil ihm überhaupt nicht bewusst ist, dass er gerade auf etwas herumtrampelt.

Wie so oft im Leben gilt auch hier: Wenn Sie erst mal das Problem erkannt haben, haben Sie auch schon die Lösung. Problem erkannt, Gefahr gebannt:

Einzelkämpfer-Tipp 43

Wenn Ihnen niemand sonst den Rücken freihält, sollten Sie es selbst tun: mit präventiver Projekt-PR!

## P³R: Präventive Projekt-PR

Die Mehrzahl der Projektverantwortlichen klagt darüber, dass ihnen für ihre Projektarbeit nicht der Rücken freigehalten wird. Das ist ärgerlich. Gewiefte Einzelkämpfer ärgern sich zwar auch, doch sie tun darüber hinaus noch etwas. Sie halten sich selbst den Rücken frei. Wer sollte es sonst für sie tun?

Jeder Projektverantwortliche ist so schlau, dass er irgendwann mal auf die Idee kommt, sich selbst den Rücken freizuhalten. Den wenigsten gelingt es jedoch. Warum? Weil sie es kurativ, nicht präventiv, angehen. Wenn ihnen jemand ein neues Projekt, eine neue Aufgabe oder einen Termin aufs Auge drücken möchte, lamentieren sie: »Muss das jetzt gerade sein? Ich habe doch so viel anderes zu tun!« Wenn Sie das jemandem sagen, bringt das was? Äußerst selten und nur gegen exorbitant hohe Widerstände. Das hat einen Grund: Therapie funktioniert selten so gut wie Prävention. Sich 14 Tage mit Grippe ins Bett zu legen, verhindert keine 14 Krankheitstage – Prävention schon.

Die überlegene Wirksamkeit der Prävention zeigt sich auch bei der Projektarbeit. Einzelkämpfer, die präventive Projekt-PR betreiben, werden viel weniger mit anderen Aufgaben und Projekten belästigt. Man lässt sie in Ruhe arbeiten, weil man weiß: Der ist gerade anderweitig beschäftigt. Woher weiß man das? Von der präventiven Projekt-PR.

### Wie P³R wirkt

Wer präventive Projekt-PR betreibt, sorgt dafür, dass seine Umwelt sein Projekt nie aus den Augen und dem Sinn verliert.

Er hält quasi deutlich sichtbar ein Straßenschild hoch: »Achtung, Baustelle!« Sobald ein Autofahrer das Schild sieht, geht er vom Gas. Sobald die Umwelt Ihr Projektschild sieht, geht auch sie vom Gas. Vor allem, wenn es ein Schild ist, auf dem steht: »Wir bauen hier für Sie …«

Je intensiver Sie Eigen-PR betreiben, desto freier halten Sie sich selbst den Rücken. Wenn ein Vorgesetzter, Mitarbeiter oder Kollege regelmäßig von Ihnen zu hören kriegt, was Sie alles in Ihren aktuellen Projekten stemmen, werden die meisten es sich dreimal überlegen, bevor sie Ihnen neue Aufgaben aufbrummen. Sie werden eher denken: »Der hat gerade so viel zu tun, da suchen wir lieber einen anderen, der weniger ausgelastet ist.« Wenn Sie jemandem, der Ihnen eine Aufgabe aufdrücken möchte, sagen »Ich habe genug anderes zu tun!«, wird er immer annehmen, dass Sie sich bloß drücken wollen. Wenn Sie diesen Jemand jedoch regelmäßig in nicht zu langen Intervallen über den Fortgang Ihrer Projekte unterrichten, weiß er schon im Voraus, wie viel Sie zu tun haben und wie sehr Sie ausgelastet sind und wie wichtig Ihre Arbeit ist. Das überzeugt viel eher, leichter und stärker.

Das leuchtet im Grunde jedem Projektverantwortlichen ein. Fast jeder sagt auch: »Jaja, ich weiß, ich mache zu wenig PR in eigener Sache!« Doch passieren tut trotzdem nicht viel. Warum?

## FAQ zur P³R

Den meisten Projektverantwortlichen ist klar, dass sie viel mehr über ihre laufenden Projekte reden müssten, um sich den Rücken freizuhalten. Sie tun es lediglich nicht. Weil zu viele Fragen offen sind (im Internet-Slang heißt das FAQ – Frequently Asked Questions). Fragen und Einwände, die in den einschlägigen Seminaren und Ratgebern leider nicht ausreichend beantwortet werden. Deshalb schließen wir diese Wissenslücke hier und jetzt:

*Frage:* Ich weiß, dass ich mehr Eigen-PR machen müsste – aber woher soll ich denn die Zeit dafür nehmen?

*Antwort:* Projekt-PR kostet keine Zeit, sie spart welche – per Saldo. Natürlich benötigt jede PR etwas Zeit. Jedoch viel weniger, als Sie annehmen. Minuten statt Stunden. Machen Sie diese PR nicht, verlieren Sie dagegen Stunden statt Minuten – mit unnötigen, lästigen Arbeiten, die Ihnen aufgebrummt werden. Projekt-PR hat eine große Wirkung bei geringem Aufwand, also einen hohen ROI (Return on Investment) oder vielmehr ROPR (Return on PR). Auf deutsch: Projekt-PR lohnt sich immens! Viele erfahrene Einzelkämpfer verrieten mir sogar: Projekt-PR lohnt sich oft mehr als gute Leistung. Denn gute Leistungen können Sie nicht davor schützen, von allen Seiten mit Aufgaben zugemüllt zu werden. Im Gegenteil! Je mehr Sie leisten, desto stärker werden Sie zugeschüttet!

*Frage:* Wenn ich Projekt-PR mache, halten mich dann nicht alle für einen Angeber?

*Antwort:* Nein. Wenn jemand sich als den Besten, Größten und Schönsten ausgibt, hält man ihn selbstverständlich für einen Angeber. Wenn Sie dagegen ganz sachlich und neutral über Ihre Projektfortschritte berichten, halten Sie alle für einen echten Profi und bedanken sich dafür, dass sie so gut auf dem Laufenden gehalten werden.

*Frage:* Kann ich das überhaupt? Immerhin bin ich Ingenieur (Chemiker, Techniker, Mechaniker, Assistent …) und kein Verkäufer oder Rhetoriker!

*Antwort:* Gott sei Dank! Denn die meisten Verkäufer und Rhetoriker können das überhaupt nicht! Sie übertreiben oft haltlos oder reden geschwollenes, wenig authentisches Zeug. (Hören Sie mal einem Verkäufer zu!) Projekt-PR kann jeder normale Mensch. Je normaler, desto besser. Denn PR ist supereinfach: Tue Gutes und rede darüber. Die eine Hälfte davon tun Sie bereits: Sie tun viel Gutes im Projekt. Jetzt müssen Sie nur noch darüber reden – und reden können Sie. Sie tun es täglich. Bei der Projekt-PR reden Sie so normal wie im normalen

Leben auch (das wissen nur die meisten nicht, weil sie meinen, bei der PR müsse man sich irgendwie gekünstelt ausdrücken).

*Einwand:* Ich würde mich nicht wohl dabei fühlen, wenn ich PR in eigener Sache mache.

*Antwort:* Dann haben Sie etwas missverstanden. Wenn Sie sich nicht wohl dabei fühlen, machen Sie keine PR, sondern verbiegen sich. Ich wette, dass Sie dabei unbewusst an jemanden denken, der in Ihren Augen gute PR macht und dem Sie nacheifern möchten. Das ist aber Unfug! PR kann man nicht abkupfern. Der eine macht laute PR, der andere ganz leise – und beide sind erfolgreich. Warum? Weil sie die PR machen, die zu ihnen passt. Wenn Sie also ein eher sachlicher Mensch sind, der ungern große Worte macht, dann sind Sie in PR perfekt. Denn sachliche, nicht allzu große Worte kommen bei allen Menschen bestens an – sofern Sie den Mund aufmachen! Wenn Sie dagegen gern und viel und überschwänglich reden, kommen Sie auch gut an – weil Sie eben so sind und reden und das auch jeder weiß und erwartet. PR heißt: Authentisch bleiben! Sich nicht verbiegen!

*Frage:* Brauche ich dafür denn nicht erst ein Rhetorik-Training?

*Antwort:* Nein. Im Gegenteil: Je natürlicher Sie reden, desto wirksamer ist Ihre Projekt-PR. Die Politiker machen uns täglich das Gegenteil vor. Sie reden derart geschwollen und rhetorisch gekünstelt, dass ihnen kein normaler Mensch mehr irgendetwas abnimmt. Sie haben eines nicht kapiert: Wer nicht authentisch redet, dem glaubt man auch nicht.

*Einwand:* Aber ich kann mich so schlecht selbst verkaufen!

*Antwort:* Na und? Sie sollen auch nicht sich verkaufen! Sie sollen noch nicht mal Ihr Projekt verkaufen! Sie sollen niemandem irgendetwas verkaufen! Sie sollen lediglich über Ihr Projekt reden. PR ist kein Verkauf!

Fazit: Wenn Sie in der Kneipe ein Pils bestellen können, können Sie auch PR machen. Also machen Sie's einfach. Just do it.

## How to PR

Grämen Sie sich nicht, dass Sie sich erst durch viele Fragen und Zweifel durcharbeiten mussten, um sich zur Projekt-PR aufzurappeln. Das ist normal. Die meisten Menschen haben Hemmungen vor Eigen-PR, weil sie zu einer falschen Zurückhaltung erzogen wurden. Diese falsche Erziehung muss man erst mal überwinden. Danach erhebt sich die Frage: Wie denn nun?

Einzelkämpfer-Tipp 44
Bei jeder sich bietenden Gelegenheit reden Sie (nur!) zwei bis drei Sätze über den Fortschritt Ihres Projekts.

Das ist schon alles? Das ist schon alles! Und deshalb machen einige Leute so einen Aufstand um die Projekt-PR! Nicht zu fassen. Trotzdem kratzen sich an dieser Stelle viele Ingenieure und andere Naturwissenschaftler etwas verunsichert am Kinn, weil sie nach der passenden Formulierung suchen. Wie wäre es mit: »Übrigens, beim XY-Projekt sind heute die Konstruktionszeichnungen fertig geworden. Das neue Design sieht echt gut aus.«

Geht das so unvermittelt? Ja! Ist der Gesprächspartner nicht wegen des abrupten Themenwechsels irritiert? Nein! Warum nicht? Weil alle Menschen an Neuigkeiten interessiert sind! Alle Menschen sind von Natur aus neugierig. Deshalb ist Ihnen Ihr Gesprächspartner sogar dankbar. Denn Sie versorgen ihn brandheiß mit Insider-Informationen. Und Sie langweilen ihn damit noch nicht einmal. Denn in zwei Sätzen sagen Sie alles, was gesagt werden muss.

Deshalb wird es Ihnen auch passieren, dass der andere darauf sagt: »Echt? Erzählen Sie mal!« Dann folgen Sie bitte dieser Einladung mit zwei, drei weiteren Sätzen (bitte keine Romane erzählen). Und so weiter. Jede erneute Frage wird mit zwei, drei Sätzen beantwortet. Das ist alles. Das ist PR.

**Kleine PR, große Wirkung**

Wie können zwei, drei PR-Sätze derart gut ankommen? Das sagen die Adressaten der PR selber. Wenn wir Kollegen, Vorgesetzte und Mitarbeiter von Einzelkämpfern befragen, sagen diese zur Wirkung von Projekt-PR stets Folgendes:

- »Dieses Projekt gibt's ja auch noch! Hatte ich doch glatt vergessen!«
- »Der Kollege ist gerade gut ausgebucht. Dem sollten wir nicht noch mehr aufbürden.«
- »Das läuft ja ganz gut bei ihm. Der tut was!«
- »Ich freue mich schon auf das Endergebnis.«

Sie haben den Eindruck, dass sich diese Rückmeldungen etwas zu sehr nach Friede, Freude, Eierkuchen anhören? Tja, das ist der einzige Nachteil von guter Projekt-PR: Sie macht alle glücklich.

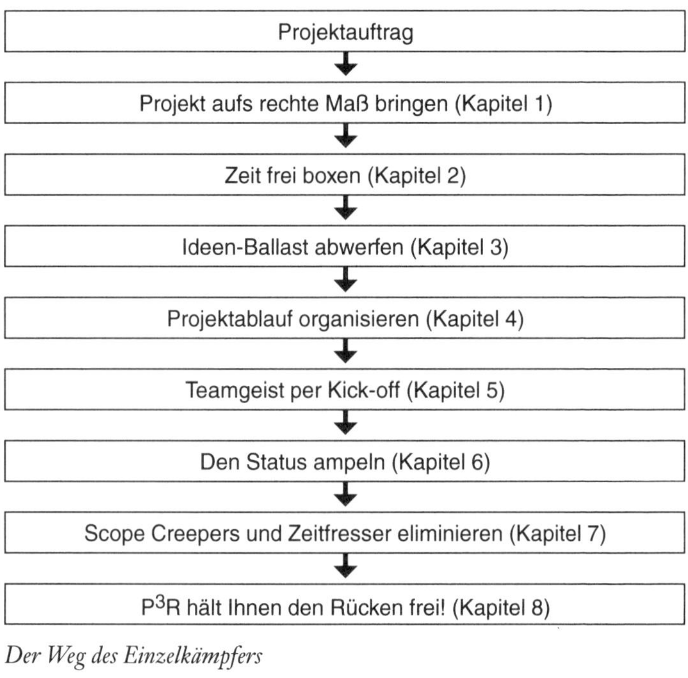


*Der Weg des Einzelkämpfers*

**PR-Turbo**

Ihre präventive Projekt-PR wird noch wirksamer, wenn Sie ein Lob einbauen. Natürlich kein Eigenlob! Anerkennen Sie vielmehr die Leistung eines Teammitglieds oder eines internen Zuarbeiters: »Wir liegen auch deshalb so gut im Plan, weil Frau Müller aus der Personalentwicklung uns in nur drei Tagen ein komplettes Kundenschulungskonzept erstellt hat!«

Diese in der heutigen Zeit geradezu unglaubliche Uneigennützigkeit zeichnet erfolgreiche Einzelkämpfer aus. Die Uneigennützigkeit zahlt sich aus: Wenn Sie ein Projektmitglied loben, fällt das auf Sie zurück! Denn wer andere lobt, gilt als souverän und führungskompetent.

**PR-Erfolgskriterien**

Die bisherigen Ausführungen zur präventiven Projekt-PR haben Sie unter Garantie intellektuell nicht überfordert. »Projekt-PR ist kinderleicht«, wie mir ein Einzelkämpfer zu verstehen gab. Dennoch beklagen sich viele Projektverantwortliche, dass sie trotz Projekt-PR immer noch von allen Seiten behindert und zugemüllt werden. Wir sehen daran: Es ist keine Sache so einfach, dass dabei nicht noch Fehler gemacht würden. Wenn wir im Coaching oder Training die praktizierte PR der zugemüllten Einzelkämpfer diagnostisch abklopfen, werden wir stets an einem oder mehreren der folgenden fünf Checkpunkte fündig:

- Nehmen Sie auch wirklich jede Gelegenheit zur Projekt-PR wahr? Meist lautet die Antwort »Nein«. Es werden zu viele Gelegenheiten ausgelassen.
- Erreichen Sie mit Ihrer PR auch wirklich alle potenziellen Ansprechpartner? Nein, meist werden ganz bestimmte Partner unabsichtlich ausgeklammert.
- Versorgen Sie vor allem Auftraggeber und Sponsor mit PR? Nein, denn an große Tiere traut man sich in der Regel nicht so oft ran. Da wäre es aber am nötigsten. Außerdem ist das lediglich eine Frage der Übung.

- Versorgen Sie vor allem jene Ansprechpartner mit PR, von denen Sie mit Aufträgen, Ideen und Wünschen zugemüllt werden? Nein, weil man solche unangenehmen Zeitgenossen oft unwillkürlich ausklammert.
- Versorgen Sie auch und gerade die Projektkunden (falls vorhanden) mit PR? Nein, weil man verrückterweise an den Kunden oft zuletzt denkt.

Finden Sie die versteckten Mängel in Ihrer Projekt-PR und stellen Sie sie ab.

**Fangen Sie klein an!**

Sie fühlen immer noch Hemmungen? Auch das ist normal. Wenn Sie bislang kaum PR gemacht haben, dann fällt der Anfang immer etwas schwer. Machen Sie es sich deshalb nicht auch noch unnötig selbst schwer. Gehen Sie nicht unbewusst davon aus, dass Sie morgen schon der große Kommunikator, der perfekte PR-Propagandist sein müssen.

Je größer der Anspruch, desto größer die Enttäuschung. Fangen Sie deshalb ganz bewusst ganz klein an. Klein ist immer noch besser als gar nicht oder als sich übernehmen. Fangen Sie mit Kollegen, Mitarbeitern, Vorgesetzten, Kunden und anderen Menschen an, mit denen Sie sich gut verstehen. Menschen, bei denen Sie sich trauen, auch mal eine neue Kommunikationstechnik wie $P^3R$ auszuprobieren. Diese kleinen Erfolge werden Sie beflügeln, größere Vorhaben anzupacken. Bitte nur in kleinen Schritten steigern! Das hält die Motivation und die Erfolgsquote hoch.

Den speziellen Fall der Projekt-PR nach Projektende schauen wir uns übrigens in Kapitel 12 genauer an.

**Die häufigsten Fehler**

Sie werden es nach einigen Versuchen schon bemerkt haben: Die größte Versuchung bei der Projekt-PR besteht darin, Romane zu erzählen. Vor allem Ingenieure sind dafür anfällig. Sie sind derart begeistert von ihrem Projekt, was verständlich ist, dass sie den Ansprechpartner zutexten. Das kommt äußerst übel an! Also achten Sie einfach darauf. Das reicht meist schon aus, um den eigenen Überschwang im Zaum zu halten. Bei hartnäckigen Fällen hilft auch ein Coach.

Den zweithäufigsten Fehler haben Sie sicher auch schon oft begangen: Fachlatein. Auch das ist normal und kein Anlass für Selbstvorwürfe. Merken Sie sich einfach: Fachausdrücke nur dann verwenden, wenn Sie der Ansprechpartner auch verwendet!

Ein dritter Fehler liegt in der Unterlassung. Viele Projektverantwortliche sagen: »Was soll ich denn groß erzählen? Es läuft doch alles wie gewohnt! Nichts, was außergewöhnlich wäre!« Das ist eindeutig ein Fall von verzerrter, das heißt selektiver Wahrnehmung. Nimmt man selektiv wahr, sieht man nur noch das Außergewöhnliche, den Weltrekord, den Durchbruch – oder das Negative, die Probleme und Krisen. Man übersieht das mannigfaltige Gute, das jeden Tag in einem Projekt passiert. Sollten Sie unter dieser Wahrnehmungsschwäche leiden, dann trainieren Sie einfach zwei, drei Tage lang, bewusst auf das Gute im Projekt zu achten. Sehr hilfreich dabei ist ein Projekt-Erfolgstagebuch, in das Sie allabendlich auch die kleinsten Erfolge im Projekt notieren. Das öffnet Ihnen die Augen. Denn aus der Wahrnehmungspsychologie wissen wir: Man kann nur wahrnehmen, was man wahrnehmen möchte.

Ein vierter Fehler wird Ihnen von Kollegen bekannt sein: Die stellen sich hin und loben sich selbst. Peinlich. Unnötig. Unwirksam. Ein guter Einzelkämpfer stellt nie sich selbst in den Mittelpunkt, sondern das Projekt und die Teammitglieder. Er sagt auch nicht »mein Projekt«, sondern »unser Projekt«.

**Die Nebenwirkungen**

Die meisten Medikamente haben unerwünschte Nebenwirkungen. Die präventive Projekt-PR hat erwünschte Nebenwirkungen. Einzelkämpfer berichten:

- »Projekt-PR war anfangs lästige Pflicht – heute macht sie mir Riesenspaß!«
- »Seit wir Projekt-PR machen, merken wir auch selbst, wie gut wir tatsächlich sind – es sagt uns ja sonst keiner! Das hilft uns mehr als Fremdmotivation!«
- »Ich gelte als einer der besten Projektleiter in der Firma – dabei gibt es Kollegen, die haben fachlich mehr drauf. Aber die stellen ihr Licht seit Jahren unter den Scheffel!«
- »Seit wir Projekt-PR betreiben, kriegen wir die Anerkennung, die viele Projektkollegen seit Jahren schmerzlich vermissen!«

Dafür lohnt es sich doch, finden Sie nicht?

**Bitte hier kein Schild aufstellen!**

Normalerweise macht man Projekt-PR, wo man geht und steht. Es gibt jedoch einige wenige Ausnahmen. Plätze sozusagen, an denen Sie kein Schild aufstellen sollten. Solche Plätze sind zum Beispiel Jammerzirkel. Also informelle, typisch deutsche Versammlungen, auf denen alle klagen, wie schlecht es ihnen doch gehe, wie doof das Management sei, wie dämlich die Kunden und wie unfähig die Regierung. Wenn Sie in so einem Kontext PR betreiben, hält man Sie für schlicht übergeschnappt oder einen Provokateur. Allen geht es schlecht, nur Ihnen nicht? Das darf nicht sein. Also schweigen Sie einfach und/oder jammern Sie mit – natürlich nicht über Ihr Projekt!

Schweigen ist die Anfänger-Taktik. Fortgeschrittene Einzelkämpfer kriegen es fertig, sogar in Jammerzirkeln Projekt-PR zu betreiben. Das ermöglicht die Sandwich-Technik, die positive PR zwischen zwei negative Brötchenhälften legt, zum Beispiel: »Jaja, die Katastrophen reißen nicht ab. Da haben wir im XY-Projekt noch Glück gehabt. Wir haben nach zig Nachtsitzungen gestern endlich den Prozessor zum Laufen gebracht. Aber wer weiß, welche Katastrophe morgen auf uns wartet!« Das wirkt in beide Richtungen. Die Jammerer sehen: Das ist einer von uns! Dem geht's wie uns! Gleichzeitig sehen sie aber auch: Hoppla, der Kollege hat's drauf! Wir gönnen ihm das Glück!

**Haben Sie einen PC?**

Mit E-Mail? Dann benutzen Sie den PC doch neben Ihrer mündlichen für die schriftliche PR:

- Senden Sie allen am Projekt direkt oder indirekt Beteiligten periodisch E-Mails; wenn möglich wöchentlich, mindestens jedoch monatlich.
- Bitte keine Romane! Lange Mails werden nicht gelesen!
- Vielmehr KISS: Keep it short and simpel. Wie short? Höchstens fünf bis sieben breite Zeilen.
- Wie simpel? Ausschließlich beschränkt auf die wesentlichsten ein, zwei positiven Meldungen zum Projektstand.
- Wenn Ihnen ein witziger Cartoon oder ein Filmchen zum aktuellen Projektstand unterkommt, dürfen Sie das ruhig verwenden. Humor kommt an (wenn er nicht übertrieben wird).

## Auf einen Blick

**Einzelkämpfer-Tipp 43:** Wenn Ihnen niemand sonst den Rücken für Ihre Projektarbeit freihält, tun Sie es selbst: mit präventiver Projekt-PR!

**Einzelkämpfer-Tipp 44:** Bei jeder sich bietenden Gelegenheit reden Sie (nur!) zwei, drei Sätze über den Fortschritt im Projekt. Das reicht schon, damit man Sie in Ruhe lässt und Sie in Ruhe Ihre Projektarbeit erledigen können.

Behandelt die Menschen so, als ob sie schon so gut wären, wie ihr sie haben wollt. Das ist der einzige Weg, sie dazu zu machen.
*Johann Wolfgang von Goethe*

# 9 Krach im Projekt

Wie kommen Sie mit Ihren Teamkolleginnen und -kollegen zurecht? Wie zufrieden sind Sie mit den Kollegen in anderen Abteilungen, die Sie bei Ihrem Projekt unterstützen (sollen)? Wie kommen Sie mit dem Auftraggeber, Sponsor oder Kunden klar? Im Großen und Ganzen gut? Sie Glückspilz! Die meisten Projektverantwortlichen haben nicht so viel Glück und beklagen sich in Trainings und Coachings gestresst.

## Immer dieser Ärger!

- »Ich möchte es noch erleben, dass Kollege Müller wenigstens einmal im Leben eine Zusage einhält!«
- »Die Schmidt geht mir derart auf den Geist!«
- »Wer solche Teamkollegen hat, braucht keine Feinde!«
- »Die Ausreden, die ich hören muss, wenn jemand im Verzug ist, sind einfach eine Frechheit.«
- »Die Haarspalter halten das ganze Projekt auf!«
- »Ich kriege Bauchweh, wenn ich daran denke, dass ich diese Vollbremser nächste Woche wieder in der Projektbesprechung sehen muss!«
- »Diese Krämerseelen haben keine Ahnung von den einzigartigen technischen Möglichkeiten, die unser Projekt bietet!«
- »Die verdammten Ingenieure entwickeln mal wieder völlig am Bedarf vorbei!«
- »Unser Auftraggeber hat fachlich keinen Schimmer!«

- »Diese verdammten Bürokraten machen mir mein schönes Projekt kaputt!«

Bedauerliche Ausnahmen? Ärgerliche Einzelfälle? Schön wär's. Konflikte, Stress und Ärger mit den lieben Kollegen, Kunden und Chefs sind im Projekt nicht die Ausnahme, sondern leider die Regel.

**Ärger ist ein teurer Luxus**

Konflikte und zwischenmenschlicher Stress im Projekt sind deshalb so ärgerlich:

- weil wir sie als absolut unnötig empfinden
- weil sie uns die Konzentration und Ruhe rauben, die wir für die Erledigung der Sachaufgaben nötig bräuchten
- weil wir nicht selten niedere Absichten dahinter vermuten
- weil wir dabei die Fehler anderer ausbaden müssen
- weil sie das Projekt behindern und nicht selten gefährden, manchmal sogar scheitern lassen
- weil selbst bei viel gutem Willen manchmal kein Kraut dagegen gewachsen zu sein scheint
- weil wir uns ihnen oft genug rat- und hilflos ausgeliefert fühlen
- weil der Spaß bei der Arbeit leidet und oft völlig flöten geht
- weil wir zu der zusätzlichen Projektarbeit auch noch den Ärger haben – und wer kann den schon gebrauchen?
- weil Konflikte so unglaublich viel Energie, Kraft, gute Laune und Motivation vernichten; je länger sie dauern, desto mehr
- weil uns keiner dabei hilft, geschweige denn zuhört, wenn wir Konflikte im Team beklagen
- weil es mit jedem Krach im Projekt ein wenig einsamer und schnöder bei der Arbeit wird

Für viele Projektverantwortliche sind die Konflikte – und nicht die fachlichen oder budgetären Probleme – der Hauptstressor im Projekt. Ein Projektmanager sagte mir einmal: »Ich würde jeden Tag liebend gerne die riskantesten Neuland-Projekte übernehmen – wenn mich nur endlich jemand von diesen verdammten Bürokraten in der Firma befreien könnte!« Neben dem leidigen Ärger sind Konflikte im Projekt ein nicht zu unterschätzendes Risiko, das der alte Projektspruch treffend umschreibt: Die meisten Projekte scheitern nicht wegen fachlicher oder finanzieller, sondern aufgrund menschlicher Probleme.

Nicht die Hard Facts sind das Hauptrisiko, sondern die Soft Facts. Daher stammt auch die verbreitete Abneigung gestandener Ingenieure gegen Soft Facts – und nicht von ihrer mangelnden menschlichen Qualifikation, wie mancher Journalist gerne spekuliert. Der Risikofaktor Mensch bedroht den Projekterfolg in beträchtlichem Ausmaß.

Wie stark Sie von Konflikten im Projekt belastet und eingeschränkt werden, hängt unter anderem von deren Häufigkeit ab. Wie oft regen Sie sich in Ihrem aktuellen Projekt über andere Projektbeteiligte auf?

- einmal täglich (absolutes Stressprojekt, mein Beileid)
- einmal die Woche (der übliche Wahnsinn)
- einmal im Monat (gratuliere, Sie Glücklicher!)
- einmal im Quartal (absolut paradiesisch! Wo arbeiten Sie?)
- nie (Kann es sein, dass dafür alle anderen sich *über Sie* aufregen?)

**Benzin ins Feuer**

Vor einigen Monaten wurde ich von einem Anlagenbauer zum Feuerlöscheinsatz gerufen. Ein wichtiges Großprojekt steckte in ernsten Problemen; das Projektteam hatte sich bereits heillos zerstritten. Um sich wieder zusammenzuraufen, hatte das Team vor Wochen beschlossen, dass sich alle 52 Teammitglieder ab sofort jeden Morgen für 45 Minuten treffen sollten, um über die aktuellen Schwierigkeiten und Streitigkeiten zu reden.

Raten Sie mal, was diese Konfliktintervention brachte. Wenn Sie darauf tippen, dass dadurch der Zoff noch schlimmer wurde, sind Sie bereits ein achtbarer Einzelkämpfer. Wenn sich Menschen, die sich sowieso schon furchtbar auf die Nerven gehen, jeden Tag sehen müssen, dann wird alles nur noch schlimmer (deshalb gehen viele Beziehungen auch im und direkt nach einem Urlaub in die Brüche). Genau das passierte denn auch in den täglichen Meetings – die Teammitglieder gingen sich gegenseitig verbal an die Gurgel. Deshalb wurde der externe Projektcoach gerufen. An diesem leider repräsentativen Beispiel erkennen wir eine tiefe Wahrheit des Konfliktmanagements: Obwohl der Laie Konflikte für etwas ganz Schlimmes hält, sind Konflikte an sich nicht schlimm. Schlimm werden sie erst durch falsche Bewältigungsstrategien.

Ein Konflikt ist ein Papierkorbbrand. Da gießt man ein Glas Selters drüber und fertig. Genau das wird jedoch in der Projektpraxis nicht gemacht. Man gießt Benzin drüber und wundert sich dann, dass einem der Papierkorb um die Ohren fliegt. Provozierte Verschlimmerung nennt man das auch. Natürlich konnte in unserem Beispiel keiner im Team etwas für die Verschlimmerung. Denn keiner war in Konfliktbewältigung kompetent (keiner konnte sozusagen Selters von Benzin unterscheiden). Leider trifft das jedoch für die meisten Projektverantwortlichen und -teams zu. Auch auf Sie und Ihres? Das lässt sich ändern. Schneller, und vor allem einfacher, als Sie denken. Es beginnt damit, dass Sie erkennen lernen, welche Konflikte Ihnen gefährlich werden und welche Sie getrost ignorieren können.

## Die 30-Prozent-Killerquote: Welche Konflikte können Ihnen gefährlich werden?

Konflikte sind wie Kaffee. Man mag sie vielleicht nicht, aber sie gehören einfach zur Arbeit. Wo Menschen zusammenarbeiten, wird es immer Konflikte geben. Das mag den Harmoniebedürftigen unter uns nicht passen, aber das ist einfach so. Nur und immer Friede, Freude, Eierkuchen gibt es nirgendwo, wo Menschen zusammenarbeiten. Selbst Liebespaare zoffen sich hin und wieder. Im Grunde wissen wir das ganz genau.

Gerade weil wir das so gut wissen, haben die meisten von uns sich eine überragende Gleichmut im Umgang mit Konflikten erworben. Wir sagen uns: »Das ist eben so. Krach gibt es überall. Da muss man durch. Bloß nichts hochspielen! Bloß nicht die Finger daran verbrennen! Das wird sich schon alles wieder einrenken!« So einleuchtend und vor allem beruhigend diese Einstellung ist, sie ist die falsche Konfliktstrategie. Denn sie unterstellt, dass alle Konflikte gleich sind und sich alles wieder von selbst einrenkt.

Man muss kein Nobelpreisträger sein, um zu erkennen, dass diese Annahme weder logisch noch empirisch haltbar ist. Wir wissen es alle besser: Es gibt Konflikte, die sich eben nicht wieder einrenken, so lange man auch zuwartet. Manche dieser Konflikte verschlimmern sich sogar noch, je länger man aufs Einrenken wartet; was man Eskalation nennt. Deshalb ist das Erste, was Sie angesichts von Konflikten in Ihrem Projekt unternehmen sollten, eine so genannte Triage – eine Einteilung der Konflikte in banale und gefährliche:

- Banaler Konflikt – ignorieren, das renkt sich wieder ein!
- Gravierender Konflikt – intervenieren, sonst eskaliert das!

### Einzelkämpfer-Tipp 45

Ungefähr sieben von zehn Konflikten renken sich tatsächlich von alleine wieder ein. Drei davon eskalieren jedoch zu Projektkillern. Überlassen Sie die Bagatellkonflikte sich selbst und kümmern Sie sich schnellstmöglich um die Killerkonflikte!

Dieser Einzelkämpfer-Tipp hat, nebenbei bemerkt, mehr Ehen und Beziehungen gerettet als mancher Paartherapeut, wie mir Einzelkämpfer oft schmunzelnd berichten. Denn natürlich gilt die 30-Prozent-Killerquote und funktioniert Tipp 45 auch in Beziehung, Verein, Erziehung, Verwandtschaft, Self-Management (!), der Führung von Vorgesetzten ... Ein kluger Mann und eine kluge Frau überlassen jene Konflikte sich selbst, die sich selbst überlassen werden können.

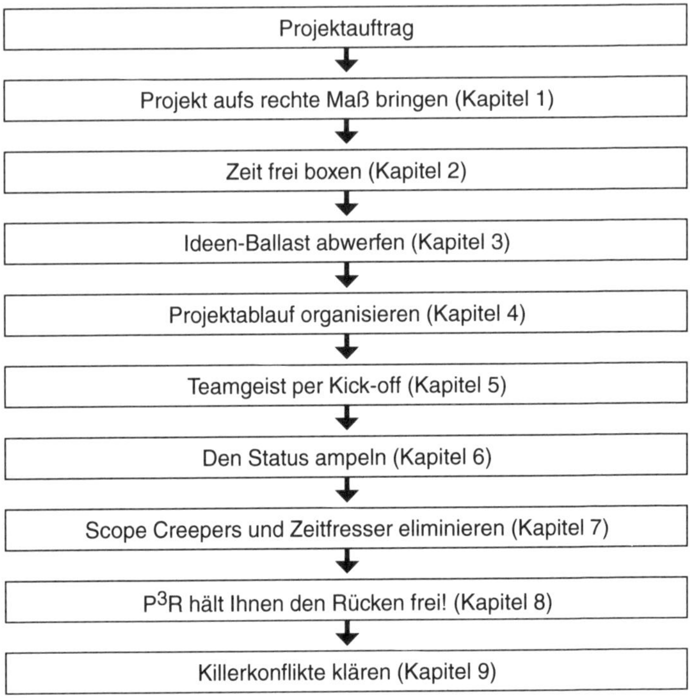


*Der Weg des Einzelkämpfers*

### Woran erkennen Sie Killerkonflikte?

Bagatell- und Killerkonflikte können Sie auf den ersten Blick leicht unterscheiden, sobald Sie wissen, worauf Sie achten sollten: Bei Bagatellkonflikten streitet man konkret und offen über das Was, Wie und Womit, über Zahlen, Daten, Fakten, Maßnahmen oder Meinungen.

Der eine sagt: »So müssen wir vorgehen!« Der andere sagt: »Nein, so müssen wir's machen!« Oder: »Das geht aber nicht!« Oder: »Haste'n Rad ab?« Wie wir alle wissen, klären sich diese Konflikte, so hart und stressig sie auch manchmal sind, irgendwann von alleine, weil man sich auf einen Kompromiss einigt oder gemeinsam eine konsensfähige Lösung entwickelt. Typisch Bagatellkonflikt eben: Alle Karten liegen offen auf dem Tisch, weshalb man früher oder später auch zu einer konkreten Lösung kommt. Genau das ist bei Killerkonflikten nicht der Fall. Es liegt eben nicht alles auf dem Tisch. Das Wesentliche bleibt sozusagen unterm Tisch, es bleibt unausgesprochen. Deshalb sind Killerkonflikte so gefährlich.

Killerkonflikte sind wie Eisberge: Sechs Siebtel schwimmen unsichtbar unter Wasser und lösen den Titanic-Effekt aus.

**Der Titanic-Effekt von Killerkonflikten**

Bei Killerkonflikten spielt sich das Wesentliche unter der Oberfläche ab. Bei Killerkonflikten

- bleibt vieles ungesagt,
- wird nicht offen Tacheles geredet, sondern in kryptischen Andeutungen geschwelgt,
- kommt nie alles auf den Tisch,
- streitet man sich zwar vordergründig über ZDF (Zahlen, Daten, Fakten), doch im Hintergrund lauert der eigentliche Streitgrund.

Einzelkämpfer verlassen sich bei Killerkonflikten ganz auf ihre Intuition, ihren Riecher oder ihr Bauchgefühl. Sie hören zwar, was gesagt wird, doch sie wissen oder ahnen zumindest auch, was die Betreffenden eigentlich dabei denken und verschweigen. Sie ahnen: Wir streiten uns gerade vordergründig um X – doch eigentlich steckt viel mehr dahinter! Viel mehr, als ausgesprochen wird. Das eigentlich Wichtige wird nämlich bei Killerkonflikten nicht ausgesprochen. Es lauert im Dunkeln. Diese Ahnung ist die zuverlässigste Interventionsindikation, die es gibt:

**Einzelkämpfer-Tipp 46**

Wann immer Sie denken »Es geht zwar um X, aber eigentlich steckt mehr dahinter!«, haben Sie einen Killerkonflikt entlarvt. Intervenieren Sie unbedingt asap (as soon as possible)!

Denn sonst eskaliert der Konflikt und sabotiert dabei Sie, Ihr Team und Ihr schönes Projekt! Ganz zu schweigen vom Ärger und Stress, die dabei auf Sie zukommen! Killerkonflikte sind nicht schlimm – wenn Sie sie erwischen, solange sie noch klein sind. Wenn Sie zuwarten, eskaliert ein Killerkonflikt nämlich wie ein Buschfeuer in Windeseile zur Projektvollbremsung. Wie schon einer der größten Projektleiter aller Zeiten, Michael Gorbatschov, sagte: Wer zu spät kommt, den bestraft das Leben.

**Generalisierung? Intervention!**

Weniger erfahrene Projektverantwortliche haben anfangs oft Probleme, Killerkonflikte zu erkennen – ihr Bauchgefühl funktioniert noch nicht so gut, weil sie von Sachproblemen im Projekt zu sehr vereinnahmt werden. Deshalb hilft es, wenn Sie auf die verräterischen Zeichen von Killerkonflikten achten. Eines davon ist die Generalisierung:

- »Ich wusste gleich, dass das Projekt nichts taugt!«
- »Auf die Penner im Vertrieb konnte man sich noch nie verlassen!«
- »Die Müller muss eben immer ihren eigenen Kopf haben!«
- »Der Kunde/Sponsor/Auftraggeber hat doch eh' keine Ahnung!«

Wann immer ein Beteiligter sich derart pauschal über etwas oder jemand ärgert, können Sie Geld drauf verwetten, dass Sie gerade einen Killerkonflikt entdeckt haben. Wenn ein Projektbeteiligter derart geladen ist und über jemanden oder etwas so pauschal herzieht, eskaliert der Konflikt immer, denn die Frustration und nicht selten die Aggression geht tief. Wer bei solchen Sprüchen seiner Teamkollegen im Konfliktfall nicht sofort interveniert, hat später das Nachsehen. Wenn sich also zwei oder mehr streiten und auch nur einer davon Generalisierungen benutzt, sollten Sie hellhörig werden und schon mal Ihr Interventionsbesteck bereitlegen. Das wichtigste Besteck ist dabei die I-Technik.

## Die I-Technik

Papa muss auf die Kleine aufpassen, die Kleine quengelt: »Ich will ein Bonbon!« Es ist keines mehr im Haus. Die Kleine will das nicht hören. Sie quengelt umso mehr, je mehr Papa versichert, dass keine Bonbons mehr da sind. Rein analytisch betrachtet ist dieser Konflikt unlösbar, weil die Positionen unvereinbar sind: Bonbon vs. kein Bonbon – da gibt es keinen Kompromiss. Glücklicherweise ist Papa Einzelkämpfer. Er fragt: »Du möchtest etwas Süßes zum Lutschen? Wie wäre es mit einem supertollen, frischen, extra für dich ganz allein gemachten Ananas-Eisbonbon?« Die Kleine macht große Augen. Papa öffnet mit großem Trara eine Dose Ananas, legt einige Stücke davon ins Gefrierfach und zaubert nach fünf Minuten mit großem Hokuspokus »selbstgemachte« Ananas-Eisbonbons hervor.

So niedlich der Konflikt anmutet (der gestresste Einzelkämpfer-Papa empfand ihn übrigens nicht als niedlich!), an ihm können wir alles lernen, was fürs Turbo-Konfliktmanagement nötig ist: Der Bonbon-Konflikt konnte nicht auf der Ebene gelöst werden, auf der er entstand: auf der Positionsebene. Die Kleine hatte die Position »Bonbons!«, der Papa die Position »keine mehr da!«. Beide Positionen sind per se unvereinbar – gerade deshalb quengelte ja die Kleine ohne Aussicht auf ein Ende! Das ist der springende Punkt: Bagatellkonflikte können Sie auf der Ebene klären, auf der sie entstehen; auf der Ebene der widerstreitenden Positionen (man einigt sich auf einen Kompromiss der Positionen). Bei Killerkonflikten ist das unmöglich.

Deshalb beißen sich unerfahrene Projektverantwortliche an Killerkonflikten so oft die Zähne aus und stressen sich bis in die psychosomatischen Beschwerden hinein: Sie versuchen einen Kompromiss, wo kein Kompromiss möglich ist. Sie arbeiten mit Positionen, wo Positionen den Konflikt nur noch eskalieren. Dabei liegt die Lösung so nahe; wahrscheinlich sind Sie inzwischen selbst schon darauf gekommen:

Einzelkämpfer-Tipp 47
Killerkonflikte können Sie nicht auf der Ebene der Positionen, sondern nur auf der Ebene der Interessen klären.

**Das Interesse ist die Lösung**
Die Kleine wollte zwar ein Bonbon (= Position), doch im Grunde war sie an etwas Süßem zum Lutschen, an der ungeteilten wohlwollenden Aufmerksamkeit und an einer dinglichen Zuwendung von Papa interessiert. Als er ihr alle drei Wünsche (= Interessen) erfüllte, gab sie ruckzuck Ruhe und kaute selig lächelnd auf den Ananasstückchen herum, als ob sie kein Wässerchen trüben könne! So einfach ist Konfliktmanagement – wie jeder gute Papa weiß. Was bei Sechsjährigen klappt, funktioniert auch glänzend im Projekt, wie mir alleinerziehende Projektleiterinnen glaubhaft versichern. Die Interessen-Technik: Finden Sie die versteckten Interessen heraus, denn sie sind der Schlüssel zu jedem Konflikt!

Und wie finden Sie diese heraus? Sicher nicht durch direktes Nachfragen: »Was ist Ihr Interesse?« Denn weder eine Sechsjährige noch ein Projektmitglied reflektieren in der Regel ihre Interessen. Diese sind auch für das eigene Bewusstsein unter der Oberfläche verborgen! Um unter die Oberfläche zu gelangen, bedient sich die I-Technik des sukzessiven Nachfragens.

**Die sukzessive Fragetechnik**
Betrachten wir eine typische Generalisierung aus einem konkreten Projektkonflikt und wenden wir darauf beispielhaft die sukzessive Fragetechnik an:
- »Ich wusste gleich, dass das Projekt nichts taugt!«
- »Warum nicht?« (Die offensichtliche Frage, nicht wahr?)
- »Weil die Ziele total utopisch sind!« (Ist das ein Interesse? Nein, das ist noch eine Position, denn »utopisch« ist eine Wertung und kein Wunsch. Also nächste sukzessive Frage:)

- »Was meinen Sie damit?«
- »Na, mich hat zum Beispiel keiner gefragt, ob das überhaupt geht!« Tada! Das Interesse ist enthüllt!

Streng genommen ist natürlich nicht das Interesse enthüllt, sondern die mangelnde Erfüllung desselben. So offenbaren sich verletzte Interessen fast immer: durch die Artikulation ihrer Missachtung. Der Streithahn gibt kund, was ihm stinkt, was ihm fehlt. Daraus können Sie dann messerscharf schließen, was ihm gut tun würde, welches also sein eigentliches Interesse ist. Sukzessiv fragen heißt: Geben Sie sich bewusst naiv und stellen Sie immer nur die nächste logische Frage.

Hinter seiner unbeugsamen Konfliktposition verbirgt der Streithahn, das schlichte Interesse, doch bitteschön bei der Zielfindung nicht übergangen zu werden. Exakt in der Sekunde, in der Sie das erkennen, verschwinden Konflikte, die oft monatelang das Projekt und Ihre Stimmung nach unten zogen! Denn danach ist alles nur noch Verhandlungssache, die schnell zu einem Ergebnis führt. Man fragt den Konfliktpartner einfach: Welche Ziele halten Sie denn für realistisch? Wie könnten wir die utopischen Ziele etwas realistischer gestalten?

Der Konfliktpartner wird sich schnell mit Ihnen einigen, weil Sie ihm mit diesen Fragen genau das geben, was ihn eigentlich interessiert: Beteiligung bei der Zielfindung. So machen Sie den Beleidigten zum Beteiligten. Dabei werden Sie drei Überraschungen erleben.

**Drei Überraschungen**

Wenn Sie das versteckte Interesse eines Konfliktpartners entdecken, darauf eingehen und damit den Konflikt im Handumdrehen klären, werden Sie überrascht feststellen, dass er seine unverrückbare Betonposition, die er vorher mit gezogenem Messer bis aufs Blut verteidigte, schneller aufgibt, als Sie »hoppla!« sagen können. In unserem Beispiel hält der Konfliktpartner die Projektziele nicht wirklich für total utopisch, das *sagt* er lediglich. Das ist seine *Position.* Sein Interesse dagegen ist: »Lasst mich doch auch mal ran an die Zielfindung!« Wenn Sie ihm diesen Wunsch erfüllen, verschwindet der Konflikt, als ob er nie existiert hätte.

Nun wäre es für uns alle schön und zeitsparend, wenn alle Menschen gefälligst sagen würden, was sie meinen. Doch solange das nicht der Fall ist, müssen wir eben beim Eisberg unter die Wasserlinie schauen. Gewiefte Einzelkämpfer sind darin sehr geübt. Sie riechen die versteckten Interessen von Konfliktpartnern förmlich.

Die zweite Überraschung: So viele dramatische Änderungen und Kompromisse, wie die unverrückbare Position suggeriert, sind überhaupt nicht nötig, um den Konflikt zu lösen! Im vorliegenden Fall mussten die vorgeblich utopischen Ziele nicht um 80 Prozent, nicht um 50 und nicht einmal um 20 Prozent geändert werden. Der konfliktlösende Einzelkämpfer meinte: »Wir haben die Zieldefinition praktisch nur um 3 Prozent geändert – dann war der Streithahn wieder voll im Boot.« Und nicht nur das!

Die dritte Überraschung war nämlich: Bei diesen 3 Prozent Änderungen legte sich der ehemalige Querulant hundertfünfzigprozentig ins Zeug! Er riss sich förmlich alle Beine aus. Kein Wunder, denn die eigenen Interessen (intrinsischer Motivator!) beflügeln immer noch am stärksten – man muss sie nur zulassen. Clevere Einzelkämpfer lassen sie zu. Auch Sie?

**Wenn das so einfach ist …**

… warum werden dann immer noch so viele Projekte von Killerkonflikten runtergezogen, aufgehalten und torpediert? Weil wir alle von Kindesbeinen an zur P-Technik, zur Positionstechnik erzogen wurden. Das P-Dogma steckt uns in Fleisch und Blut. Hält uns jemand im Konflikt seine Position vor, schlagen wir automatisch, unreflektiert und gewohnheitsmäßig mit unserer eigenen Position zurück, darauf kontert er wieder mit seiner, dann wieder wir mit unserer – das ist der P-Ping-Pong. Auf diese Weise lässt sich trefflich streiten – ohne dass irgendeine Hoffnung auf eine Einigung bestünde!

Wenn Sie sich schon mal gefragt haben, warum manche Konflikte sich einfach nicht beilegen lassen, kennen Sie jetzt die Antwort: Killerkonflikte lassen sich nicht nur auf der Ebene von Positionen nicht klären – sie eskalieren sogar umso mehr, je mehr Sie auf Positionen beharren!

Der Konflikt entbrennt dabei erst so richtig, eskaliert zur wüsten Rechthaber-Orgie. Jeder der Streithähne versucht, mit der Brechstange den anderen davon zu überzeugen, dass er im Recht ist. Da hilft nur eines: Wer Killerkonflikte lösen will, wird sich schleunigst die schlechte P-Gewohnheit abgewöhnen. Wie geht das am besten?

**Schärfen Sie den I-Blick!**

Die P-Technik ist nichts weiter als eine gesellschaftlich sanktionierte schlechte Angewohnheit. Natürlich könnten Sie fragen, warum man unseren Kindern einen derartigen Schwachsinn beibringt. Doch die Frage ist müßig. Man bringt unseren Kindern ja auch bei, die Ozonschicht zu zerstören und die Muttersprache nicht zu beherrschen … Es hilft alles nichts: Gewöhnen Sie sich einfach die P-Gewohnheit ab!

Sie ist lediglich eine schlechte Angewohnheit. Deshalb lässt sie sich auch leicht abgewöhnen (viel, viel leichter, als sich das Rauchen abzugewöhnen!). Wie? Indem Sie einfach den I-Blick schärfen: Wann immer jemand zu Ihnen spricht, achten Sie darauf, welches Interesse Sie hinter seiner Position erkennen können.

Logischerweise machen Sie diese kleine Übung erst einmal außerhalb von Konflikten. Denn dann können Sie keine Fehler dabei machen.

Wenn Ihnen die Interessen hinter einer Position unklar sind, fragen Sie nach: Warum möchten Sie das? Was möchten Sie damit erreichen? Wofür brauchen Sie das? Was bringt uns das? Wofür ist das gut? Was bezwecken Sie damit?

Sie müssen dabei nicht befürchten, dass sich der andere ausgefragt fühlt. Im Gegenteil. Alle Menschen mögen es, wenn sich ein anderer für sie interessiert – vor allem wenn es um ihre Interessen geht! Das ist die menschliche Natur. Es versteht sich dabei von selbst, dass Sie nicht mit erhobenem Zeigefinger wie ein besserwisserischer Oberlehrer nachfragen, sondern mit aufrichtigem Interesse und echter Neugier. Wer höflich fragt, kriegt immer eine Antwort ... Es gibt Projektverantwortliche, die dieses höfliche Interesse am anderen nicht aufbringen, weil: »Ich bin Ingenieur (Mechaniker, Entwickler ... ) und kein Seelsorger!« Jedem (bis auf den Betroffen natürlich) ist klar, dass man sich mit so einer Einstellung im Projekt (und im Leben) selbst sabotiert. Manchmal reicht diese Erkenntnis, um die Einstellung zu ändern. Manchmal braucht man einen guten Coach dazu. Denn ohne höfliches Interesse am anderen kann man Projekte nicht erfolgreichen managen.

Der wache Blick auf die Interessen eines Gesprächspartners wird Ihnen schnell zur zweiten Natur werden und Ihre persönliche Kompetenz um einen Quantensprung steigern. Sie werden den I-Blick nach den ersten Versuchen fortan ganz automatisch einschalten, Sie werden nicht mehr extra daran denken müssen. Sie werden beliebter werden und souveräner wirken. Denn wer die Interessen anderer Menschen erkennen kann, kommt besser mit ihnen klar, wird stärker respektiert und kann andere auch eher von seinen eigenen Ideen überzeugen. Und je besser diese kleine Übung außerhalb von Konflikten funktioniert, desto leichter fällt es Ihnen, sie auch in Konflikten anzuwenden. Zuerst bei kleinen, dann bei großen. Steigern Sie ganz langsam und schrittweise Ihr I-Training. Wer trainiert wie ein Champion, hat auch Erfolg wie ein Champion.

**Wir sind total versaut!**

Natürlich haben Sie längst bemerkt, dass der I-Blick wie eine Topspin-Tennisvorhand oder ein Traumabschlag beim Golf ist: So etwas kriegt keiner über Nacht zustande! Das muss man sich erst mal antrainieren. Wozu gibt es schließlich Trainerstunden und Driving Ranges? Wenn wir den I-Blick mit Einzelkämpfern trainieren, stöhnen viele: »Mann, sind wir total versaut!« Denn wenn wir den I-Blick auf typische Äußerungen von konkreten Konfliktpartnern anwenden, sagen Einzelkämpfer oft spontan:

- »Der hatte schon von vornherein keinen Bock aufs Projekt!«
- »Sie lässt mich hängen, weil sie sich einen faulen Lenz machen möchte!«
- »Die möchte doch nur ihr eigenes Süppchen kochen!«
- »Der hat nicht mehr alle Latten am Zaun!«
- »Ich kenne den Pappenheimer! Der führt nichts Gutes im Schilde!«

Wir sind gesellschaftlich so indoktriniert, dass wir einem Konfliktpartner spontan und unreflektiert negative Absichten unterstellen, wenn er mit uns streitet. Natürlich hat jeder Mensch auch eine Menge negativer Absichten – doch wenn Sie sich an diesen festbeißen, beißen Sie sich bloß die Zähne aus: Auch wenn es schwerfällt, auch wenn es Überwindung kostet: Springen Sie über Ihren Schatten und suchen Sie die *positiven* Absichten Ihres Konfliktpartners! Nur damit können Sie einen Killerkonflikt aus der Welt schaffen.

Um es deutlich zu sagen: Wenn Sie Ihrem Konfliktpartner ein negatives Interesse unterstellen oder nur seine negativen Interessen wahrnehmen, passiert genau das Gegenteil von dem, was Sie sich wünschen: Sie verstärken den Konflikt! Tun Sie's nicht. Springen Sie. Einzelkämpfer sind gute Leichtathleten; sie springen bemerkenswert leichtfüßig über ihren Schatten. Während andere noch sauer in der Ecke stehen, suchen sie bereits die positiven Interessen ihres Partners.

Wenn Sie es ausprobieren, werden Sie feststellen, dass das Schattenspringen nicht so viel Überwindung kostet, wie Sie vielleicht befürchtet haben. Sie werden außerdem feststellen, dass es sich mehr als lohnt, denn Sie werden eine Überraschung erleben. Wie ein Einzelkämpfer seine persönliche Überraschung einmal formulierte: »He! Der alte Stinkstiefel will mich ja gar nicht torpedieren! Der hat sich nämlich was dabei gedacht!« Die Interessenklärung führt immer zu überraschenden Ergebnissen – und zum Konfliktende.

Sie können jeden Killerkonflikt klären, wenn Sie auf die positiven Interessen des Konfliktpartners eingehen. Mehr braucht es nicht dazu. So einfach ist das. Wenn es nicht so einfach wäre, würde es nicht in der Projektpraxis funktionieren.

**Empörung ist empörend**

Wenn Sie die I-Technik anwenden, werden Sie häufig mit einem Phänomen konfrontiert werden, das Ihren I-Blick trüben kann: Empörung. Spielen wir unser Beispiel von oben in einer Variante durch, bei der der I-Blick des Projektverantwortlichen solchermaßen getrübt wird:

- »Ich wusste gleich, dass das Projekt nichts taugt!«
- »Also bitte, was erlauben Sie sich!«
- »Die Ziele sind total utopisch!«
- »Was heißt denn hier utopisch!«
- »Mich hat keiner gefragt, ob das überhaupt geht!«
- »Das wäre ja noch schöner, wenn wir Sie erst um Erlaubnis fragen müssten!«

Zugegeben, diese Art Empörung rutscht uns allen schneller raus, als uns lieb ist. Zugegeben auch: Manchmal ist Empörung berechtigt, weil sich der Konfliktpartner Dinge rauszunehmen scheint, bei denen einem die Kinnlade nach unten klappt. Das Vertrackte daran ist: Wenn Sie auf diese Versuchung hereinfallen, haben Sie schon verloren – der Konflikt eskaliert.

Einzelkämpfer haben verschiedene Techniken entwickelt, dieser Versuchung zu widerstehen. Zum Ersten die Stelltechnik: »Ich habe gelernt, meinen ersten Zorn einfach kurz mal beiseite zu stellen«, sagt eine Abteilungsleiterin in einem Pharma-Unternehmen. »Ich beherrsche mich einfach – die Sache klärt sich danach doch immer irgendwie auf.« Eben weil die Sache sich meist klärt, können Einzelkämpfer schon bald zur zweiten Technik übergehen, zur Fairness-Technik: »Meine Empörung verfliegt immer dann, wenn ich dem Partner eine faire Chance gebe, mir die Dinge aus seiner Sicht zu erklären«, sagt das Vorstandsmitglied eines IT-Unternehmens. »Also tue ich das einfach. Klärt es sich nicht, kann ich immer noch wütend werden.« Schließlich gibt es noch eine dritte Technik, die keine Technik ist, sondern eine Lebenshaltung: die wertschätzende Grundhaltung. Wie ein Projektverantwortlicher in einer Konzernholding es ausdrückt: »Auch wenn der Konfliktpartner mir dumm kommt – ein Dummkopf ist er ja nicht. Er hat sich sicher etwas dabei gedacht. Wir haben alle unsere Gründe.«

Egal, welche Technik Sie anwenden: Machen Sie sich bei der Konfliktbewältigung frei von der spontan aufwallenden Empörung. Sie ist eine echte Selbstsabotage- und Eskalationsstrategie.

## Die Fünf-Finger-Technik

Die I-Technik ist weder neu noch am grünen Tisch entstanden. Sie ist seit Jahren bei den vielen Hunderten Einzelkämpfern erfolgreich im Einsatz, die ich betreue. Deshalb kann ich aus Erfahrung sagen: In acht von zehn Fällen werden Sie Killerkonflikte mit der I-Technik schnell und einfach lösen. In ungefähr zwei von zehn Fällen geht es möglicherweise nicht so schnell voran, wie Sie sich wünschen. Weil die Technik nicht funktioniert? Nein, weil sich selbst bei der einfachsten Technik Pannen einschleichen können. Oder wie eine Einzelkämpferin es ausdrückte: »Man kann selbst im Sitzen noch umfallen!«

Da die I-Technik schon so lange im Gebrauch ist, wissen wir, dass sich sämtliche möglichen Pannen einer von fünf Ursachen zuordnen lassen. Wenn es also bei der Konfliktbewältigung mal nicht so leicht und schnell vorangeht, wie Sie (oder andere) sich das vorstellen, brauchen Sie lediglich diese fünf potenziellen Fehlerquellen abzuklopfen.

Einzelkämpfer-Tipp 48
Schärfen Sie Ihren I-Blick mit der Fünf-Finger-Technik!

Wenn bei der Konfliktklärung Probleme auftauchen, fassen Sie sich am jeweiligen Finger und fragen Sie sich:

- Daumen: Höre ich wirklich zu?
- Zeigefinger: Verstehe ich wirklich, was der Partner *meint*?
- Mittelfinger: Verstehe ich wirklich, was er *will* (Interesse)?
- Ringfinger: Haben wir wirklich über Lösungen geredet?
- Kleiner Finger: Wollen wir die Lösungen anpacken?

Die Technik leuchtet unmittelbar ein, nicht wahr? Lassen Sie uns im Folgenden ihre Umsetzung beleuchten.

**Der Daumen: Hören Sie wirklich zu?**
Eine dumme Frage? Natürlich hören Sie zu, wenn der Konfliktpartner was sagt! Wie wir alle wissen, stimmt das leider nicht und vor allem nicht immer. Oft genug haben wir wenig Zeit, sind voll im Stress, so dass wir nicht wirklich zuhören, allenfalls mit einem Ohr. Wir hören nicht richtig zu, sondern wollen den lästigen Konflikt einfach nur loswerden, damit es im Projekt endlich wieder vorangeht! Wir wollen uns nicht wirklich um den Konflikt, den Partner und seine Interessen kümmern. Mit so einer Einstellung ist der I-Blick leider völlig getrübt, abgeschaltet, wirkungslos. Glücklicherweise lässt er sich ganz einfach wieder einschalten. Der Schalter hat sogar zwei On-Stellungen:

Sagen Sie sich ganz bewusst, wenn Sie möchten sogar laut: »Jetzt kümmere ich mich um diesen Konflikt und um nichts anderes!« Das reicht aus, um die eigene Aufmerksamkeit zu fokussieren (Stress ist eine Frage der Aufmerksamkeitslenkung).

Wenn Sie gerade wirklich keine Zeit haben, können Sie dasselbe auch zu den Streithähnen sagen: »Bitte kümmert euch jetzt um die Sache und bringt sie endlich in Ordnung!«

So einfach ist das? Ja. Deshalb wird es meist vergessen. Streithähne können einen Streit oft nur deshalb nicht beenden, weil es ihnen niemand aufgetragen hat! Deshalb drehen sie sich in endloser Streittrance um sich selbst. Die Aufforderung, sich endlich um eine Lösung zu bemühen, wird meist befolgt. Warum? Weil sie motiviert. Die Streitpartner erkennen: Hoppla, da traut uns jemand zu, das zu klären – also klären wir es auch.

Menschen verhalten sich verantwortlich, wenn Sie sie vorwurfsfrei (!) auf diese Verantwortung hinweisen! Aus demselben Grund funktioniert auch die Aufforderung an Sie selbst, sich um den Konflikt zu kümmern: Das beflügelt auch Sie selbst. Selbstmotivation ist kein leeres Wort. Einzelkämpfer sind ausgezeichnete Eigenmotivatoren.

**Der Zeigefinger: Verstehen Sie wirklich, was er meint?**
Unter Garantie nicht. Denn nur weil wir dieselbe Muttersprache sprechen, verstehen wir uns noch lange nicht. Im obigen Beispiel wissen Sie eben nicht, was der Streithahn meint, wenn er sagt, dass das Projekt für ihn »von vornherein nichts getaugt hat«. Das kann alles oder nichts heißen! Dass er mit »nichts taugen« eben »utopische Ziele« meint, ist so lange völlig unklar, bis ihn jemand nach eben dieser Meinung fragt.

Die meisten Missverständnisse entstehen nicht, weil wir uns missverstehen, sondern weil wir fälschlicherweise glauben, uns zu verstehen. Wenn Sie hören, was der andere *sagt*, heißt das noch lange nicht, dass Sie verstehen, was er *meint*. Erfahrene Einzelkämpfer vergewissern sich immer erst, ob ihre Annahme stimmt, ob ihr Verständnis korrekt und vor allem komplett ist. Sie fragen nach:

– Was meinen Sie damit? (Logischerweise die Standardfrage, wenn Sie nach der Meinung fragen)
– Habe ich Sie da richtig verstanden? Sie möchten, dass …?

- Was heißt das?
- Bitte korrigieren Sie mich, wenn ich das falsch verstanden habe: Sie meinen, dass …?

Erst wenn Sie die Meinung des anderen in eigenen Worten umschreiben können und der andere dabei zustimmt (!), haben Sie ihn korrekt und komplett verstanden. Funktionierende Kommunikation ist ganz schön anspruchsvoll? Richtig. Aber das hat Sie jetzt nicht wirklich überrascht, nicht wahr?

**Der Mittelfinger: Was will er eigentlich?**

Wenn Sie wissen, was jemand meint, wissen Sie noch lange nicht, was ihn interessiert. Meinung ist nicht Interesse. In unserem Beispiel meint der Streithahn, dass die Projektziele »total utopisch« sind. Das ist seine Meinung. Welches Interesse steckt dahinter? Das weiß bei diesem Stand der Konfliktklärung kein Mensch – oft noch nicht einmal der Streithahn selbst, da Interessen meist unterbewusst sind. Also fassen Sie Ihren Mittelfinger und fragen Sie so lange nach, bis ein Interesse auftaucht. Gute Fragen zum Herauskitzeln von Interessen sind:

- Was ist Ihnen dabei wichtig?
- Worum geht es Ihnen dabei?

Einfach, nicht? Einzelkämpfer haben an diesen Fragen richtig Spaß. Einer verriet mir einmal: »Es ist atemberaubend, wie man mit simplen Fragen den Menschen ins Gehirn gucken kann. Ich lese meine Teammitglieder und meinen Sponsor wie ein offenes Buch.«

**Der Ringfinger: Ist die Lösung wirklich klar?**

Eine banale Frage, die bei Konflikten jedoch in der Regel nicht beantwortet wird. Wir können sogar sagen: Solange der Konflikt noch tobt, ist diese Frage noch nicht beantwortet! Sonst wäre der Streit nämlich längst beendet! Warum ist er das nicht? Weil zwar jeder weiß, dass man im Streit auf eine Lösung hinarbeiten muss, weil zwar jeder verschiedene Lösungen anreißt, weil man dazwischen aber immer wieder durch Streitanfälle unterbrochen wird und so zwar viel über Lösungen redet, sich dabei aber nie wirklich auf eine eingeschossen oder gar geeinigt hat!

Da hilft nur eines: Moderation. Führen Sie das Streitgespräch mit Eselsgeduld immer und immer wieder auf die Lösung zurück, wenn es orientierungslos (tangential sagt der Fachmann) wird. Wirksame Formulierungen sind:

- Können wir zum Lösungsvorschlag A zurückkommen?
- Was ist nun mit A?
- Was heißt das, bezogen auf Lösung A?
- Gehört das noch zu A?

Vorsicht Falle: Werfen Sie dem Konfliktpartner bloß nie vor, dass er von der Lösung abschweift. Vorwürfe eskalieren Konflikte!

**Der kleine Finger: Es gibt nichts Gutes, außer man tut es**
Sie kennen das: Bei Streitereien redet man sich gerne fest – selbst wenn man schon über Lösungen redet. Schlimmer noch: Oft einigt man sich endlich und schließlich auf eine gemeinsame Lösung – doch dann passiert nichts. Warum nicht? Weil buchstäblich vergessen wurde, über die Umsetzung der Lösung zu reden. Da steckt kein böser Wille dahinter, wie unerfahrene Projektverantwortliche oft vermuten! Sondern mangelnde Organisation: Sichern Sie bei allen Konfliktlösungen den Transfer mit einer W-Vereinbarung: Wer macht was bis wann wofür?

Und kontrollieren Sie diese Vereinbarung, indem Sie sich frühzeitig und regelmäßig nach dem Fortgang der Umsetzung erkundigen. Denn für alles menschliche Verhalten gilt: Aus den Augen, aus dem Sinn. Gemacht wird nur, was beachtet wird.

## Interessenschutz: Das Projektparadies auf Erden

Manchmal komme ich in Projektteams, in denen mir schon auf der Türschwelle eine Superstimmung entgegenschwappt, in denen jeder voll engagiert hundertfünfzigprozentigen Einsatz bringt, in denen jeder mit jedem gut kann, sich Teammitglieder (man denke!) sogar auf die Team-Meetings freuen, sich bei Erfolgen gegenseitig auf die Schulter klopfen und bei Problemen gegenseitig raushauen. Wenn der betreffende Projektverantwortliche ein neues Projekt anpackt, hat er keine Probleme, Zuarbeiter, Sponsoren oder Teammitglieder zu finden – die reißen sich förmlich darum! Weil sie wissen: »Bei ihm/ihr im Team geht es voll ab! Da läuft was! Da ist Superstimmung – nicht so wie bei uns in der Abteilung.«

Früher fragte ich mich oft: Wie machen diese Elite-Einzelkämpfer das, diese Navy Seals des Projektmanagements? Sind das begnadete Einheizer und Motivationskünstler? Nein, sie können lediglich Konflikte so gut klären, dass in ihren Projekten gerade mal ein Zehntel der Konflikte von »normalen« Projekten auftauchen. Mehr noch: Sie wenden den I-Blick prophylaktisch an, so dass die meisten Konflikte erst gar nicht entstehen, weil alle Interessen von allen Beteiligten stets gewahrt bleiben (damit fällt jeder Streitgrund weg). Interessenschutz sorgt für Top-Engagement im Projekt: Wenn ein Mensch die Gewissheit hat, dass Sie sich wirklich um seine Interessen kümmern, tut er (fast) alles, was Sie von ihm wollen! Denn der schlimmste Frustfaktor ist, seine eigenen Interessen zurückstecken zu müssen.

Nur noch ein Zehntel der laufenden Konflikte im Projekt – wäre das nicht ein lohnendes Ziel für Sie?

## Auf einen Blick

**Einzelkämpfer-Tipp 45:** Sieben von zehn Konflikten renken sich tatsächlich von alleine wieder ein. Die restlichen drei eskalieren zu Projektkillern. Lassen Sie die Finger von Bagatellkonflikten und kümmern Sie sich schnellstmöglich um die potenziellen Show Stopper!

**Einzelkämpfer-Tipp 46:** Wann immer Sie denken »Es geht zwar um X, aber eigentlich steckt mehr dahinter!«, haben Sie einen Killerkonflikt entlarvt. Intervenieren Sie unbedingt asap (as soon as possible)!

**Einzelkämpfer-Tipp 47:** Killerkonflikte können Sie nicht auf der Ebene der Positionen, sondern nur auf der Ebene der Interessen klären. Trainieren und benutzen Sie Ihren I-Blick!

**Einzelkämpfer-Tipp 48:** Schärfen Sie Ihren I-Blick mit der Fünf-Finger-Technik!

Man weiß eigentlich immer, was richtig ist. Das Schwierige ist nur, es auch zu tun.
*General Norman Schwarzkopf*

# 10 Die Meeting-Misere: Steuern oder shutteln Sie!

Was halten Sie von Projektbesprechungen? Sie haben dazu eine ambivalente Einstellung? So geht es den meisten Projektverantwortlichen. Einerseits müssen Projekt-Meetings sein. Andererseits fragt man sich dabei und vor allem danach oft genervt: Muss das immer so zeitraubend sein? Und wenn man schon knappe Zeit dafür opfern muss, kann dann nicht wenigstens etwas mehr dabei herauskommen?

## Viele gehen rein, wenig kommt raus

Projektbesprechungen sind zwar nötig, aber die meisten Projektverantwortlichen empfinden sie auch als lästig, ärgerlich und stressig – weil sie so verdammt ineffizient sind! Warum das? Die Aussagen der Teilnehmer sprechen eine deutliche Sprache: zu viele Nebenthemen, das wirklich Wichtige kommt zu kurz, die eigentlichen Probleme werden nicht angepackt, einige Kollegen halten pedantisch oder bürokratisch den Laden auf, es werden zu oft keine konkreten Maßnahmen vereinbart, sondern lediglich unverbindliche Appelle, Hoffnungen und Erwartungen ausgetauscht und bequeme Ausreden aufgetischt à la: »Wir würden ja gerne, aber wir können nicht, weil die bösen ... uns behindern!«

Wie Sie sicher schon selbst schmerzlich erlebt haben, gelten diese allfälligen Mängel nicht nur für Projekt-Meetings, sondern generell für alle Besprechungen im Projekt, zum Beispiel

Besprechungen mit Ihren Auftraggebern, Sponsoren, Zulieferern oder Kunden. Auch diese Gespräche laufen in aller Regel alles andere als befriedigend, nicht wahr? (Wenn nicht, Gratulation! Sofort überblättern und beim nächsten Kapitel wieder einsteigen!)

**Wir können auch anders**

Sind alle Projektbesprechungen so ineffizient und zeitraubend, so unbefriedigend und nervig? Ist ganz Gallien besiegt? Nein, ein kleines Dorf an der gallischen Küste leistet dem römischen Imperium erfolgreich Widerstand. Spaß beiseite: Die meisten Projektbesprechungen sind zwar äußerst ineffizient und unerquicklich. Doch es gibt Ausnahmen. Einige Projektverantwortliche schaffen es tatsächlich, in der Hälfte der sonst üblichen Sitzungszeit glatt das Doppelte an Ergebnissen zu erzielen. Und überraschenderweise kommen einige andere Einzelkämpfer sogar ganz ohne lästige und zeitraubende Projektbesprechungen aus! Man denke! Damit bieten sich Ihnen gleich zwei Auswege aus der Meeting-Misere an:

- Drastische Effizienzsteigerung: weniger Zeit, mehr/besseres Ergebnis.
- Ganz auf Meetings verzichten – auch das geht!

Vorausgesetzt natürlich, Sie haben die ewig ineffizienten Projektbesprechungen satt. Davon gehe ich mal aus. Die Meeting-Misere lässt sich übrigens schneller abstellen, als Sie vielleicht vermuten.

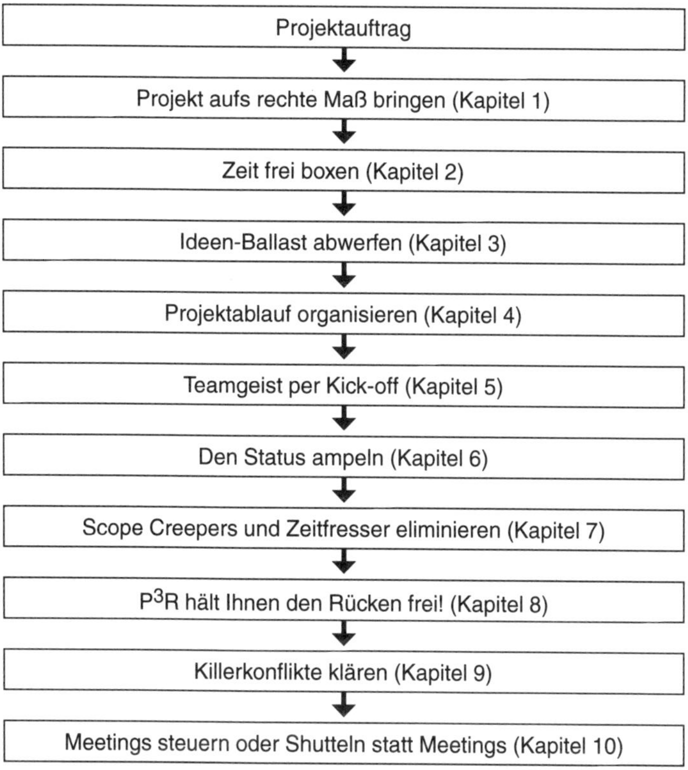


*Der Weg des Einzelkämpfers*

## Was nicht gesteuert wird, läuft aus dem Ruder

Projektverantwortliche beklagen oft: »Trotz aller guten Vorsätze laufen die verdammten Meetings doch immer wieder aus dem Ruder!« Was sich wie eine Klage anhört, ist tatsächlich eine getarnte Problemlösung: Wenn etwas aus dem Ruder läuft – steuern Sie besser!

Wenn ein Meeting nicht so läuft, wie Sie es sich vorstellen, heißt das lediglich, dass Ihre Steuerung noch nicht so funktioniert, wie Sie das erwarten. Je besser ein Meeting gesteuert wird, desto effizienter läuft es auch. Eigentlich logisch, nicht? Ich habe noch keinen Projektverantwortlichen getroffen, der das nicht auch gefunden und der nicht auch schon den Fachbegriff dafür gekannt hätte: Moderation. Warum laufen dann trotzdem immer noch die meisten Projektbesprechungen aus dem Ruder? Weil die Sache zwei Haken hat.

Zum einen kennen die meisten Projektverantwortlichen die Moderation nur aus den Meetings der »Großkopfeten«, wie es in Bayern heißt. Wenn sieben Vorstandsmitglieder um einen Tisch sitzen und bedeutungsschwanger über die Strategie des Unternehmens philosophieren, dann ist das eine derart hochwichtige Angelegenheit, dass sie sich das Budget für das Engagement eines externen Moderationsprofis genehmigen dürfen. Zum anderen darf manchmal auch ein ausgewählter Manager oder Kollege selbst auf ein Moderationstraining.

Hat man jedoch weder das nötige Budget noch das passende Training, dann gilt meist: Moderiert wird bei uns nicht! Warum nicht? Eben weil Budget und Training fehlen. Damit ist man als Projektverantwortlicher zu ineffizienten Projekt-Meetings mehr oder weniger verdammt. Dachten Sie bislang auch? Typischer Fall von denkste.

**Können Sie Ihren Namen buchstabieren?**

Sie können? Dann können Sie auch moderieren. Okay, vielleicht nicht so hochprofessionell wie der externe Profi mit 3000 Euro Tagessatz und vielleicht nicht ganz so toll wie der Kollege, der glücklicherweise ein Training besuchen durfte. Aber auf jeden Fall und unter Garantie so gut, dass Sie Ihre Besprechungszeiten halbieren, wenn nicht dritteln, und Ihre Besprechungsergebnisse verdoppeln, wenn nicht verdreifachen können.

Einzelkämpfer-Tipp 49

Ungesteuerte Projektbesprechungen laufen immer aus dem Ruder. Steuern Sie! Die Steuerung ist leichter und einfacher, als Sie dachten und als man Ihnen weismachen möchte!

Moderation ist nicht so schwer, wie sie immer gemacht wird! Natürlich gibt es reihenweise Bücher und Seminare, die aus der Meeting-Moderation eine Wissenschaft machen, gegen die Hirnchirurgie oder Atomphysik wie ein Hobby für Pensionisten aussieht. Das heißt jedoch noch lange nicht, dass Moderation derart kompliziert sein muss. Das heißt lediglich, dass es einige behaupten.

Tatsächlich ist die effektive Steuerung jeder Besprechung ein Klacks – wenn man weiß, wie's geht. Sie brauchen dafür lediglich drei Dinge:

1) die W-Struktur
2) die F-Technik
3) den flotten Spruch: Wer schreibt, der bleibt

Das Schöne an dieser Steuertechnik ist: Sie funktioniert nicht nur im Projekt, sondern für viele andere Gespräche auch. Angefangen vom Verkaufsgespräch über Verhandlungen bis hin zu Gesprächen in der Familie.

## Die W-Struktur

Jedes Problem birgt seine Lösung schon in sich. Wenn Sie ein Problem erst mal exakt beschrieben haben, liefert diese Beschreibung meist schon eine brauchbare Problemlösung. Die Problembeschreibung für Projektbesprechungen lautet in den Worten vieler Projektverantwortlichen: »Da kommt einfach zu wenig dabei raus! Zu viel Zeit für zu wenig Ergebnis!« Am Ergebnis mangelt es also? Dann ist die Lösung einfach: Wählen Sie einen ergebnisorientierten Ablauf Ihrer Meetings!

Wie? Indem Sie eine Struktur wählen, die Ergebnisse produziert. Peinliche Zwischenfrage: Ja tun denn die üblichen Projektbesprechungen das nicht? Klare Antwort: Nein. Zwar *erwartet* jeder Ergebnisse, doch die 08/15-Projektbesprechung ist eben nicht so *strukturiert*, dass diese Ergebnisse ermöglicht werden. Im Gegenteil. Sie werden durch die herrschenden Strukturen (Stichwort »Kraut und Rüben«) eher be- und verhindert.

Stimmt die Struktur nicht, stimmt auch das Ergebnis nicht! Aber welche Besprechungsstrukturen garantieren Ergebnisse? Da gibt es eine ganze Menge. In der Praxis bewährt hat sich die auch in der Praxis entwickelte W-Struktur:

- Wozu treffen wir uns eigentlich?
- Welche Themen müssen wir bereden?
- Wie gehen wir dabei im Einzelnen vor?
- Welches sind die konkreten nächsten Schritte?

Leuchtet unmittelbar ein, nicht wahr? Eben darum funktioniert die W-Struktur in der Praxis auch. Wenn das kompliziert wäre, würde es kein Mensch anwenden.

**Wozu treffen wir uns eigentlich?**

Die meisten Meetings verlaufen unbefriedigend und überziehen haltlos, weil sie ziellos sind. Genauer: weil jeder Teilnehmer ein anderes Ziel im Kopf hat. Der eine meint, das Ziel der Veranstaltung sei, die eigenen Erfolge lang und lyrisch aufzuzählen. Der andere hält für das Ziel des Meetings, sich anzuhören, was alle so im Projekt treiben. Der dritte wählt als Meetingziel, säumige Kollegen anzuschwärzen. Der vierte möchte lediglich die leidige Sitzung möglichst schnell absitzen und seine Ruhe haben.

Kein Wunder, dass man stundenlang aneinander vorbei redet und nicht wirklich weiter kommt! Alle ziehen zwar am selben Strang, aber jeder in eine andere Richtung!

Die Ziellosigkeit der meisten Projekt-Meetings tritt drastisch zutage, wenn ich Teammitglieder frage: »Warum treffen Sie sich einmal die Woche zum Projekt-Meeting?« Häufigste Antwort: »Na, weil man doch Projektbesprechungen braucht!« Frage: »Warum treffen Sie sich heute zur Projektsitzung?« Antwort: »Weil heute unsere wöchentliche Projektsitzung ist.«

Wer nicht weiß, wozu er sitzt, überzieht automatisch. Einzelkämpfer wissen dagegen, wozu sie sitzen. Deshalb antworten sie: »Weil wir die Termintreue der ersten fünf Arbeitspakete überprüfen wollen.« Oder: »Weil ein Problem in der Technik aufgetreten ist, das wir heute lösen wollen.« Das Warum und Wozu jeden Meetings ist also von vornherein und jedem klar. Jeder, der teilnimmt, verfolgt ein und dasselbe Ziel. Effektivität und Effizienz folgen daraus fast automatisch.

Wozu wollen Sie sich im nächsten Meeting treffen? Überlegen Sie mal eine Minute und notieren Sie alle Ziele. Zu viele sollten es nicht sein. Drei bis fünf sind genug. Priorisieren Sie einfach die wichtigsten und schieben Sie gegebenenfalls den Rest. Sorgen Sie dafür, dass alle Teilnehmer zwei Tage vor dem Termin die Liste mit den Sitzungszielen bekommen. Damit jeder weiß, worum es geht (und worum nicht!) und sich zielorientiert vorbereiten kann – das spart Zeit und Ärger.

**Welche Themen rein, welche raus?**

Woran liegt es, dass viele Projektbesprechungen endlos dauern oder unbefriedigende Ergebnisse bringen? An der Unfähigkeit der Teilnehmer? Wohl kaum. Es liegt vielmehr an der Themenwahl. Die Themenwahl bestimmt, ob das Meeting sich in die Länge zieht oder am vorgesehenen Ende tatsächlich zu Ende ist. Wer sich quer durch den Themengarten arbeitet, der überzieht automatisch oder verzettelt sich heillos. So viele Themen kriegt niemand in einer Stunde unter! Also nehmen Sie niedrig priorisierte Themen von vornherein einfach aus den TOP raus. Das spart Zeit!

Je mehr Themen Sie rausnehmen, desto schneller sind Sie fertig! Riskieren Sie dabei nicht, dass viele wichtige Themen unter den Tisch fallen? Das ist eine Befürchtung, die sich in der Praxis nicht bewahrheitet. Denn beim Betrachten der Themen werden Sie schnell jene erkennen, die zum aktuellen Meeting thematisch einfach nicht dazugehören, nachrangig sind, in Einzelgespräche delegiert oder gefahrlos geschoben werden können. Je mehr Themen Sie aussortieren, desto schneller geht die Projektbesprechung.

**Wie gehen wir vor?**

Das wissen Sie bereits. Erinnern Sie sich an die Ampel-Technik (siehe Kapitel 6)? Sie bietet ein ideales und praxiserprobtes Vorgehen für Projekt-Meetings. Selbst wenn die Ampel-Technik mal nicht passt, finden sich schnell geeignete Strukturen. Was ist geeignet? Alles, was einfach ist – weil etwas anderes in der Praxis nicht funktioniert!

Wenn Sie zum Beispiel in einem Ampel-Meeting einen roten Status entdecken und die Suche nach der Lösung oder der Schadensbegrenzung dafür zu lange dauern würde, beraumen Sie ein eigenes Meeting an, für das Sie als Struktur vorschlagen könnten:

1) Komprimierte Problembeschreibung
2) Lösungsoptionen
3) Bewertung der Optionen
4) Gemeinsame Wahl der optimalen Option
5) Planung der konkreten Lösungsschritte

Leuchtet Ihnen auf Anhieb ein? Dann ist das Ihre ideale Ablaufstruktur. Sie haben Bedenken oder Anmerkungen? Dann verändern Sie die Struktur entsprechend und erhalten auf diesem Wege Ihre ideale Struktur. Es ist nicht so wichtig, mit welcher Struktur Sie arbeiten – Hauptsache, Sie strukturieren!

**Welches sind die nächsten Schritte?**

Die meisten Meetings sind ineffizient, weil es ihre Vorgänger schon waren. In den meisten Meetings werden nämlich immer und immer wieder dieselben Themen wiedergekäut. Warum? Weil in den Vormeetings niemand ein für alle Mal festgelegt hat, wer was bis wann erledigt.

Die Effizienz-Garantie: Jeder TOP endet mit der Frage: Wer macht was bis wann? Wenn auf diese Weise die nächsten

Schritte nicht geklärt und festgehalten werden, werden sie auch nicht vereinbarungsgemäß erledigt.

Damit steht bereits Ihre W-Struktur. Ging eigentlich recht schnell, nicht wahr? Noch ein Tipp: Gerade in der Anfangszeit legen sich Einzelkämpfer gerne die vier W der Struktur als Spickzettel auf den Tisch, um Besprechungen jederzeit fest auf Kurs zu halten. Schon nach wenigen Einsätzen werden Sie die Struktur im Kopf haben.

**Kompaktübersicht: Die W-Struktur**

- Wozu treffen wir uns? Die wichtigsten Besprechungsziele in je einem Satz formulieren.
- Welche Themen, welche nicht? Priorisierte und komprimierte TOP-Liste aufstellen.
- Wie läuft das Meeting ab? Entlang den Ampelfarben.
- Welches sind die nächsten Schritte? Vereinbaren, wer was bis wann macht (und beim nächsten Mal kontrollieren!).

Einzelkämpfer-Tipp 50

Struktur ist Effizienz! Strukturieren Sie jede Projektbesprechung: Wozu die Besprechung? Welche wichtigsten Themen? Welcher Ablauf? Welche nächsten Schritte?

Die W-Struktur ist so einfach und praktikabel, dass viele Einzelkämpfer bereits im Training sagen: »Völlig einleuchtend, dass ich damit jede Menge Zeit spare!« Das stimmt. Gleichzeitig legen die besonderes Weitsichtigen jedoch die Stirn in Falten und fragen: »Kann ich damit auch die leidigen Endlosdiskutierer, Haarspalter und Märchenonkels im Zaum halten?« Antwort von Radio Eriwan: Im Prinzip ja. Je besser die Struktur, desto eher verhindert sie Auswüchse. Doch selbst die beste Struktur kann nur zwei Drittel der Gesprächsauswüchse verhindern (immerhin schon ein immenser Fortschritt!). Ein restliches Drittel bleibt.

Um dieses kümmern wir uns jetzt. Betrachten wir eine zeitraubende Endlosdiskussion, die trotz W-Struktur entstand:

Projektverantwortlicher: »Die Testreihe im Prüflabor brachte völlig unzureichende Ergebnisse. Wir warten am besten, bis wir in drei Wochen die Testreihe wiederholen können.«

Teammitglied 1: »Das wirft uns drei Wochen zurück! Das geht doch nicht!«

Teammitglied 2: »Das wirft uns noch viel länger zurück, denn ich brauche die Werte nächste Woche, sonst kriege ich erst wieder nächstes Quartal ausreichend Manpower in der Modellfertigung!«

Teammitglied 3: »Die Werte sind doch plus/minus in Ordnung! Nun macht doch keinen solchen Wirbel!«

Und so weiter. Nach 20 Minuten diskutierte das vierköpfige Team immer noch über … ja über was eigentlich? Ein Ergebnis zeichnete sich noch nicht einmal ab! Natürlich hatte die straffe W-Struktur schon vor dieser Diskussion viele unnötige Themenverirrungen verhindert. Doch als die aktuelle Diskussion ausbrach, stand der Projektverantwortliche gestresst und mehr oder minder hilflos daneben oder besser: mittendrin in der Redeschlacht. Wie kann er das beim nächsten Mal verhindern?

## Die F-Technik

Das Schöne am Projektmanagement ist, dass man Projektleiter direkt miteinander vergleichen kann. Für die guten Einzelkämpfer ist das natürlich gut, für die weniger guten ausgesprochen schlecht. Denn wenn man Projektverantwortliche prinzipiell vergleichen kann, können der Chef, die Kollegen, Kunden und Mitarbeiter das auch! Noch am selben Tag erlebte ich im selben Unternehmen eine vergleichbare Situation, die der diensthabende Einzelkämpfer jedoch ganz anders löste:

Einzelkämpfer: »Der Testingenieur sagt, dass die Düse unterdimensioniert ist. Was halten Sie davon?«

Mitglied 1: »Wir sollten erst mal prüfen, was er damit meint. Vielleicht hat er nur überzogene Testkriterien; würde mich bei einem Ingenieur nicht wundern.«

Mitglied 2 (natürlich ein Ingenieur): »Ich glaube schon, dass da was dran ist. Wie wäre es, wenn wir die nächstgrößere Düse nehmen, aber keine Sonderfertigung, sondern einfach eine Katalogdüse?«

Mitglied 3: »Na ich weiß nicht, dann müssten wir das komplette Modul abändern!«

Einzelkämpfer: »Wie wäre es, wenn wir die Aufwände für die eben vorgeschlagenen Lösungen kurz abschätzten, damit wir die beste Lösung klarer sehen?«

Genau das tat man auch. Nach zehn Minuten (die Hälfte der Zeit im Vergleich zum obigen Beispiel!) einigte man sich auf einen Mix aus den drei Vorschlägen. Fazit: In der Hälfte der Zeit erreichte dieses Team ein vorzeigbares Ergebnis und ging zum nächsten TOP über. Wie kann das sein? War Team 2 einfach das bessere Team? Nein. Es hatte lediglich den besseren Projektleiter.

**Wer fragt, der führt**

Die Reaktionen aus unserem obigen ersten Beispiel kennen Sie sicher zur Genüge. Kaum sagen Sie oder irgendeiner im Meeting irgendetwas, bricht oft genug eine unheilige und zeitraubende Diskussion los. Warum? Vor allem: Warum bricht sie nicht im zweiten Beispiel los? Weil der erste Projektverantwortliche die falsche Technik benutzte.

Aussagen provozieren Diskussionen. Fragen verhindern Diskussionen. Im zweiten Beispiel hätte es sicher genauso viel zu diskutieren gegeben wie im ersten. Warum wurde nicht wild diskutiert? Weil im ersten Beispiel nicht diskutiert wurde, weil es etwas zu diskutieren gab, sondern weil der Projektverantwortliche durch seine unachtsame Aussage (»Wir warten am besten …«) die Diskussion förmlich provozierte: Wer eine Aussage trifft, kann nicht verhindern, dass einige Anwesende ihm Besserwisserei unterstellen – und es nun ihrerseits besser wissen wollen. Aussagen laden geradezu zu Endlosdiskussionen, Rechthaberei und Profilierungs-Arien ein! Genau das wusste der Einzelkämpfer im zweiten Beispiel, weshalb er die Provokation geschickt vermied und nicht *aussagte*, sondern *fragte*. Clever, nicht?

Nicht umsonst heißt ein alter Business-Spruch: »Wer fragt, der führt.« Wer fragt, bewegt. Wer sagt, blockiert. Je weniger einer sagt, desto mehr hat er zu sagen. Wer fragt, provoziert nicht. Wer fragt, regt an. Wer behauptet, regt auf.

Einzelkämpfer-Tipp 51

Formulieren Sie in Projektgesprächen alles (Wichtige), was Sie sagen, als Frage.

***Fragen statt Sagen***

Wenn Sie bei einem stinknormalen Projekt-Meeting Mäuschen spielen, werden Sie feststellen, dass alles andere gemacht wird, bloß nicht gefragt. Der Projektverantwortliche appelliert an seine Gesprächspartner, er versucht sie zu überzeugen, zu überreden, er argumentiert, schlimmstenfalls weiß er alles besser, er schildert Sachverhalte, berichtet, vereinbart, korrigiert. Seine Gesprächspartner versprechen Dinge (die sie oft genug nicht halten), rechtfertigen, entschuldigen sich, reden sich raus oder widersprechen, wissen es ihrerseits besser. Wenn in einem Meeting 10 Fragen gestellt werden, ist das schon viel. Ein Einzelkämpfer stellt 50. Deshalb ist er auch in der Hälfte der Zeit fertig.

Die Frage ist das am meisten unterschätzte Mittel zur Effizienz- und Engagementsteigerung in Projekten. Denn wer fragt, motiviert, weil er eine Antwort erwartet. Wer hingegen behauptet, demotiviert, weil er einen Dialog von vornherein nicht aufkommen lässt. Wer andere überzeugen will, überzeugt sie meist nicht. Denn Reden überzeugt nicht. Fragen überzeugt dagegen viel besser. Oder wie sehen Sie das?

Die meisten Einzelkämpfer erkennen im Training oder Coaching recht schnell die rhetorische und argumentative Überlegenheit von Fragen. Sie haben nur ein Problem: Sie haben 10, 20 oder 30 Jahre nicht mehr ernsthaft gefragt. Sie haben es verlernt. Dem helfen wir ab.

***Fragen Sie mal***

Sagen, was Sache ist, ist ein Fluch. Selbst wenn Sie den Vorsatz fassen, es zumindest in Projektbesprechungen sein zu lassen, werden Sie sich immer wieder dabei ertappen, weil es einfach gewohnheitsmäßig passiert. Schlechte Gewohnheiten legen Sie am schnellsten ab, indem Sie gute anfangen. Beginnen wir ganz einfach. Formulieren Sie bitte folgenden Standardsatz als Frage: »Folgende TOP müssen wir heute besprechen!«

Nach diesem Satz schläft die Hälfte Ihrer Teilnehmer bereits. Übrigens Sie selbst auch, wenn Sie mal Teilnehmer sind. Warum? Weil es uns an früher erinnert. Einer sagt, wo's langgeht, und alle anderen schlafen. Das nennt man Schule (oder Uni).

Als Frage formuliert:

……………………………………………………………………

War nach der ersten Überwindung gar nicht so schwer, oder? Als Formulierungen bieten sich an: »Was müssen wir heute besprechen?« Oder realitätsnäher: »Ich habe wie per E-Mail angekündigt folgende fünf TOP – sind die okay? Was habe ich vergessen? Was würden Sie noch gerne ansprechen? Was können wir weglassen oder vertagen?«

Merken Sie was? Schon allein beim Lesen steigt Ihre Aufmerksamkeit verglichen mit dem korrespondierenden Aussagesatz (»Folgende TOP müssen wir heute …!«). Und Sie sitzen noch nicht mal in dem Meeting (sondern hoffentlich gerade vorm Feierabend-Pils)! Fragen erhöhen die Aufmerksamkeit und das Engagement so automatisch und reflexhaft, wie sie Aussagen zerstören. Fragen haben, wie der Kommunikationsforscher sagt, einen inhärenten Aufforderungscharakter. Hört ein Mensch eine Frage, möchte er sie automatisch auch beantworten. Das ist ein Reflex. Oder wie eine Projektleiterin mal sagte: »Mit Fragen schaltet man das Gehirn anderer Menschen ein.«

Fragen haben außerdem eine schöne Nebenwirkung: Wer fragt, wird akzeptiert. Je öfter er fragt, desto stärker. Das gilt übrigens nicht nur für Projekte, sondern generell für jede menschliche Kommunikation (deshalb werden Verkäufer mehrheitlich nicht von Kunden akzeptiert – sie fragen zu wenig und behaupten zu viel). Das gilt auch und gerade im Privaten. Die meisten privaten Streitereien entstehen ja erst dadurch, dass man sich die Vorwürfe gegenseitig um die Ohren haut! Versuchen Sie mal, in einem Streit jede Aussage durch eine Frage zu ersetzen – der Konflikt erlischt erstaunlich schnell! Denn wer fragt, streitet nicht. Einzige Voraussetzung: Die gestellten Fragen sind offen und ehrlich und ohne versteckte Vorwürfe, dafür von echtem Interesse getragen.

**Ein typisches Eigentor**

Sie können davon ausgehen, dass jede Aussage, so unverfänglich sie Ihnen auch erscheinen mag, ein beträchtliches latentes Selbstsabotage-Potenzial in sich birgt. In der Regel gilt sogar: Je dringender Sie etwas wollen, desto stärker sabotieren Sie Aussagen. Nehmen wir zwei typische Aussagen, mit denen genervte Projektverantwortliche normalerweise versuchen, die Meeting-Misere zu beenden:

- »Wir sollten heute zügig vorankommen!«
- »Wir müssen heute bis … Uhr fertig werden!«

Normalerweise sollte man annehmen, dass erwachsene Menschen, wenn man derart an ihre Vernunft appelliert, diese auch walten lassen. Das können Sie nicht bestätigen? Da haben Sie Recht. Diese Appelle verhallen in der Regel ungehört. Entweder man überzieht doch wieder. Oder man macht zwar mehr oder weniger pünktlich Schluss – doch nur unter Vertagung wichtiger TOP!

Warum funktioniert dieser Appell nicht? Weil er eine Aussage ist. Und bei Aussagen stellt das menschliche Ohr automatisch auf Durchzug. Das haben wir in der Schule so gelernt. Dafür steht das PISA-Gütesiegel (oder verwechsle ich da was?). Außerdem hat der Appell einen logischen Mangel: Nach so einem Appell weiß jeder Teilnehmer zwar, *was* Sie von ihm erwarten – doch er weiß nicht, *wie* er das bewerkstelligen soll! Wie würden Sie folglich die weitaus effektivere Frage formulieren?

....................................................................................

Eine Formulierung könnte zum Beispiel lauten: »Wie schaffen wir es heute, dass wir um … Uhr fertig sind?« Danach werden Ihre Kollegen Vorschläge machen – die sie dann auch tatsächlich befolgen (wenn Sie sie moderierend hin und wieder daran erinnern). Warum? Weil kein vernünftiger Mensch seine eigenen Vorschläge sabotiert! Fragen sind die beste Motivation. Durch ihre Antworten machen Ihre Teilnehmer das Meeting zu *ihrem* Meeting. Und Sie machen damit Betroffene zu Beteiligten. So einfach geht das, wenn man weiß, wie's geht.

Neulich berichtete mir ein Einzelkämpfer: »Als ich fragte, wie wir es schaffen könnten, in nur einer Stunde fertig zu sein, zählten die Kollegen unwichtige Themen auf, die wir weglassen sollten, die ich auch gut und gerne selbst hätte auslisten können.« Nach kurzem Nachdenken fügte er an: »Aber wenn ich die Themen aussortiert hätte, dann hätten sicher einige, die sich dabei zu kurz gekommen fühlten, ihre Themen wieder in die Diskussion hineingebracht. Vielleicht ist es doch besser, man fragt die Leute.« Groschen gefallen.

### Noch ein Eigentor

Projektverantwortliche regen sich oft über den Widerspruch in den eigenen Reihen auf. Da meint man, dass wenigstens im eigenen Unternehmen das Projekt unterstützt werden müsste, aber Pustekuchen! Ein Projektmanager sagte mir einmal: »Egal, was ich sage, ich höre ständig den Widerspruch der so genannten Fachexperten im Haus!«

Stefan betreut ein IT-Projekt in seiner Firma. Jedes Mal, wenn er mit einem Vorschlag zur Verbesserung der Anwendung zu den IT-Experten kommt, sagen die ihm: »Ja, schön, aber so geht das nicht.« Und dann folgen Endlosdiskussionen, bis die Experten wenigstens ein Drittel seiner Wünsche umsetzen. Deshalb macht Stefan inzwischen keine Vorschläge mehr, er fragt nur noch, zum Beispiel: »Die User im Controlling hätten gerne eine Renner-Penner-Rechnung. Geht das überhaupt? Können Sie das ermöglichen? Geht das auch artikelgenau?« Sein Fazit: »Die Diskussionen dauern nicht halb so lang und die Wünsche werden viel schneller realisiert!« Warum? Weil sich Experten durch Fragen nicht in ihrem Expertentum bedroht fühlen – durch »freche Forderungen« jedoch schon.

***Was sagen Sie so?***

Es dauert eine Weile, bis Sie sich das Fragen wieder angewöhnt haben (klingt verrückt, sollte Sie aber nicht irritieren). Es geht umso schneller, je häufiger Sie Ihre Aussagen umformulieren. Wenn Sie möchten, notieren Sie einfach Ihre häufigsten Standardaussagen in Projektgesprächen und formulieren Sie sie um:

| Aussage | Frage |
|---|---|
| .................................. | .................................... |
| .................................. | .................................... |
| .................................. | .................................... |
| .................................. | .................................... |

Einzelkämpfer machen mich oft darauf aufmerksam, dass sie diese Aussagen/Fragen-Gegenüberstellung im Kopf häufig sogar fürs Private machen – und dabei in Beziehung und Erziehung erstaunliche Erfolge erzielen. Oder wie ein gestresster Einzelkämpfer und Ehemann sagte: »Seit ich viel mehr frage statt sage, streiten wir uns kaum noch.« Eine Einzelkämpferin und Mutter meinte: »Die Kinder machen viel eher und schneller, was ich ihnen auftrage, wenn ich nicht delegiere, sondern frage.«

Oft klagen Einzelkämpfer: »Es ist zum Verrücktwerden! Ich ertappe mich ständig dabei, wie ich schon wieder gesagt statt gefragt habe!« Wenn Ihnen das trotz aller Übung immer noch zu oft passiert, kann es an der Einstellung liegen.

Wer allzu gerne sagt, hat die Einstellung: Ich muss sagen, wo's langgeht. Ich bin verantwortlich, also sag ich auch Bescheid. Ich bin der Leitende, also muss ich Vorgaben machen. Es ist doch eh' klar, was gemacht werden muss, also wozu noch lange Fragen stellen? Eine berechtigte Einstellung, die leider zu den erwähnten Folgen führt: frustrierte Gesprächspartner, Widerspruch, überzogene und ineffiziente Besprechungen.

Einzelkämpfer haben eine andere Einstellung, wie an ihren Bekenntnissen zu erkennen ist:

- »Wenn ich den großen Zampano markiere und allen vorschreibe, wo's langzugehen hat – Mensch, das frustriert doch immens! Und Frust ist das Letzte, was ich im Projekt brauche!«
- »Es reicht nicht, wenn ich weiß, was getan werden muss, und es sage – meine Zuarbeiter müssen das auch wissen und vor allem tun. Und wenn ich es ihnen sage, dann tun sie es erfahrungsgemäß nicht besonders engagiert!«

Allein beim Lesen werden Sie bereits bemerkt haben, wie Ihre Einstellung sich leicht veränderte. Folgen Sie dieser Veränderung. Bauen Sie sie aus. Arbeiten Sie an Ihrer Einstellung. Sie müssen nicht immer und überall fragen. Aber immer und überall dort, wo es darauf ankommt, dass Menschen das tun, was Sie von Ihnen erwarten!

**Treten Sie nicht in die Zeitfalle!**

Unerfahrene Projektverantwortliche wenden manchmal ein: »Ich habe aber keine Zeit, Fragen zu stellen!«, »Diese Fragerei hält doch bloß auf!« Das ist ein klassisches Eigentor. Klar dauert ein Frage-und-Antwort-Spiel länger als eine knappe Anweisung. Eine Anweisung dauert noch nicht mal eine Minute – doch danach verlieren Sie mindestens zehn Minuten wegen der einsetzenden Diskussion oder Tage, weil die Anweisung falsch/halbherzig ausgeführt wird.

Das Frage-Antwort-Spiel dauert vielleicht drei Minuten – doch mit diesen drei Minuten verkürzen Sie Ihr Projektgespräch um zehn Minuten und die Projektdauer um Tage. Leuchtet ein, nicht wahr? Das ist nicht die Frage. Die Frage ist eher: Können Sie sich für drei Minuten zusammennehmen, wenn Sie damit zehn sparen – oder geht der Gaul mit Ihnen durch? Überflüssig zu sagen, dass erfahrene Einzelkämpfer ihren Gaul fest und sicher im Zaum halten (können). Sie sind sozusagen sattelfest. Wie sattelfest sind Sie?

**Zwei Tricks**

Manchmal berichten mir Einzelkämpfer: »Ich wusste genau, dass ich in dieser Situation nur mit einer Frage weiterkomme – doch ich stand auf dem Schlauch! Mir fiel einfach keine passende Frage ein!« Ärgern Sie sich nicht. Der Schlauchsteher ist völlig normal. Das passiert selbst altgedienten Frageprofis ab und zu. Die alten Hasen kommen lediglich schneller vom Schlauch runter, weil sie zwei Tricks kennen:

– *Der Ob-Trick.* Wir wissen immer, was wir sagen wollen. Wenn Ihnen dazu jedoch in der Hitze des Gefechts nicht die passende Frage einfällt, stellen Sie einfach die Formel voran: »Ich frage mich gerade, ob …« und dann fügen Sie ganz einfach das an, was Sie sagen wollten. Das ist zwar im grammatikalisch exakten Sinne möglicherweise keine echte Frage (fragen Sie einen Germanisten) – doch Ihre Zuhörer *werten* das als Frage. Und nur darauf kommt es letztlich an.

Kommunikation entsteht nicht beim Sender, sondern beim Empfänger.

- *Der W-Trick.* Wenn Ihnen mal wieder keine passende Frage einfällt, erinnern Sie sich einfach daran, dass gute Fragen mit W anfangen, nämlich mit einem Fragewort: wer, wie, was, wann, wozu, wofür, womit, wodurch, weshalb, inwiefern … Nehmen Sie einfach ein Fragewort und bilden Sie mit dem, was Sie sagen wollen, eine W-Frage.

Susanne hat einen etwas neurotischen Zuarbeiter in manchen ihrer Projekte, zu dem sie früher bei jedem Gespräch mindestens einmal sagte: »Also so geht's nun wirklich nicht!« Das hat ihn, kaum verwunderlich, jedes Mal nur noch neurotischer gemacht. Inzwischen hat sie einen Ersatz für die Aussage gefunden: »Wie genau soll das dann ablaufen?« Susanne: »Erstaunlicherweise wirkt diese Frage viel besser als meine Empörung, weil er sich bei seiner Antwort auf die Frage oft genug selbst ad absurdum führt und gleich nachbessert.«

**Der Spiegel-Trick: Fragen als Deeskalation**

Es ist ja nicht so, dass nur Sie Widerspruch in Projektbesprechungen zu hören bekommen. Auch wenn ein Teammitglied etwas sagt, kann es Ihnen passieren, dass ein anderes Mitglied sich indirekt angegriffen oder missverstanden fühlt und dem Kollegen verbal an den Kragen geht. Noch ehe Sie mitkriegen können, weshalb der andere sich so aufregt, haben Sie zwei Streithähne am Hals, die sich verbal beharken und völlig sinnlos Ihre kostbare Sitzungszeit verschwenden!

Was tun Sie in so einer Situation? Sie versuchen zu schlichten. Funktioniert das? Selten. Und wenn, dann nur unter viel Zeitaufwand und Nervenschäden. Warum? Weil Ihre Schlichtungstechnik nicht besonders effektiv ist. Wie Audi schon sagte: Vorsprung durch Technik. Legen Sie sich eine bessere Technik zu – die Spiegelfrage, eine der besten und einfachsten Deeskalationstechniken überhaupt.

Sie ahnen meist recht schnell, wenn einer etwas sagt, was einen anderen aufbringen könnte. Also kommen Sie dem anderen zuvor und fragen Sie das erste Mitglied:

- »Habe ich Sie recht verstanden, Sie meinen, dass …?«
- »Sie glauben, dass …?«
- »Heißt das, …?«

Wo die drei Punkte stehen, spiegeln Sie dem anderen einfach in Ihren Worten zurück, was er gesagt hat, damit er es Ihnen bestätigen kann. Meist tut er genau das nicht, sondern nutzt die Chance umgehend, um sich selbst zu korrigieren: »Na, so habe ich das nicht gemeint. Ich wollte vielmehr sagen …« Oder: »Nein, ich meinte doch nur …!«

Wenn der Gefragte schlimmstenfalls, was selten vorkommt, auf seiner provokanten Äußerung besteht, können Sie mit einer weiteren Frage die Situation deeskalieren, indem Sie ihn fragen: »Könnte man auch sagen, dass …?« Und dann formulieren Sie seine Aussage ohne die Provokation, so dass nur noch das sachliche Argument stehen bleibt. Damit bleibt stehen, was er gesagt hat – jedoch ohne Anlass für eine zeitraubende Diskussion.

Sie haben die Technik verstanden? Klar, denn die Technik ist kein Problem. Der springende Punkt ist vielmehr die Übung. Da wir alle fraglos erzogen wurden, müssen wir uns alle erst wieder angewöhnen, zivilisiert zu fragen. Fangen Sie in privaten Unterhaltungen und Gesprächen mit Kollegen damit an, bis Sie sich sicher genug fühlen, die verschiedenen Fragetechniken auch bei der Projektmoderation und Deeskalation anzuwenden. Fragen kann man nicht, das muss man lernen. Übung macht den Meister.

Wenn Sie mit dieser Technik arbeiten, werden Sie immer öfter feststellen, dass die Provokateure sich im Nachhinein für ihr Verhalten entschuldigen. Vielen Menschen ist eben nicht bewusst, in welchem Ausmaß sie anderen auf die Zehen treten. Durch Ihr sachliches Vorgehen ermöglichen Sie es dem Gegenüber erstmals, die Wirkung des eigenen Verhaltens zu erkennen.

# Was sonst noch wichtig ist

**Wer schreibt, bleibt**

Schon Goethe sagte: »Was du schwarz auf weiß besitzt, kannst du getrost nach Hause tragen.« Schreiben hat unbestreitbare Vorteile. Ein Vorteil ist, dass man das Geschriebene nach Hause tragen kann. Ein anderer, dass Mitschreiben Meetings und andere Gespräche extrem verkürzt, effektiver und effizienter macht, die Aufmerksamkeit der Teilnehmer steigert, Nebengespräche minimiert, motiviert, für Ruhe, Orientierung und Konzentration sorgt, die Produktivität und das Engagement der Teilnehmer steigert.

Vorausgesetzt, Sie schreiben nicht auf Ihrem privaten Notizzettel mit und auch nicht aus Gründen der Protokollierung, sondern für alle gut sichtbar am Flipchart zur Besprechungsbegleitung.

Manchmal kann man Overheadprojektor, Metaplanwand, Flipchart und andere Medien gegeneinander austauschen. Bei der Visualisierung in Besprechungen kann ich aus Erfahrung sagen, dass ich es nicht empfehlen würde. Das Flipchart ist einfach das beste Medium für diesen Zweck.

Einzelkämpfer-Tipp 52

Notieren und beschleunigen Sie Projektgespräche am Flipchart.

Wer pro TOP ein neues Blatt anfängt, sorgt für die bestmögliche Komprimierung der Ergebnisse und die genaueste Zielführung (das heißt umgekehrt nicht, dass jeder TOP auf nur einem Chart erledigt sein muss). Denn jeder im Sitzungsraum sieht sofort und auf den ersten Blick stets, wo das Gespräch gerade steht und wohin es soll – deshalb spart das Flipchart Zeit und unnötige Diskussionen. Wer darüber hinaus die technischen

Möglichkeiten für ein Foto-Protokoll hat, spart auch noch die Zeit fürs Schreiben des Protokolls.

**»Man kann über alles reden …«**

… außer über 30 Minuten!«, lautet ein alter Meeting-Spruch. Wenn Sie W-Struktur, F-Technik und Flipcharts einsetzen, werden Sie bald bemerken, dass sich Ihre Projektgespräche immer rascher dieser magischen Grenze nähern. Für jede Sitzung nur eine halbe Stunde – wäre das nicht schön? Wie viel Stunden pro Woche würden Sie da einsparen? Ein Einzelkämpfer antwortete darauf: »Stunden? Tage!« Erfahrene Einzelkämpfer schaffen die magische halbe Stunde in der Regel; auch wenn unerfahrene Kollegen oder Vorgesetzte das oft nicht ganz nachvollziehen können: »Wie macht der das bloß?« Das wissen Sie jetzt.

Der Vorteil einer straffen Gesprächssteuerung mit W, F und Flip liegt jedoch nicht nur in der Zeitersparnis und Ergebnissteigerung – obwohl diese beiden Vorteile allein schon für eine gute Steuerung sprechen. Doch je besser Sie W, F und Flip beherrschen, desto schneller werden Sie auch feststellen,

- dass Ihre Meetings und Gespräche viel erfreulicher verlaufen;
- dass Sie weniger Stress, Druck und Ärger erleben;
- dass Sie besser mit Ihren Gesprächspartnern auskommen;
- dass Sie mehr von ihnen respektiert werden;
- dass Sitzungen Ihnen (und Ihren Teilnehmern!) fast schon Spaß bereiten.

Wenn Sie trotzdem einmal Ihr Zeitbudget gefährdet sehen, stressen Sie sich nicht. Manchmal hat man eben eine besonders diskutierfreudige Truppe um sich. Dann gehen Sie über zur so genannten Meta-Kommunikation (Kommunikation über die Kommunikation) und fragen:

- »Ich fürchte, dass wir beim gegenwärtigen Stand der Diskussion unseren Zeitrahmen sprengen – wie viel Zeit möchten wir noch in diesen Punkt investieren?«

- »Ist dieser Punkt so wichtig, dass wir die anderen fallen lassen? Oder hängen wir einfach eine halbe Stunde dran?«

Diese sanfte Erinnerung holt die Leute recht schnell aus der Diskussionsschleife, in der sie ihr Zeitgefühl verloren haben. Oder Ihre Teilnehmer sagen Ihnen: »Dieser Punkt ist zu wichtig – wir vertagen die anderen TOP oder wir setzen noch eine halbe Stunde dran!« Dann ist das auch in Ordnung, weil es keine sinnlose Zeitverschwendung (wie eine unfreiwillige Endlosdiskussion), sondern eine gezielte Zeitinvestition ist, die sich lohnt.

**Shuttle-Diplomatie: Es geht auch ohne Meeting!**
Eine ganze Menge Einzelkämpfer kommen ganz ohne jedes Projekt-Meeting aus. Sprechen die denn nicht mit ihren Zuarbeitern, Sponsoren, Kunden oder Auftraggebern? Doch, aber nicht in Form von Meetings. Anstatt alle Projektbeteiligten ins Sitzungszimmer zu rufen, vereinbaren diese meetinglosen Einzelkämpfer bei Bedarf Einzelgesprächstermine mit den betreffenden Gesprächspartnern. Sie sind quasi immer mal wieder zwischen den einzelnen Partnern unterwegs. Deshalb nennt man diese Form der Kommunikation auch Shuttle-Diplomatie (ein Shuttle ist im Amerikanischen ein Zubringer(Bus), der ständig zwischen einzelnen Punkten hin und per pendelt).

Die Vorteile liegen auf der Hand: Einzeltermine sind viel einfacher und schneller zu kriegen als Termine, bei denen man mehrere Menschen in chronischer Terminnot unter einem Hut zusammenbringen muss. Einzelgespräche sind in Summe meist viel weniger zeitintensiv als Meetings (weil man sich in Meetings wegen der Gruppendynamik länger verquasselt). Außerdem lassen sich Einzelgespräche ohne großen Visualisierungsbedarf auch mal rasch am Telefon führen. Manch erfahrener Einzelkämpfer macht sogar etliche Gespräche per E-Mail-Dialog (falls der Adressat seine E-Mails noch liest). Man trifft sich quasi im virtuellen, digitalen Besprechungszimmer. Trotzdem gilt natürlich immer noch: Auch Einzelgespräche verlaufen nur effizient, wenn Sie (mit Flipchart) visualisieren, w-strukturieren und fragen, fragen, fragen.

Unstrukturierte, schlecht visualisierte Einzelgespräche, bei denen Sie dem Gesprächspartner Ihren Standpunkt um die Ohren hauen, führen genauso zum Fiasko der Ineffizienz, wie das auch im Meeting der Fall ist. Diese Einsicht ist für manchen Projektverantwortlichen hart. Wir können eben nicht allein deshalb schon effizient miteinander reden, weil wir reden können. Denn effizient zu kommunizieren hat keine(r) von uns gelernt – am allerwenigsten an der Schule. Vor allem wenn Sie die W- und die F-Technik anwenden, werden Sie feststellen: Sie kommen viel besser mit Ihren Gesprächspartnern aus! Selbst mit jenen, die sich früher oft »dumm angestellt« oder »quergestellt« haben. Denn wenn Sie Gesprächspartner gut behandeln, behandeln diese auch Sie gut. Wenn Sie Gespräche technisch sauber führen können, dann werden Sie von den Menschen viel eher respektiert.

### Einzelkämpfer-Tipp 53

Wie viele Ihrer Projektbesprechungen lassen sich per Shuttle erledigen?

Und wie viel Zeit könnten Sie damit sparen? Ist das nicht eine verlockende Aussicht?

## Auf einen Blick

**Einzelkämpfer-Tipp 49:** Ungesteuerte Projektbesprechungen laufen immer aus dem Ruder. Steuern Sie! Die Steuerung (Moderation) ist einfacher, als Sie dachten und als man Ihnen weismachen möchte!

**Einzelkämpfer-Tipp 50:** Struktur ist Effizienz! W-Strukturieren Sie jede Projektbesprechung: Wozu die Besprechung? Welche wichtigsten Themen? Welcher Ablauf? Welche nächsten Schritte?

**Einzelkämpfer-Tipp 51:** Formulieren Sie in Projektgesprächen alles (Wichtige), was Sie sagen, als Frage.

**Einzelkämpfer-Tipp 52:** Notieren und beschleunigen Sie Projektgespräche am Flipchart.

**Einzelkämpfer-Tipp 53:** Wie viele Ihrer Projektbesprechungen lassen sich per Shuttle erledigen?

Die Schwierigkeiten, auf die wir stoßen,
wenn wir ein Ziel verfolgen, sind der
kürzeste Weg zu ihm.
*Khalil Gibran*

# 11 Machen Sie Schluss!

Wenn Sie Ihre Projekte normalerweise vor dem vereinbarten Endtermin fertig kriegen (und auch abgenommen bekommen!), dann seien Sie meiner aufrichtigen Bewunderung versichert und überblättern Sie dieses Kapitel ruhig. Sie sind ein Projekt-Titan!

Wir Normalsterblichen machen da ganz andere Erfahrungen: Gegen Projektende kommen die meisten Projekte ganz schön unter Zeitdruck. Der Endtermin droht. Vor allem drohen Auftraggeber, Kunden, Sponsoren und eine Menge anderer Leute auf den letzten Drücker noch mit Ideen, Anregungen und dringenden Wünschen, die Sie alle selbstverständlich unbedingt auch noch unterbringen müssen; vor dem Endtermin, versteht sich. Oft kommen diese Auf-den-letzten-Drücker-Ideen aus dem eigenen Projektteam, nicht selten sogar von Ihnen selbst. Die Standardbegründungen dafür lauten:

- »Wenn wir schon so weit gekommen sind, können wir auch noch …«
- »Wir sind grad so gut unterwegs, da müssen wir doch einfach …«
- »Es wäre doch schade, wenn wir das nicht auch noch unterbringen könnten!«
- »Wenn wir gerade dabei sind, sollten wir unbedingt auch noch …«
- »Was wird denn unser Chef sagen, wenn wir seine Idee nicht unterbringen?«
- »Wir kriegen Ärger mit dem Kunden, der will das unbedingt drinhaben!«

## Shopping-Fever

Ein Projektverantwortlicher nannte das einmal »Torschlusshektik«, eine seiner Kolleginnen »Shopping-Fever« und erklärte: »Es ist wie beim Einkaufen – man kommt selten mit dem nach Hause, was auf dem Einkaufszettel steht.« Manche kommen mit dem Doppelten nach Hause ... Der fatale Unterschied zum Projekt:

Beim Shoppen hat man keinen fixen Endtermin, den man einhalten muss und der durch das Einkaufsfieber massiv bedroht bis unhaltbar wird! Viele Projektverantwortliche halten heiße Endphasen für normal. Das sind sie nicht. Sie sind häufig, aber nicht normal.

**Termin bedroht? Selber schuld!**

Die grassierenden Terminprobleme in Projekten erscheinen durch das Shopping-Fever in neuem Licht: An vielen Terminproblemen sind die Projektbeteiligten selbst schuld, weil sie sich vom Einkaufsfieber anstecken lassen. Weil sie in der Endphase, um im Fußball-Jargon zu sprechen, den Kasten nicht sauber halten können. Weil sie den Hals nicht vollkriegen können. Weil sie nicht Nein sagen können. Weil sie sich immer wieder breitschlagen lassen.

Da Endphasen viel zu häufig viel zu heiß sind, erfordern sie ein anderes Projektmanagement als die vorhergehenden Projektphasen. Das haben Sie noch nie gehört oder gelesen? Stimmt. In der Literatur und in vielen Seminaren fehlt dieser nützliche Hinweis völlig. Dabei liegt der Makel auf der Hand: Wenn das herkömmliche Projektmanagement es nicht schafft, die heißen Endphasen in den Griff zu kriegen, dann hat das traditionelle Projektmanagement an dieser Stelle einfach versagt. Korrigieren wir dieses Versagen, bevor es Sie und Ihr Team verschleißt:

Einzelkämpfer-Tipp 54

Projekt-Endphasen benötigen ein spezielles Endphasen-Management.

**Die Zieleinlauf-Planung**

Sie brauchen nicht unbedingt ein spezielles Endphasen-Management. Sie können an dieser Stelle auch aus dem Kapitel aussteigen, wenn eine von zwei Voraussetzungen erfüllt ist:

- Sie können in Ihrem Projekt den Endtermin beliebig nach hinten verschieben (so genanntes Endlosprojekt).
- Sie sind ein Stress-Junkie, dem eine heiße, hektische, stressige, nervenzerfetzende Endphase nichts ausmacht.

Trifft keine der beiden Voraussetzungen zu und haben Sie es satt, sich von heißen Endphasen verschleißen zu lassen, dann habe ich eine gute Nachricht für Sie: Heiße Endphasen lassen sich vermeiden oder zumindest dramatisch abkühlen – wenn man weiß, wie's geht. Also lassen Sie sich nicht erzählen, dass Endphasen immer hektisch sind. Nur schlecht gemanagte Endphasen sind hektisch. Gutes Endphasen-Management ist einfach:

Einzelkämpfer-Tipp 55

Stellen Sie allen Projektbeteiligten explizit die Frage, wie die Endphase ohne Hektik ablaufen könnte.

Fragen Sie sie oder sich selbst (wenn Sie kein Team haben):

- Wie gestalten wir den Zieleinlauf ohne unnötigen Stress?
- Welche Risiken bedrohen den geordneten Zieleinlauf?
- Wie schützen wir uns vor diesen Risiken?
- Mit welchen Maßnahmen können wir die übliche Hektik vermeiden?

- Welche Zusatzaufgaben nehmen wir noch auf den letzten Drücker rein und welche nicht?
- Schaffen wir das, was wir uns für den Endspurt vorgenommen haben, überhaupt oder sollten wir für einen termingerechten Zieleinlauf einige Aufgaben abspecken? Wie viele? Welche?
- Welche (unangenehmen) Aufgaben haben wir (meist unbewusst) bis zuletzt aufgeschoben? Wie ziehen wir hier den Kopf aus der Schlinge (zum Beispiel per Spin-off, s.u.)?

***Fragen ist besser als Sagen***

Warum sollten Sie den Projektbeteiligten die obigen Fragen stellen? Weil Sie sich noch gut an Kapitel 10 erinnern: Anderen Menschen sollten Sie niemals ein Fait accompli präsentieren, sie vor vollendete Tatsachen stellen – wenn Sie keine Widerstände, Endlosdiskussionen und beschädigten Beziehungen riskieren wollen. Denn wenn Sie eine entstresste Endphase vorschlagen und die anderen aus Trotz Ihre Ideen abschmettern, wird die Endphase eben alles andere als angenehm. Außerdem haben Ihre Zuarbeiter oder Teammitglieder meist gute Ideen für eine ruhige Endphase – die sie auch brav umsetzen; denn kein normaler Mensch sabotiert seine eigenen Ideen. Also fragen Sie lieber. Fragen wirkt besser als Vorschlagen.

Nur wer die Endphase bewusst, gezielt und aktiv gestaltet, vermeidet die übliche Torschlusspanik. Wer dagegen wie das Kaninchen auf den bedrohlich näher rückenden Endtermin starrt oder die Endphase einfach so lange ignoriert, bis sie mit voller Wucht über ihn hereinbricht, der verbrennt sich zwangsläufig die Finger an der heißen Endphase. Ungemanagte Endphasen sind automatisch heiß, gemanagte Endphasen sind cool. It's cool, man!

**Der Spin-off entlastet**

Wenn Sie für eine entstresste Endphase Ihr Programm abspecken müssen oder viel zu lange aufgeschobene Aufgaben nicht termingerecht erledigt bekommen, können Sie diese Aufgaben natürlich ersatzlos streichen. Manchmal geht das. Wenn es nicht geht (weil irgendwer dagegen ist), dann ist der Spin-off eine taktisch elegante Lösung:

Alles, was Sie nicht im aktuellen Projekt unterkriegen, verkaufen Sie als Nachfolgeprojekt (so genannter Spin-off). Das Stichwort ist: verkaufen. Denn für jeden Spin-off ist etwas Überzeugungsarbeit nötig. Doch wenn Sie dem Auftraggeber eine Terminverschiebung als Alternative zu einem Spin-off-Projekt anbieten, gewinnen Sie immer, egal, wofür er sich entscheidet.

Denn in beiden Fällen haben Sie den Stress und die Hektik aus der Endphase rausgekriegt.

## Überraschender Schluss: Die Zwei-Drittel-Technik

Der Einfallsreichtum erfolgreicher Einzelkämpfer ist immer wieder beeindruckend. Zum Beeindruckendsten, was Einzelkämpfer in den letzten Jahren entwickelt haben, zählt

**Einzelkämpfer-Tipp 56**
Die Zwei-Drittel-Technik: Sobald Ihr Projekt zu zwei Dritteln fertig ist, machen Sie einfach Schluss!

Streichen Sie das letzte Drittel! Sie trauen Ihren Augen nicht? So geht es den meisten Projektverantwortlichen, die zum ersten Mal davon hören. Die erstaunten Spontankommentare lauten meist:

- »Aber das geht doch nicht!«
- »Ja darf man das denn überhaupt?«
- »Dann fehlt aber doch eine ganze Menge!«

Eben nicht. Es fehlt eben nicht eine ganze Menge, wie erfahrene Einzelkämpfer wissen.

Wie der Volksmund schon sagt: Man soll aufhören, wenn es am schönsten ist. Macht man weiter, wird es meist weniger schön! Man isst über den Hunger, trinkt über den Durst. In Projekten passiert das ständig: Man liefert meist weitaus mehr ab, als eigentlich sinnvoll, effizient, terminlich machbar und vor allem gewünscht ist!

Deshalb sind Einzelkämpfer oft so überrascht, wenn wir im Coaching die Zwei-Drittel-Option prüfen. Viele sagen: »Das hätte ich jetzt nicht gedacht! Unser Projektergebnis ist jetzt schon so gut, dass die Anwender damit prima arbeiten können. Viele würden noch nicht mal bemerken, dass was fehlt!« Die Zwei-Drittel-Lösung ist zwar nicht perfekt (wer kann perfekt schon bezahlen?), aber eine so genannte Workable Solution. Keine perfekte, sondern eine pragmatische Lösung. Zwei Drittel sind meist schon so gut, dass Sie zumindest

- mit der Anwendung beginnen können,
- erste Tests in der Anwendung fahren können,
- 90 Prozent der Anwendungen abdecken,
- gegebenenfalls das Ergebnis danach noch feintunen können,
- eventuell Anwender und Auftraggeber fragen können: Reicht Ihnen das? Oder was fehlt Ihnen noch?

Die Zwei-Drittel-Lösung ist nicht immer möglich – doch Sie sollten Sie immer prüfen, denn das letzte Drittel vom Projektaufwand ist oft nicht mehr nötig, sinnvoll oder nützlich, sondern reiner Perfektionismus.

Es führt zur Maximallösung, nicht zur Optimallösung – was immer ein Fehler und ein eklatanter Verstoß gegen das Wirtschaftlichkeitsprinzip ist.

Wenn Sie nicht das letzte Drittel weglassen können oder wollen (oder jemand partout dagegen ist): Wie wäre es mit dem letzten Viertel, Fünftel, …? Selbst das letzte Zehntel hilft! Machen Sie die Probe aufs Exempel!

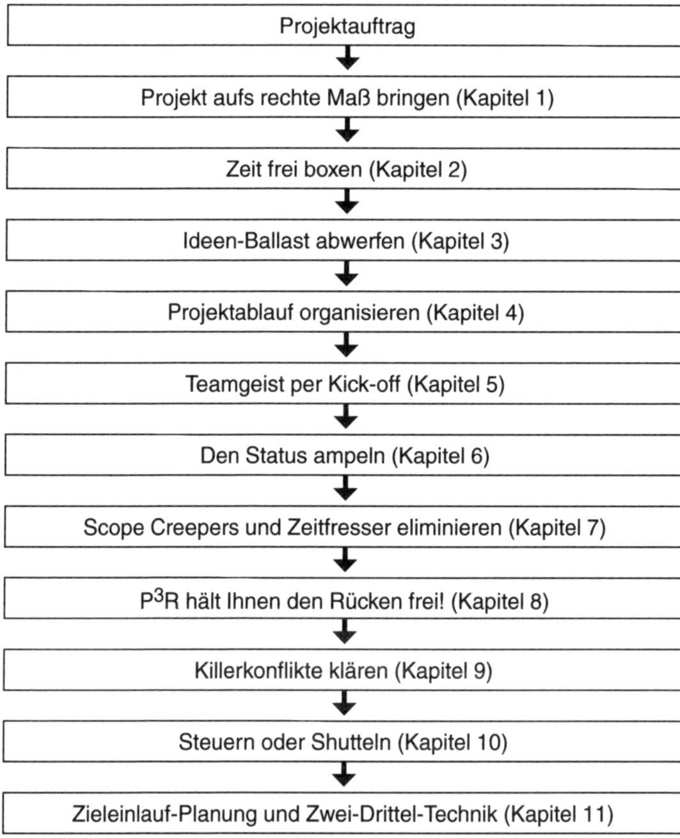


*Der Weg des Einzelkämpfers*

## Was Ihnen zwei Drittel bringen

In Projekten für externe Kunden ist es etwas anspruchsvoller, das letzte Drittel wegzulassen (weil der Kunde oft überrascht reagiert). Doch selbst hier ist es öfter möglich, als die meisten Projektleiter annehmen. Denn der Kunde ist, nachdem Sie ihn vom Ergebnis überzeugt haben, natürlich begeistert, wenn Sie ihm das Projekt schon vor dem vereinbarten Endtermin liefern. Warum? Weil Time to Market heutzutage meist wichtiger als das eigentliche Projektergebnis ist. Die schnellen Fische fressen die perfekten ... Das letzte Drittel einfach weglassen? Denken Sie mal daran, wie viel Zeit, Aufwand, Ressourcen und Ärger Sie sich dabei sparen!

Wichtiger Hinweis: Die Zwei-Drittel-Lösung spielen Sie nicht mit anderen Beteiligten vorab durch, weil die dabei entstehende Reaktanz (Widerstandsverhalten) ohne Coaching-Ausbildung kaum beherrschbar ist. Die Zwei-Drittel-Lösung ist derart genial, dass sie irrationales Verhalten geradezu provoziert – wenn man die Technik nicht kennt. Diskutieren Sie nicht, simulieren Sie die Zwei-Drittel-Lösung im stillen Kämmerlein für sich alleine durch. Funktioniert die Simulation, dann verkaufen Sie die Zwei-Drittel-Lösung den anderen Projektbeteiligten. Wer die Vorteile dieser genialen Lösung nicht sieht, dem verkaufen Sie die Lösung eben als Testlauf mit der Option auf spätere Nachbesserung. Damit ist nach etwas Überzeugungsarbeit wirklich jede(r) einverstanden.

**Die Zwei-Drittel-Philosophie**

Die meisten Projekte sind nicht wirklich so aufwändig, wie wir oft meinen. Sie haben auch keine viel zu knappen Endtermine, wie wir noch öfter meinen. Wir machen uns selbst die Projekte unnötig aufwändig und stressig. Indem wir dem Perfektionismus des letzten Drittels auf den Leim gehen. Dieser Versuchung erliegen vor allem gute Ingenieure, weil sie natürlich immer auf der Suche nach der perfekten technischen Lösung sind. So lobenswert diese Neigung in Forschung und Entwicklung ist, im Projekt führt sie mit fataler Sicherheit direkt ins Desaster.

Bestes Beispiel dafür war Toll Collect (Sie erinnern sich?). Während die Zwei-Drittel-Lösung in Österreich und Italien schon lange problemlos lief, brach der Wahn des letzten Drittels dem deutschen Straßenmaut-Projekt letztendlich medienwirksam das Genick. Weil man etwas absolut Perfektes, nie Dagewesenes, hoch Innovatives, global Bahnbrechendes wollte, schaffte man noch nicht einmal die Workable Solution in der vereinbarten Projektzeit.

Häufig gestellte Frage: »Ja merkt denn der Auftraggeber nicht, dass ein Drittel fehlt?« Nein, er merkt etwas viel Wichtigeres: Dass die Lösung funktioniert und viel schneller da ist, als er gehofft hat! Denn für Auftraggeber kommt es meist nicht darauf an, dass ein Projekt perfekt, sondern dass es schnell gemacht wird! Die schnelle Zielerreichung freut den Sponsor immens und erklärt auch, weshalb gute Einzelkämpfer derart beliebt sind und derart zügig aufsteigen oder Privilegien erringen (je nachdem, wonach ihnen der Sinn steht).

Selbst wenn der Sponsor nicht ganz zufrieden mit den zwei Dritteln sein sollte, was selten vorkommt: Sie haben noch ein Ass im Ärmel. Notieren Sie einfach, was ihm an Wichtigem noch fehlt, und sagen Sie ihm dann: »Diese Modifikationen führen wir beim anschließenden Fein-Tuning aus.« Damit sind Sie aus dem Schneider.

**Das haben wir doch alle schon gemacht!**

Wenn Sie mal genau nachdenken, ist die Zwei-Drittel-Technik gar nicht so revolutionär. Wir haben doch alle schon mal unter extremem Zeitdruck ein Projekt »passend gemacht«, also einfach auf den drohenden Endtermin hin die Sache so abgekniffen, dass man sie wenigstens präsentieren konnte. Ein Einzelkämpfer aus dem IT-Bereich meint: »Wir machen das ständig – denn bei unseren wahnwitzigen Terminen ist etwas anderes gar nicht mehr möglich!« Eine resignative Einstellung? Nein, eine realistische.

Viele Einzelkämpfer haben dabei ein schlechtes Gewissen, manche sprechen unverhohlen von ihrem Projektergebnis als »Provisorium«. Sie wundern sich dann höchstens, wie lange das Provisorium Bestand hat und eigentlich ganz gut funktioniert. Dabei sagt schon der alte Handwerker-Spruch: »Provisorien halten am längsten!« Jedenfalls länger als die perfekten Lösungen (weil die zu anfällig sind). Das heißt aber auch: Haben Sie nie wieder ein schlechtes Gewissen, wenn Sie ein Projekt nach zwei Dritteln terminbedingt abkneifen!

Natürlich ist es schöner, wenn man die nötige Zeit hat, um ein Projekt in aller Ruhe ordentlich zu Ende zu führen. Doch hart stoßen sich die Dinge im Raum, wie Brecht sagte. Wenn es hart auf hart kommt, wären Sie ja ziemlich blöd, wenn Sie die Realitäten leugnen würden. Man hat eben nur mal so viel Zeit, wie man hat – und nicht mehr! Wenn sich die Zeit nicht dem Aufwand anpasst, dann muss sich der Aufwand eben der Zeit anpassen. Also haben Sie kein schlechtes Gewissen. Sie tun das einzig Richtige.

**Die Rettung des Projektmanagements**

Die Zwei-Drittel-Technik wird oft ironisch »die Rettung des Projektmanagements« genannt. Warum? Weil Projektmanagement vor etlichen Jahrzehnten eigentlich erfunden wurde, um die Abläufe in Unternehmen zu beschleunigen, damit Produkte schneller auf den Markt kämen, eben die Time to Market entscheidend verkürzt werde.

Man glaubte, dieses hehre Ziel mit Projektmanagement erreichen zu können. Inzwischen ist die Euphorie der Ernüchterung gewichen: Zwei Drittel aller Projekte scheitern, kommen zu spät, zu teuer oder unterhalb ihrer Zielvorgaben an. Vor allem das Terminproblem hat den Ruf des Projektmanagements stark beschädigt. »Unsere Projekte sind immer zu spät!«, verriet mir ein Vorstandsmitglied eines Anlagenbauers. Das ist allerdings paradox: Das ursprüngliche Ziel, für dessen Erreichung man Projektmanagement einführte, wurde mehrheitlich nie erreicht! Natürlich werden Sie dieses Bekenntnis von den meisten Autoren, Beratern und Trainern nicht hören – denn die wollen ja kräftig Knete mit Projektmanagement verdienen. Doch bei den Anwendern steht das Urteil längst fest.

Erst seit der Einführung der Zwei-Drittel-Technik hat sich daran etwas geändert. Das heißt: Die Zwei-Drittel-Technik liefert endlich das, was Projektmanagement schon lange versprochen hatte: termingerechte Projekte mit geringer Time to Market und pragmatischen, praxisorientierten Lösungen. Deshalb kann ich mich nur vollinhaltlich dem Urteil eines Einzelkämpfers anschließen, der sagte: »Man kann viele Fehler beim Projektmanagement machen. Einer der dümmsten ist jedoch, die Zwei-Drittel-Technik zu unterschätzen.«

***Wer kommt schon gern zu früh?***

In Training und Coaching wiegen die meisten Einzelkämpfer an dieser Stelle ihr Haupt in bedächtiger Einsicht: »Jaja, die Zwei-Drittel-Technik – das hat was!« Besucht man sie Wochen später an ihrem Arbeitsplatz, traut man seinen Ohren nicht: »Tut mir leid, habe grade keine Zeit, stecke voll in der heißen Endphase vom Projekt!« Peinlich.

Woran liegt das? Daran, dass Kopf und Bauch nicht dasselbe sind. Der Kopf des Einzelkämpfers sagt ihm ganz klar, dass die Zwei-Drittel-Technik überragende Vorteile hat. Doch der Bauch sagt ihm: »Ich kann doch nicht vor dem Endtermin schon abgeben!« Bloß nicht zu früh kommen! Ein typisches Männerproblem. Im Ernst: Die Zwei-Drittel-Technik ist kein technisches, sondern ein mentales Problem. Wer immer erst auf den letzten Drücker sein Projekt erledigt bekommt, der muss sich einfach innerlich umstellen, mit der alten schlechten Gewohnheit brechen, mutig über den eigenen Einzelkämpfer-Schatten springen und irgendwann Ernst machen mit den zwei Dritteln.

Sie dürfen nicht nur »zu früh kommen« im Projekt, nein, sie können, sollen, ja müssen es sogar! Denn anders kommen Sie nie auf einen grünen Zweig!

***Champions des Einzelkampfs***

Es ist immer wieder herzerfrischend zu beobachten, mit welch selbstverständlicher Kompetenz erfahrene Einzelkämpfer ihre herausragenden Ergebnisse erzielten. Einer sagte mir: »Ich warte nicht bis zur Endphase, um ein Drittel des Aufwands rauszukürzen. Das mache ich schon vorneweg! Anders könnte ich die knappen Termine nie halten!« Eine andere Kämpferin erzählte: »Ich kürze schon beim Projektstart ein Drittel und dann in der Endphase noch ein Drittel – und die Dinger sind immer noch viel zu aufwändig und aufgeblasen!« Das ist übrigens ein guter Tipp: Wenden Sie die Zwei-Drittel-Technik einfach zweimal an! Einmal zu Beginn und einmal am Ende vom Projekt. Einmal beim Maßhalten (s. Kapitel 1) und Abspecken (s. Kapitel 3) und dann wieder gegen Ende. Denn am Ende eines Projekts sieht man viel Aufgeblähtes, was man zu Beginn noch nicht erkannt hat.

**Turbolader für Kundenorientierung**

Ein Aspekt der Zwei-Drittel-Technik wird meist fatal unterschätzt: die Effekte auf Kundenzufriedenheit und -bindung, Deckungsbeitrag, Reklamationsquote sowie Folgeaufträge.

Oft genug wird es Ihnen passieren, dass Sie nur unter Aufgabe des letzten Drittels (Viertels, Fünftels) eines Projekts den Endtermin überhaupt noch schaffen. Dann ist der Kunde oder Sponsor zufrieden, dass Sie es termingerecht schaffen. In vielen Fällen wird es Ihnen jedoch dank der Zwei-Drittel-Technik gelingen, schon vor dem vereinbarten Endtermin das Projekt zu übergeben. Dann allerdings überschlagen sich Kunden förmlich vor Begeisterung.

Weil wir uns alle schon ans Elend der überzogenen Termine gewöhnt haben, ist es geradezu sensationell, wenn ein Projektverantwortlicher noch vor dem Endtermin abgibt. Die Kundenzufriedenheit schießt in die Stratosphäre! Die Kundenbindung übertrifft die Festigkeit von Stahlbeton! Viele Kunden binden sich in diesem Moment auf ewig an den Lieferanten – denn dieser hat einen im Sinne des Wortes herausragenden Service geleistet. Derart Herausragendes kann man beim heutigen Stand der Technik schon lange nicht mehr mit der Produktqualität oder dem Preis erzielen. Probieren Sie's aus. Sie werden es erleben. Ein Einzelkämpfer erzählte mir: »Das ist das erste Mal, dass ich als Lieferant ein Geschenk von einem Kunden bekam. Der war so froh, dass ich zwei Wochen früher als vereinbart abliefern konnte, weil es ihm aus einer Zwickmühle half, dass er mir in derselben Woche noch eine echt edle Golftasche schickte.«

**Anfängerfehler**

Gerade die einfachsten Techniken werden oft am schlimmsten in den Sand gesetzt. Neulich sagte ein Einzelkämpfer zu seinem betrieblichen Endabnehmer: »Wir haben die letzten 20 Prozent der Spezifikationen einfach weggelassen – aber das funktioniert auch so!« Was glauben Sie, was der interne Kunde darauf gesagt hat? Er ging aus dem Stand auf die Palme, hatte fast einen Anfall. Weil er ein verdammter Choleriker ist? Nein, weil der Einzelkämpfer die Zwei-Drittel-Technik zwar korrekt angewandt, aber stümperhaft verkauft hat.

Sagen Sie Auftraggebern, Sponsoren, Kunden oder Anwendern niemals, dass Sie irgendetwas weggelassen haben! Das nennt man eine fatale Aufmerksamkeitslenkung: Damit lenken Sie seine Aufmerksamkeit auf das Falsche! Zeigen Sie bei der Zwei-Drittel-Lösung nur das, was Sie bei einer 150-Prozent-Lösung auch zeigen würden: Dass und wie sie funktioniert!

Sobald der Kunde sieht, dass etwas funktioniert, ist es ihm egal, bei wie viel Prozent Sie stehen. Selbst wenn der Kunde bemerkt, dass Sie mit viel weniger Aufwand zurechtkamen, als er vermutete, münzen das erfahrene Einzelkämpfer sofort zu ihrem Vorteil um und sagen: »Nicht wahr? Und es funktioniert tadellos! Ich möchte sogar behaupten, dass diese schlanke, effiziente Lösung bei vielen Anwendungen besser funktioniert als wenn wir dies und das noch draufgesattelt hätten!«

## Auf einen Blick

**Einzelkämpfer-Tipp 54:** Projekt-Endphasen benötigen ein spezielles Endphasen-Management.

**Einzelkämpfer-Tipp 55:** Stellen Sie (Ihrem Team) explizit die Frage, wie die Endphase ohne Hektik ablaufen könnte (Endphasen-Planung).

**Einzelkämpfer-Tipp 56:** Die Zwei-Drittel-Technik: Sobald Ihr Projekt zu zwei Dritteln fertig ist, streichen Sie einfach das letzte Drittel!

Wer nichts aus der Vergangenheit lernt,
ist dazu verdammt, sie zu wiederholen.
*George Santayana*

# 12 Feiern Sie Erfolge!

Was passiert, wenn das Projekt fertig ist und abgenommen wurde? Das Projekt ist vorbei und erledigt, die Beteiligten gehen auseinander und wissen oft noch nicht einmal, was ihnen fehlt.

Wer jedoch schon einmal bei einem guten Einzelkämpfer ein Schlussritual miterlebt hat, weiß, was fehlt! So ein Endritual ist eine wunderbare Sache, die einen stolz auf die geleistete Arbeit macht, einen versöhnlichen Ausklang ermöglicht, die gelernten Lektionen vermittelt, die Erfolgsaussichten fürs nächste Projekt erhöht und viel Schwung fürs nächste Projekt vermittelt.

**Einzelkämpfer-Tipp 57**
Jedes Projekt braucht ein Schlussritual.

## Kein Ende ohne Party

Wer auf das Schlussritual verzichtet, stellt sich selbst ein Bein. Zum Beispiel machen die Beteiligten (und vor allem der Projektverantwortliche!) mit hoher Wahrscheinlichkeit beim nächsten Projekt wieder dieselben Fehler – das ist genau der Zustand, den Topmanager derzeit beklagen: »Die Projektteams lernen zu langsam aus ihren Fehlern!« Oder: »Seit zehn Jahren machen unsere Projektleiter dieselben Fehler im Projektmanagement!«

Die wenigsten Topmanager und Projektverantwortlichen kommen auf die Idee, dass dies am fehlenden Schlussritual liegen könnte. Sie glauben, dass man doch wohl aus seinen Fehlern lernen müsste. Das ist didaktischer Unfug. Man lernt nur dann aus Fehlern, wenn man sich die Gelegenheit dazu gibt. Das heißt: Erst macht man den Fehler, dann setzt man sich zusammen und lernt was draus. Setzt man sich nicht auf den Allerwertesten, lernt man auch nichts aus seinen Fehlern. Das erklärt, warum manche Menschen 30 Jahre lang dieselben Fehler machen können. Umso erstaunlicher, dass einige immer noch nicht erkennen, wie wichtig das Schlussritual im Projekt ist. Warum nicht? Weil sie in fataler Weise die Bedeutung der Endparty unterschätzen.

**Wie ein Betriebsausflug**

Der Betriebsausflug ist ein idealer Vergleich für Wirkung und Bedeutung einer Endparty. In der Rotstift-Panik der vergangenen Jahre strichen vor allem viele mittelständische Betriebe »aus Kostengründen« ihren Betriebsausflug. Für die studierten Strategen im Krawattenbunker war der Ausflug nur eine Kostenposition wie jede andere auch. Für die Basis jedoch war es ein Sakrileg. Stimmung, Arbeitsklima, Engagement und Produktivität gingen in den meisten Betrieben mittelfristig in den Sturzflug über. Die Belegschaft reagierte äußerst angefressen. Wie ein Arbeitnehmervertreter es ausdrückte: »Die Belegschaft steckt einiges weg. Aber bei Urlaub, Betriebsausflug und Firmenparkplatz hört der Spaß auf!« Die Belegschaft fasste die Streichung eben nicht als Kostenmaßnahme, sondern als persönliche Missachtung auf – und zahlte es »den Großkopfeten« mit Dienst nach Vorschrift heim.

Viele studierte Betriebswirtschaftler verstehen das nicht. Wie der Assistent einer Geschäftsführung mal in aller Unschuld meinte: »Der Betriebsausflug ist doch kein Produktionsfaktor!« Doch, mein Lieber, genau das ist er. Aber das lernst du in keinem BWL-Seminar (Pisa lässt grüßen). Exakt dasselbe gilt für die Projekt-Endparty: Sie ist noch viel unscheinbarer als ein Betriebsausflug – doch die Folgen eines Verzichts sind ebenso fatal. Dabei ist der Aufwand für so eine Party minimal.

**How to party**

- Wenn Sie Sekt und Häppchen oder Selters und Pizza auffahren möchten, ist das prima – aber Sie müssen das nicht. Es kommt ohne Zweifel meist sehr gut an, aber es ist nicht zwingend notwendig. Viel wichtiger ist, dass Sie überhaupt zusammenkommen und die berühmten Schlussworte sprechen. Halten Sie als federführender Einzelkämpfer eine klitzekleine Mini-Rede. Schon eine einzige Minute genügt völlig. Und es muss noch nicht mal eine vorbereitete Rede sein. Viel wichtiger ist, dass Sie alles Nötige sagen (Spickzettel ausdrücklich erlaubt!)
- Bedanken Sie sich für das Engagement aller Beteiligten. Ohne Endparty fällt der Dank meist aus – und Sie fragen sich noch, warum viele Beteiligte in Projekten so unengagiert mitarbeiten?
- Sagen Sie, dass Sie gerne mit ihnen zusammengearbeitet haben. (Auch wenn es manchmal Knatsch gab – aber darauf gehen Sie bei einer zünftigen Schlussparty nicht ein.)
- Zählen Sie die Erfolge des Projekts beziehungsweise Ihrer Teammitglieder auf. Nichts beflügelt mehr für Erfolge als Erfolge: Nothing succeeds like success.
- Zählen Sie eine Hand voll Lessons learned auf: Was nicht so gut lief und was Sie fürs nächste Mal daraus lernen. Das können Sie auch als Brainstorming machen: Was würden wir unbedingt wieder so machen? Was anders?
- Überbringen Sie positives Feedback vom Auftraggeber, Sponsor oder von Endanwendern. Wenn der Auftraggeber selbst ein kleines Dankeswort spricht, ist das natürlich noch schöner. Normalerweise kriegt man für eine Endparty eher einen Termin beim Auftraggeber, weil jeder Manager sich gerne im Glanz (s)eines Erfolges sonnt.

Lassen Sie jeden Beteiligten kurz auch etwas sagen – wenn er oder sie möchte. Weil die Stimmung auf so einer Party gut ist, möchten die meisten das auch.

Das war's schon. Mehr ist nicht nötig. Das ist in der Regel in einer halben Stunde erledigt. Danach haben Sie höchstens das Problem, dass die Leute nicht zurück an ihren Arbeitsplatz möchten, weil es auf der Projektparty so schön ist! Wer Projektpartys schmeißt, hat meist keine Probleme, beim nächsten Projekt wieder gute (oder bessere!) Projektbeteiligte zu bekommen.

***So feiern Sieger***

Manche Einzelkämpfer sind legendär für ihre Endpartys. Meist sind es jene, bei denen sich die Beteiligten darum reißen, im nächsten Projekt mitarbeiten zu dürfen. Weil die Stimmung in solchen Projekten sagenhaft ist. Weil man dabei so viel lernt. Und weil diese Projekte erfolgreich sind.

Viele Menschen glauben, dass es einfach ist, zu feiern, wenn man Erfolg hat. Das ist eine tragische Verwechslung von Ursache und Wirkung. Es ist genau umgekehrt: Erfolgreiche Einzelkämpfer feiern nicht, weil sie Erfolg haben. Sie haben Erfolg, weil sie feiern. Die Struktur determiniert das Ergebnis. Die Siegerkultur bedingt den Sieg. Oder wie es in Bayern heißt: »Aus einem verklemmten Hintern kommt kein fröhlicher Furz.« Wer sich wie ein Sieger verhält, wird auch Siege feiern. Der Geist des Erfolgs bedingt den Erfolg – nicht umgekehrt. Wer wie ein Sieger denkt, handelt und feiert, wird auch Siege ernten. Und zu dieser Siegermentalität und Erfolgsprädisposition gehört eben auch, dass man Siege zu feiern weiß. Wissen Sie's? Tun Sie's? Immer öfter?

***Sie sind kein Partylöwe?***

Einige Einzelkämpfer mögen Partys nicht sonderlich. Auch gut. Sie müssen am Ende vom Projekt nicht auf den Putz hauen. Sie können auch eine ganz sachliche Schlussbesprechung abhalten. Hauptsache, Sie sprechen die Punkte der obigen Liste an. Es kommt nicht so sehr auf den Rahmen an. Es kommt darauf an, was der Amerikaner Closure nennt: eine aufbauende Art und Weise der Beendigung eines Projekts, bei der man fürs nächste Mal auch was lernt. Wie Sie das anstellen, bleibt Ihnen überlassen. Jeder feiert, jeder beendet ein Projekt auf seine Weise.

Welches ist Ihre Weise? Haben Sie sich schon mal Gedanken darüber gemacht? Dann wäre jetzt ein guter Zeitpunkt. Notieren Sie sich einige Stichworte für Ihre persönliche Endparty, wenn Sie möchten:

..........................................................................

..........................................................................

..........................................................................

**Die Erfolgsdokumentation**

Wichtig ist, dass Sie mit Endparty oder Schlussbesprechung Ihr Team (auch wenn es kein offizielles war) fürs nächste Mal beflügeln. Damit Sie auch morgen noch kraftvoll projekten können, auch morgen noch engagierte Mit- und Zuarbeiter für Ihre Projekte bekommen. Noch wichtiger ist, was Sie selbst aus dem Projekt mitnehmen.

»Aus Fehlern lernen« ist in dieser Hinsicht eines der weniger intelligenten Sprichwörter unserer Kulturgeschichte. Kein Mensch lernt aus Fehlern. Das Gegenteil ist viel häufiger der Fall: Die meisten Menschen machen jahrelang dieselben Fehler! Dasselbe gilt übrigens auch für Erfolge: Ein Erfolg ist noch keine Garantie für den nächsten Erfolg. Denn die meisten Menschen erzielen zwar Erfolge, wissen aber selbst nicht, welches denn nun ihr Erfolgsrezept gewesen ist.

Wer aus Erfolgen oder Fehlern lernen, es beim nächsten Mal also besser oder gleich gut machen möchte, der schafft das nur unter Zuhilfenahme der Reflexion. Im Falle eines Projekts ist das die Erfolgsdokumentation. Für sie gilt Schrifterfordernis:

Nur was Sie schwarz auf weiß besitzen, befähigt Sie auch, es das nächste Mal wirklich besser zu machen. Wer schreibt, der bleibt – das ist in Zeiten des kontinuierlichen Arbeitsplatzabbaus durchaus wörtlich zu nehmen.

***Checkliste: 10-Punkte-Erfolgsgarantie***

Beantworten Sie sich so aktuell nach Projektende wie möglich folgende Fragen. Schriftlich. Besser noch wäre es, wenn Sie sich während eines Projekts schon laufend Notizen machen würden:

- Was lief gut im Projekt?
- Was möchte ich beim nächsten Mal also unbedingt beibehalten?
- Was möchte ich sogar ausbauen?
- Was lief weniger gut?
- Was habe ich daraus gelernt?
- Wie kann ich es das nächste Mal besser machen?
- Welche Risiken haben wir unterschätzt, die ich beim nächsten Mal anders einschätzen sollte?
- Welche Fehlannahmen haben wir begangen?
- Welches sind die korrespondierenden korrekten Annahmen?
- Welches waren die Schlüsselfaktoren für unseren Erfolg?

## Das Geheimnis des Erfolgs

Mit jedem Projekt wächst Ihre persönliche Erfolgskladde, Ihre Sammlung der ausgewerteten Projektende-Checklisten, Ihre Erfolgsdokumentation und damit Ihre Erfolgsaussichten fürs nächste Projekt. Deshalb werden gute Einzelkämpfer von Projekt zu Projekt immer besser.

Bei den meisten anderen Projektverantwortlichen ist das Gegenteil der Fall: Sie bleiben mehr oder weniger ihr ganzes Leben auf demselben Kompetenzniveau.

Einzelkämpfer-Tipp 58
Lernen Sie aus Fehlern und Erfolgen. Erstellen Sie für jedes Projekt eine kurze, kompakte Erfolgsdokumentation.

Sie müssen dazu wirklich keine Doktorarbeit schreiben. Es reicht schon ein einziges A4-Blatt. Sie dürfen aber auch mehr dokumentieren, wenn Sie möchten. Hauptsache, die Dokumentation ist schön übersichtlich.

Und wenn ein Projektbeteiligter sich dafür interessiert, dann geben Sie ihm ruhig eine Kopie der Dokumentation (nachdem Sie vorher geprüft haben, ob er auch nicht unter »Risiken« oder »besser machen« auftaucht).

Man lernt nicht von alleine aus seinen Fehlern und Erfolgen. Man muss etwas dafür tun. Wie Erich Kästner sagte: Es gibt nichts Gutes, außer man tut es.

**Der Erfolgs-Bias**

Bias nennen Forscher eine Verzerrung. Wenn es um Erfolg geht, leiden die meisten Menschen unter so einer Verzerrung. Diese Verzerrung ist schuld daran, dass sich Projektverantwortliche um die nötige Erfolgsdokumentation herumdrücken: »Ach, das brauchen wir doch nicht. Ich weiß doch auch so, was im Projekt ablief!« Viele schützen auch Zeitmangel davor: »Keine Zeit, muss gleich weiter zum nächsten Projekt!«

Das alles sind gute Gründe, aber leider nur vorgeschobene. Der wahre Grund ist: Wenn sich ungeschulte Projektverantwortliche an ihr aktuell abgeschlossenes Projekt erinnern, erinnern sie sich mit Grausen meist nur an die Fehler, das Negative, Irrtümer, Pannen und Ärger. Das ist kein persönlicher Makel, sondern evolutorische Programmierung: Schon für den Höhlenmenschen war es überlebenswichtiger, sich an das Negative (Säbelzahntiger!) zu erinnern als an das Positive (Beeren zum Essen gefunden).

Es ist eine ganz erstaunliche Eigenschaft von Einzelkämpfern, dass sie sich von dieser inzwischen überholten Programmierung befreit haben. Sie ignorieren oder beschönigen Fehler und Pannen im Projekt zwar nicht, doch sie lenken ihre Aufmerksamkeit ganz bewusst auch und gerade auf das Schöne, die Erfolge, die gelernten Lektionen. Denn nichts beflügelt stärker für Erfolge als Erfolge. In Misserfolgen und Pannen zu schwelgen fördert dagegen keineswegs die Erfolgsaussichten beim nächsten Mal – obwohl erstaunlich viele Menschen das glauben. Natürlich muss man Fehler beim nächsten Mal vermeiden. Doch die meisten Menschen sind geradezu traumatisch auf Pleiten, Pech und Pannen fixiert und denken an nichts anderes mehr. Damit sabotieren sie unabsichtlich und unwissentlich ihren eigenen Erfolg.

Erfolgreiche Einzelkämpfer dagegen handeln die Pannen und Fehler ab und konzentrieren sich dann ganz auf die errungenen Erfolge. Deshalb können sie es gar nicht erwarten, eine Erfolgsdokumentation zu erstellen. Es ist für sie, wie in einem Erfolgs-Fotoalbum zu blättern. Angenehm und lohnend. Sie haben im Gegensatz zu »normalen« Menschen auch keine Scheu vor eigenen Erfolgen. So sehr jeder Mensch Erfolge wünscht, den meisten sind sie paradoxerweise peinlich: Sie schämen sich dafür. Sie glauben: »Eigenlob stinkt!« Dabei ist dieses Sprichwort nur unglückliches Resultat eines Tippfehlers. Eigentlich muss es heißen: »Eigenlob stimmt!« Wer seine eigenen Erfolge nicht ausreichend würdigt, dokumentiert und mitteilt, der reduziert damit seine künftigen Erfolgsaussichten oft dramatisch. Auch Erfolg hat seine Gesetze. Man muss sie eben kennen.

### *Erfolg kann man lernen*

Erfolgreiche Einzelkämpfer haben zu Beginn ihrer Laufbahn nicht mehr Erfolg als weniger erfolgreiche Kollegen – aber sie achten stärker auf diese Erfolge. Während die Kollegen nach einem Projekt nur die Fehler sehen und sich darüber ärgern, sehen Einzelkämpfer vor allem die Erfolge, um sich davon beflügeln zu lassen und darauf aufzubauen. Deshalb zeigt ihre Erfolgskurve danach auch steil nach oben, während die Kollegen oft jahrelang auf demselben Kompetenz- und Erfolgsniveau bleiben.

Diese Aufmerksamkeitslenkung, diese Erfolgskultur ist nicht angeboren, sondern erworben. Das heißt: Auch Sie können sie sich erwerben. Sie müssen lediglich wollen – und ganz bewusst Ihren Blick auf die Erfolge von heute lenken, wenn Sie auch morgen Erfolg haben möchten. Überflüssig zu sagen, dass dieses Erfolgsrezept nicht nur für Projekte, sondern fürs ganze Leben funktioniert.

**Projektschluss-PR**

Viele Projektverantwortliche denken: »Wenn ich gute Arbeit leiste, dann bringe ich es weiter in der Firma.« Wie unsinnig diese Annahme ist, zeigt der Umstand, dass regelmäßig nicht die Leute mit der besten Leistung anerkannt und befördert werden, sondern eben andere.

Befördern »die da oben« nur die Großmäuler, die nichts draufhaben? Nein. Das Problem mit den Leistungsträgern ist: Keiner kriegt mit, dass sie Top-Achiever sind. Weil gute Leute meist im Verborgenen wirken. Wenn Sie ein Projekt erfolgreich abschließen, merkt das Management das eben nicht automatisch. Sie können davon ausgehen, dass eher das Gegenteil der Fall ist: Kein Schwein nimmt davon Notiz. Weil die da oben blind sind? Nein, weil man nicht Notiz von etwas nehmen kann, für das es keine Notiz gibt.

Einzelkämpfer-Tipp 59

Wenn das Projekt beendet ist, verkünden Sie es mit Projekt-PR!

Sagen Sie es allen, die Sie treffen. Drei Sätze genügen. Verkneifen Sie sich jede Angeberei. Berichten Sie ganz einfach und sachlich die objektiv feststellbaren Erfolge. Das ist nicht nur erlaubt, das ist geradezu gefordert. Sagen Sie es auch und gerade jedem Ranghöheren, den Sie treffen. Wenn ihn das nicht interessiert, ist das sein Problem. Jeden Manager haben die Erfolge der Firma zu interessieren.

Verbreiten Sie die gute Nachricht insbesondere auch schriftlich: per E-Mail, Hausmitteilung, Memo, Handzettel ... was immer Usus ist in Ihrem Betrieb. Schreiben Sie keine Romane. Ein Drittel einer A4-Seite genügt völlig. Schmücken Sie sich aber nie alleine mit dem Lorbeer (sonst kriegen Sie beim nächsten Mal keine Zuarbeiter mehr). Heben Sie immer das Engagement und die Kompetenz der Projektbeteiligten hervor. Danken Sie dem Sponsor oder Auftraggeber für seine gute Unterstützung (selbst wenn Sie dafür lügen müssen). Der Dank beflügelt ihn zu noch besserer Unterstützung.

Ein erfolgreiches Projekt ist gut. Aber was nützt das Ihnen, wenn es kein Mensch erfährt? Ein erfolgreiches Projekt wird durch Projekt-PR erst publik. Gleichzeitig empfehlen Sie sich damit für die nächsten, besseren, prestigeträchtigeren, lukrativeren Projekte. Sie empfehlen sich für die Anerkennung und das Wohlwollen Ihrer Vorgesetzten und für Ihr weiteres berufliches Vorwärtskommen.

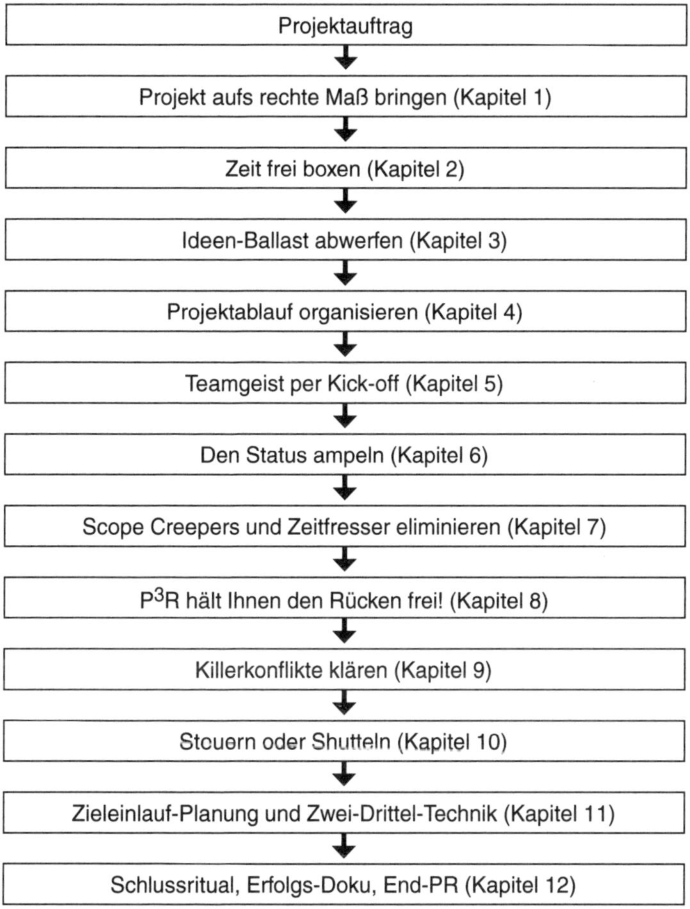


*Der Weg des Einzelkämpfers*

### *Tipp für Ihre Personalakte*

Wenn Sie besonders stolz auf einen Projekterfolg sind, können Sie versuchen, diesen in Ihre Personalakte zu geben. Die schriftlichen Unterlagen dazu haben Sie ja: Ihre Projektend-PR und Ihre (eventuell aufgebrezelte) Erfolgsdokumentation. Die meisten Personaler sind es leid, ständig nur Abmahnungen in den

Personalakten abzulegen, so dass sie gerne mal etwas Positives nehmen.

Nein, von alleine macht ein Arbeitgeber das meist nicht, obwohl es viele Arbeitnehmer erwarten: »Der muss doch auch meine Erfolge sehen und würdigen!« Vielleicht muss er das – aber tut er es auch? Eben. Für seine Erfolge und die Dokumentation in der Personalakte ist schon jede(r) selbst verantwortlich. Daraus ergibt sich für PR-Ungeübte auch eine Mindestanforderung an ihre Publizitätspflicht nach Projektende: Selbst wenn Sie Projekt-PR auf den Tod nicht ausstehen können – Ihren direkten Vorgesetzten und die Personalabteilung müssen Sie vom erfolgreichen Projektabschluss informieren. Das sind Sie sich selbst schuldig.

***Knowledge Management***

Wenn in Ihrem Unternehmen Knowledge Management betrieben wird, dann ist ein Adressat Ihrer Projektend-PR selbstverständlich auch der Zuständige für Knowledge Management. Wenn er sein Geld wert ist, dann interessiert ihn brennend Ihre Erfolgsdokumentation. Denn Sinn und Zweck jeden Knowledge Managements ist es gerade, zu verhindern, dass alle Ihre Kollegen bei ihren Projekten alle Ihre Fehler wiederholen, die Sie bereits in Ihrem Projekt gemacht haben. Doch genau das passiert in den meisten Unternehmen. Gerade deshalb hat Projektmanagement inzwischen so einen angekratzten Ruf. Oder wie ein Vorstandsmitglied eines Pharma-Unternehmens einmal sagte: »Projektmanagement heißt bei uns: Alle machen dieselben Fehler, die alle machen.«

Auch die Verantwortlichen für Knowledge Management sind meist sehr dankbar für Ihren Input – weil sie üblicherweise nur nach Anweisung von oben mit Input versorgt werden oder jedem Bit Knowledge mühsam hinterherlaufen müssen. Und wenn Sie gerade beim Knowledge Manager Ihre Dokumentation abgeben, besorgen Sie sich gleich die Dokumentationen anderer Projektverantwortlicher oder was sonst zum Projektmanagement abgelegt ist. Denn aus den Fehlern und Erfolgen anderer lernt es sich leichter!

**Externe PR**

Dieser Tipp ist erfahrungsgemäß nur etwas für extrovertierte Einzelkämpfer: Beschränken Sie Ihre Projektschluss-PR nicht auf den eigenen Betrieb. Auch die Fach- und Populärmedien sind an Ihren Erfolgen interessiert. Wenn in Ihrem Projekt eine gute Story steckt, wecken Sie damit das Interesse jedes Redakteurs. Klären Sie die Veröffentlichung vorher mit dem firmenintern zuständigen PR-Mitarbeiter und mit Ihrem Vorgesetzten.

Die externe PR ist sogar im heutigen Medienzeitalter noch für viele Projektverantwortliche terra incognita, kostet etwas Überwindung und Aufwand. Doch in ihrer Wirkung ist sie unvergleichlich. Wenn Sie die Ausgabe der Zeitung oder Zeitschrift mit Ihrem Beitrag unter Kollegen und Mitarbeitern herumgehen lassen, werden Sie erfahren, warum.

Wer als introvertierter Einzelkämpfer trotzdem publizistisch tätig werden möchte: Suchen Sie sich einen Extrovertierten in Ihrer Projektgruppe, der sich gerne der Aufgabe annimmt oder Sie dabei unterstützt. Sie müssen nicht alles selber machen. Gerade dafür wurden Delegation und Kooperation erfunden.

**Negative Publizität**

Es gibt Fehler, die vernichten jede positive Wirkung eines eingesetzten Mittels. Schmutzige Wäsche gehört zu diesen Fehlern. Wer bei der Projektschluss-PR schmutzige Wäsche wäscht, denkt dabei zwar, es demjenigen, der angeschwärzt wird, heimzuzahlen. Doch das ist ein Irrtum. Erstens fällt immer etwas auch auf den Anschwärzer zurück. Und zweitens werden der Angeschwärzte und seine Verbündeten mit absoluter Sicherheit zurückschlagen und den Anschwärzer bei seinem nächsten Projekt sabotieren.

Anschwärzen ist etwas für Amateure. Profis lesen dem schwarzen Schaf zwar intern die Leviten, lassen aber nichts nach außen dringen. Im Gegenteil. Bei der Projektschluss-PR wird der Bremser genauso gelobt wie die anderen Beteiligten auch. Ist trotzdem etwas von der Missstimmung nach draußen gedrungen, dann benutzt man bei der Projekt-PR ein so genanntes positives Reframing (positive Umdeutung): »Dass unsere Projektqualität so erfreulich ausfiel, liegt auch an Manfred Maiers (das schwarze Schaf) hohen Qualitätsansprüchen, die uns immer wieder zu Höchstleistungen anspornten.«

## Auf einen Blick

**Einzelkämpfer-Tipp 57:** Jedes Projekt braucht ein Schlussritual; eine Schlussparty oder -besprechung.

**Einzelkämpfer-Tipp 58:** Lernen Sie aus Fehlern und Erfolgen. Erstellen Sie für jedes Projekt eine kurze, kompakte Erfolgsdokumentation.

**Einzelkämpfer-Tipp 59:** Wenn das Projekt beendet ist, verkünden Sie es per Projekt-PR!

Gewiss ist es fast noch wichtiger, wie der Mensch sein Schicksal nimmt, als wie es ist.
*Wilhelm von Humboldt*

# 13 Die Einsamkeit des Einzelkämpfers

Einzelkämpfer sind einsam, wie der Name schon sagt. Sie haben entweder überhaupt kein eigenes Projektteam oder nur ein Mini-Team. Sie stehen mehr oder weniger allein auf weiter Flur. Kein angenehmes Gefühl. Einzelkämpfer *fühlen* sich nicht nur allein gelassen, sie *sind* es meist auch. Allein gelassen vom Auftraggeber oder Sponsor, der sich nach Auftragserteilung nicht mehr um das Projekt kümmert – nach dem Motto: »Machen Sie mal! Aber lassen Sie mich bloß in Ruhe damit!« Sie werden allein gelassen von ex- und internen Zulieferern, die sich oft wenig kollegial aus der Affäre ziehen: »Ich kann mich jetzt nicht um die Projektaufgabe kümmern – ich habe Wichtigeres zu tun!«

## Sie haben hier nichts zu sagen!

Jeder gute Einzelkämpfer weiß oder ahnt, dass es an ihm allein hängen bleibt, dass er allein fürs Projekt zuständig und vor allem verantwortlich ist. Kurz nach dem Projektauftrag erfüllt diese Erkenntnis den Einzelkämpfer noch mit Stolz und Freude: Er hat »sein« Projekt, sein Baby, sein Steckenpferd, für das er ganz allein die Lorbeeren ernten wird. Doch schon nach wenigen Tagen bemerkt er schmerzhaft:

- »Ich bekomme nicht die nötige Unterstützung! Und ich kann keinen dazu zwingen, weil ich keine Weisungsbefugnis habe!«
- »Jeder, dem's grad nicht in den Kram passt, kann mich hängen lassen – und ich kann noch nicht mal was dagegen tun!«

- »Ich bin hier wohl der Ausputzer für die Versäumnisse anderer!«
- »Die Leute hören mir einfach nicht zu oder halten sich vornehm heraus!«
- »Mein Projekt kommt wohl bei allen an allerletzter Stelle.«

Die meisten Projektverantwortlichen empfinden die mangelnde Unterstützung, die stille Sabotage als persönliche Kränkung. Sie fühlen sich isoliert, manchmal hinters Licht geführt: »Die haben nur einen Dummen gesucht – und ich fall drauf rein!« Manche fühlen sich gemobbt: »So lässt man doch keinen Kollegen hängen!« Viele entwickeln typische Stresssymptome. Das Privatleben und die Gesundheit leiden.

Auf der einen Seite fehlt oft die nötigste Unterstützung von Kollegen und Vorgesetzten, auf der anderen Seite trägt der Einzelkämpfer jedoch die volle Verantwortung für sein Projekt. Aus dieser Unvereinbarkeit erwächst der in Einzelkämpfer-Projekten typische Erwartungs-, Zeit- und Erfolgsdruck, der Stress, der Ärger und das permanente Gefühl der eigenen Überforderung. Viele Projektverantwortliche werden unter diesem Druck regelrecht verschlissen. Da sage ich Ihnen nichts Neues?

## Der Mythos vom Projektmanager

Warum lassen sich erwachsene Menschen derart verschleißen? Warum gibt es überhaupt noch Einzelkämpfer? Warum fallen immer noch welche darauf herein und übernehmen ein Projekt? Weil Mythen mächtiger sind als Menschen. Zum einen der Mythos: »Die werden mir schon helfen, wenn ich was brauche!« Mit dieser vagen und in der Regel leider unreflektierten Vorstellung im Hinterkopf beginnen die meisten unerfahrenen Projektverantwortlichen ihr Projekt. Wenn Sie das für ziemlich naiv halten, zeigt das, dass Sie über eine Menge Projekt- oder Lebenserfahrung verfügen. Für das Greenhorn ist der Mythos von der gegenseitigen Unterstützung dagegen die größte Selbstverständlichkeit, die es sich vorstellen kann. Das Greenhorn hinterfragt sie noch nicht mal. Deshalb ist der Praxisschock umso brutaler.

Setzt dieser Schock ein, wachen die meisten Projektverantwortlichen jedoch nicht auf, um den Tatsachen ins Auge zu schauen. Sie flüchten vielmehr in die Arme eines zweiten Mythos. Sie glauben, weil sie Projektmanager seien, seien sie automatisch auch Manager. Also machen sie den Kollegen und Linienfürsten Druck, die sie hängen lassen. Sie treten ihnen auf die Füße. Was passiert? Das Gegenteil des Erhofften. Weil sich keiner etwas von einem »dahergelaufenen Projektleiter« sagen lässt, lässt man den aufmüpfigen Einzelkämpfer nach allen Regeln der Kunst abblitzen. Schlimmer noch: Man zahlt es ihm heim, sabotiert ihn und sein Projekt nach der Devise: »Was bildet der sich eigentlich ein? Von dem lasse ich mich doch nicht herumkommandieren! Der hat mir rein gar nichts zu sagen!«

**Den Tatsachen ins Auge schauen**

Das klingt alles ziemlich ernüchternd? Das sollte es. Denn Ernüchterung – nicht Druckmachen! – ist das Einzige, was in dieser Situation hilft.

**Einzelkämpfer-Tipp 60**

Sehen Sie der Tatsache ins Auge, dass Sie als Einzelkämpfer auf sich allein gestellt sind! Das bewahrt Sie vor dem Praxisschock.

Die Einsamkeit des Einzelkämpfers entsteht nicht dadurch, dass er allein auf weiter Flur steht, sondern dass er diese Tatsache verdrängt oder verleugnet. Wer glaubt »Die helfen mir schon!« oder »Ich bin Projektmanager, also bin ich Manager!«, der macht sich Illusionen und wird von der Realität brutal auf den Boden der Tatsachen zurückgeholt. Wenn einem selbst der kleinste Angestellte zeigt, dass man ihm nichts zu sagen hat – das macht viel einsamer, als wenn man von vornherein akzeptiert, dass man um die Unterstützung der anderen *werben* muss, dass sie nicht selbstverständlich ist.

Es geht also darum, für die Rolle des Einzelkämpfers das richtige Rollenverständnis zu entwickeln. Es geht darum, die Mythen, Utopien und Illusionen aus dem Kopf zu kippen und durch die richtige Einstellung, das richtige Credo zu ersetzen.

**Das Credo des Einzelkämpfers**

Wenn Sie schon immer das Gefühl hatten, dass Erfolg im Projekt eine Sache der Einstellung ist, dann hat Sie dieses Gefühl nicht getrogen. Wenn wir Projektverantwortliche beobachten, die wenig erfolgreich sind oder sich sehr schwer tun in Projekten, dann haben sie immer solche selbstsabotierenden Glaubenssätze im Kopf wie: »Die anderen schulden mir ihre Unterstützung!« oder »Denen muss ich mal richtig den Marsch blasen!« Erfolgreiche Einzelkämpfer dagegen glauben Dinge wie:

- »Ich habe ein Projekt und bin ganz alleine dafür verantwortlich – mit allen Vor- und Nachteilen.«
- »Ich muss nicht alles selbst machen – aber ich muss mir in erster Linie selbst helfen.«
- »Ich habe zwar keine Weisungsbefugnis, aber ich kann nach Kräften Einfluss nehmen!«
- »Wenn ich mich allein gelassen fühle, dann kann, soll und muss ich mir eben die nötige Unterstützung selbst holen.«
- »Unterstützung ist keine Bringschuld der anderen, sondern meine Holschuld!«
- »Wenn es Probleme im Projekt gibt und ich mich allein gelassen fühle, erinnere ich mich daran, dass ich zu 10 Prozent Projektverantwortlicher und zu 90 Prozent Problemlöser bin!«
- »Es ist nicht meine Aufgabe, Probleme im Alleingang zu lösen, sondern die anderen dazu zu befähigen, die Probleme zu lösen.«

Was fühlen Sie beim Lesen dieser Glaubenssätze? Die meisten Projektverantwortlichen fühlen sich bestärkt. Manche schreiben sich einen Satz ab und hängen ihn an den Bildschirm. Andere formulieren ihr eigenes Glaubensbekenntnis. Wie lautet Ihrer? Notieren Sie, wenn Sie möchten:

..........................................................................

..........................................................................

..........................................................................

**Die innere Stärke**

Natürlich sind Fachkompetenz und Erfahrung wichtig für den Erfolg im Projekt (und im Leben). Doch jeder erfahrene Einzelkämpfer bestätigt: »Entscheidend ist die Einstellung, die innere Stärke.« Wie entscheidend? 100 Prozent Projekterfolg = 20 Prozent Fachkompetenz + 80 Prozent Einstellung. Oder um es mit Pareto zu sagen: Die innere Einstellung macht vielleicht (allerhöchstens!) 20 Prozent des Aufwands im Projekt aus – aber es sind jene 20 Prozent Input, die 80 Prozent des Ergebnisses determinieren!

Die Einstellung ist so wichtig? Ja, wie Sie an den vielen kompetenten Projektverantwortlichen erkennen können, die trotz ihrer überragenden Fachkompetenz und Erfahrung große Schwierigkeiten im Projekt haben oder gar scheitern. Fachkompetenz ist wichtig, doch im Einzelkampf ist sie leider nicht entscheidend. Sie fühlen sich davon etwas überfordert? Auch das ist normal. Und auch dagegen ist ein Kraut gewachsen, das erfahrene Einzelkämpfer bereits entdeckt haben:

**Einzelkämpfer-Tipp 61**

Betrachten Sie den Einzelkampf nicht als Belastung oder Bedrohung, sondern als Herausforderung und Chance.

Das schaffen Sie nicht, indem Sie es sich vornehmen. Innere Stärke ist keine Frage des Willens. Innere Stärke erfordert vielmehr innere Überzeugungsarbeit. Wenn ich Einzelkämpfer frage, wie sie es geschafft haben, die ständige Bedrohung und drohende Vereinsamung im Projekt in eine Herausforderung zu transformieren, fallen meist Sätze wie:

- »Wenn ich es als Einzelkämpfer schaffe, dann schaffe ich es überall!«
- »Einzelkämpfer-Projekte sind das härteste und beste Business-Training, das es gibt.«
- »Ein guter Einzelkämpfer ist wie ein Navy-Seal.«

Oder wie ein Philosoph unter den Einzelkämpfern einmal sagte: »Das ganze Leben ist ein Einzelkampf!« So spricht ein echter Einzelkämpfer. Sein Trumpf ist nicht so sehr seine Fachkompetenz, sondern seine innere Stärke. Seine Fähigkeit, sich vor und vor allem während seines Projekts immer wieder selbst zu motivieren, zu stärken, mit neuer Energie zu versorgen. Das hat nichts mit Begabung zu tun, das ist einfach nur eine Frage der inneren Disziplin, der inneren Selbstversorgung, der internen Logistik. Mit ein wenig Übung wird Ihnen das schnell zur zweiten Natur – vor allem wenn und weil Sie den lohnenden Effekt direkt und unmittelbar am eigenen Leib erfahren können: Wer aus einer Position der inneren Stärke heraus projektet, hat viel mehr Erfolg und Spaß und viel weniger Stress und Schwierigkeiten dabei! Der Einzelkampf erfordert große innere Stärke. Sorgen Sie für diese Stärke. Stärken Sie sich selbst.

### *Opfer sind schwach*

Es gibt auch Einzelkämpfer, die wollen nicht stark sein. Die sagen Dinge wie: »Wenn mich mein Auftraggeber hängen lässt, dann ist das eine Sauerei! Das darf der nicht!« Oder: »Was soll ich mit innerer Stärke? Wenn mich die anderen hängen lassen, dann ist das deren Schuld!« Oder gar: »Motivation ist nicht meine Sache – das ist Sache vom Auftraggeber!« Oder am allerbesten: »Wenn der Auftraggeber sich nicht drum kümmert, dann wird er schon sehen, was er davon hat!«

So kann man das Problem der Einsamkeit im Einzelkampf natürlich auch betrachten. Befriedigt Sie diese Sichtweise? Eben. Sonst hätten Sie dieses Buch nicht in der Hand. So reden Opfer, keine Einzelkämpfer. So reden Menschen, denen die Selbstständigkeit im Denken und Handeln abhanden gekommen ist. Menschen, die unter erlernter Hilflosigkeit leiden. Menschen, denen es nicht gut geht. Denn es kann einem einfach nicht gut gehen, wenn man die Schuld ständig nur auf die anderen schiebt und wie ein kleines Kind trotzig in der Ecke stehend darauf wartet, dass sich die anderen endlich berappeln, Verantwortung zeigen und einem die Unterstützung angedeihen lassen, die man braucht. Opfer warten. Einzelkämpfer nehmen ihr Leben selbst in die Hand. Überlassen Sie die Opferrolle anderen. Seien Sie Einzelkämpfer!

Es fühlt sich besser an, Projekte aus einer Position der inneren Stärke heraus zu leiten. Es macht mehr Spaß und bringt mehr Erfolg. Verschaffen Sie sich diese Position der inneren Stärke. Diese innere Stärke kommt nicht von alleine und sie kommt auch nicht davon, dass es im Projekt gut läuft. Das wäre eine Verwechslung von Ursache und Wirkung. Erst kommt die Stärke, dann das Ergebnis. Erst der Geist, dann das Resultat. Die innere Stärke (Input) bedingt das starke Ergebnis (Output). Denn wenn es gut läuft, kann sich jede(r) gut fühlen. Gerade wenn es nicht so gut läuft, wenn man allein auf weiter Flur steht, kommt es darauf an, Stärke zu zeigen und vor allem zu fühlen. Stärke ist eine Voraussetzung für Erfolg. Eine Voraussetzung, die ganz allein in Ihrer Macht liegt.

## Andere in die Pflicht nehmen

Hüten Sie sich vor einem verbreiteten Irrtum: Dass Sie als Einzelkämpfer innerlich stark sein müssen, heißt nicht, dass Sie alles im Projekt alleine stemmen, sich zu Tode arbeiten müssen. Genau diesem Irrtum verfallen viele Einzelkämpfer, die in

Projekten regelrecht verschlissen oder zumindest über Gebühr gestresst werden.

Einzelkämpfer-Tipp 62
Sie müssen zwar stark sein, doch Sie müssen nicht alles alleine stemmen: Fordern Sie die Unterstützung ein, die Ihnen zusteht!

Dass Sie oft genug allein gelassen werden, heißt eben nicht, dass das in Ordnung geht. Nur weil eine Sauerei ständig passiert, heißt das noch lange nicht, dass es keine Sauerei ist. Was »normal« ist, ist noch lange nicht okay. Auch wenn Ihnen allenthalben Unterstützung versagt wird – sie steht Ihnen trotzdem zu!

Dass alle so tun, als ob Sie der Alleinverantwortliche fürs Projekt sind, heißt noch lange nicht, dass die anderen keine Mitverantwortung hätten. Die haben sie nämlich immer noch! Sie haben sie lediglich vergessen, verdrängt, verleugnet. Warum? Weil das bequemer für sie ist! Was heißt das für Sie?

Wenn jemand pflichtvergessen ist, erinnern Sie ihn wieder an seine Pflicht. Wenn jemand seine Mitverantwortung in Ihrem Projekt nicht wahrnimmt, rücken Sie sie wieder in sein Blickfeld. Wenn jemand seine Aufgaben vergisst, erinnern Sie ihn wieder daran!

»Aber das ist doch deren Pflicht, im Projekt mitzuarbeiten!« Ja, aber wenn Sie sie nicht *in die Pflicht nehmen*, dann wird diese Pflicht oft genug eben nicht wahrgenommen. So einfach ist das. Wenn Sie erwarten, dass jemand seine Pflicht tut, sollten Sie auch bereit sein, ihn in die Pflicht zu nehmen.

**Wie man's nicht machen soll**

Als Einzelkämpfer zahlt es sich aus, seine Muttersprache zu beherrschen. Die meisten können es nicht. Das soll kein Vorwurf sein. An unseren Schulen wird der wirkungsvolle Gebrauch der

Muttersprache eben leider nicht unterrichtet. Und was man nicht lernt, kann man nicht können. Deshalb versuchen die meisten Einzelkämpfer, säumige Auftraggeber und Projektbeteiligte wie folgt in die Pflicht zu nehmen: »Sie haben doch auch eine Verantwortung für das Projekt! Also bitte nehmen Sie sie auch wahr!«

Natürlich stimmt an diesen beiden Sätzen jedes Jota. Doch wie Sie vielleicht selbst schon bemerkt haben werden, ist das Einzige, was sie auslösen, nicht das erwartete und geschuldete Pflichtbewusstsein, sondern Empörung, Rechtfertigung oder Widerstände.

Warum? »Weil der eben total uneinsichtig ist!« Eine beliebte Begründung, die leider falsch ist. Wenn eine Kommunikation nicht wirkt, liegt das nicht am Empfänger, sondern in 99 Prozent aller Fälle am Sender.

Kommunikation entsteht beim Empfänger, nicht beim Sender. Das Ohr ist entscheidend fürs Verstehen, nicht der Mund. Wenn Sie Verantwortungsbewusstsein einfordern, dann tun Sie das bitte so, dass es auch funktioniert.

Warum funktioniert der obige Versuch nicht? Weil er einen impliziten Vorwurf enthält. Beim Empfänger kommt nämlich an: »Sie sind verantwortungslos!«

Das mag im konkreten Fall durchaus zutreffen – doch das lässt sich kein Mensch vorwerfen! Sie würden das ja auch nicht auf sich sitzen lassen, oder? Diesbezüglich sind die Regeln in Projekten hart: Wer als Einzelkämpfer mit Vorwürfen kommt, provoziert Ablehnung.

**Vorwurfsfrei in die Verantwortung nehmen**

Natürlich sind Sie stinkig, wenn der Auftraggeber oder ein Projektbeteiligter Sie hängen lässt. Wer wäre das nicht! Doch mit dieser Stinkigkeit in ein Gespräch zu gehen ist ziemlich dämlich. Ungefähr so unklug, wie den Papa während der Sportschau um mehr Taschengeld zu bitten. Das geht in die Hose, wie jeder Teenager weiß!

Einzelkämpfer-Tipp 63

Wenn Sie Verantwortung einfordern, dann niemals pauschal und vorwerfend, sondern immer vorwurfsfrei und konkret.

Also nicht: »Nun lassen Sie mich doch nicht so hängen! Sie haben doch auch eine Verantwortung für das Projekt!«

Sondern ganz sachlich und vor allem konkret, einfach, nachvollziehbar und belastungsarm: »Es ist ein Problem aufgetaucht, das ich selbst nicht lösen kann, obwohl ich wirklich alles versucht habe. (Botschaft: Ich halte dich nicht wegen etwas auf, das ich auch alleine stemmen könnte!) Ich brauche nur eine halbe Stunde Ihrer Zeit (Botschaft: Ich verlange ja so wenig!). Wir sollten prüfen, wo wir die durch das Problem aufgetauchten beiden Zusatzaufgaben unterbringen können (Botschaft: Es geht um etwas ganz Konkretes).«

Sie sehen: Der Ton macht die Musik. Wer mit einem Vorwurf kommt, der wird mit hoher Wahrscheinlichkeit abgeschmettert. Wer dagegen höflich und freundlich, verständlich und konkret bittet, der wird Gehör und Gefallen finden. Man sollte anderen seine Forderungen eben nicht wie nasse Lappen um die Ohren hauen, sondern seine Wünsche so formulieren, dass sie sie auch erfüllen mögen. Zugegeben: Das ist ein Umgewöhnungsprozess. Doch einer, der sich lohnt. Denn wenn Sie richtig bitten (können), wird Ihnen jede Bitte erfüllt werden. Sie werden jede Unterstützung bekommen, die Sie brauchen. Ist das nicht eine schöne Aussicht? Dafür lohnt es sich doch, das korrekte, konkrete Bitten zu trainieren.

### *Bitten ist stärker als Anweisen*

Natürlich erfordert das höfliche Umformulieren von pauschalen Forderungen in konkrete Bitten etwas Übung. Doch schon nach wenigen Versuchen berichten mir Einzelkämpfer im Training erstaunt: »Das wirkt viel schneller und besser, als wenn ich tatsächlich anweisen könnte!« Denn jeder weiß, wie Anweisungen heutzutage ausgeführt werden: zähneknirschend und halbherzig. Eine höfliche und vor allem konkrete Bitte löst da viel mehr Engagement und Einsatz aus.

Anweisen kann jeder, da gehört nichts dazu – außer eine gehobene Position. Eine höfliche und überzeugende Bitte dagegen ist eine schöne Kunst, die heutzutage nur noch wenige beherrschen. Es braucht nicht viel, um Anweisungen zu bellen. Für eine wirksame Bitte dagegen braucht es eine ganze Menge: gute Umgangsformen, sprachliche Gewandtheit, Höflichkeit, Verständnis für den anderen und vor allem Respekt. Respekt vor dem anderen, der Experte ist, aber auch Mensch, Kollege oder Vorgesetzter.

Dieser Respekt ist oft gewöhnungsbedürftig. Vor allem wenn man den anderen bislang als doofen Blockierer betrachtet hat, der seiner Mitverantwortung fürs Projekt nicht nachkommt. Doch Respekt fällt einem umso leichter, da man recht intensiv dafür belohnt wird. Wenn ich Projektbeteiligte frage, warum sie sich für bestimmte Einzelkämpfer derart ins Zeug legen, obwohl die ihnen gegenüber doch keine Weisungsbefugnis hätten, heißt es immer:

- »Einen guten Kollegen kann ich doch nicht hängen lassen!«
- »Ihr kann ich wirklich keine Bitte abschlagen.«
- »Für ihn mache ich das doch gerne.«

Warum?

- »Er behandelt mich nicht von oben herab, sondern als Kollege.«
- »Sie redet wie ein normaler Mensch zu mir.«
- »Was ist schon ein Gefallen unter Freunden?«

Genau das möchte man als Einzelkämpfer doch hören! Man hört es, wenn man die Leute respektiert und vorwurfsfrei Verantwortung einfordert. Andere vorwurfsfrei und mit Respekt zu behandeln ist sicher nicht die leichteste Übung der Welt – doch eine erfolgreiche, wenn nicht die lohnendste überhaupt. Respekt ist nicht nur eine schöne Tugend, sie lohnt sich auch stärker als jede Bestechung.

**Fünf Kardinalsünden im Einzelkampf**

Wenn Sie den Text aufmerksam verfolgt haben, werden Ihnen einige Todsünden aufgefallen sein, die ein kluger Einzelkämpfer im Projekt tunlichst vermeiden sollte, wenn er sich die Unterstützung verschaffen möchte, die er braucht. Umgekehrt erkennen Sie das Greenhorn im Einzelkampf untrüglich an diesen fünf Kardinalsünden:

1) Anweisen. Das geht immer in die Hose. Wer als Einzelkämpfer anweist, löst so genannte Reaktanz aus. Das heißt, die Angewiesenen beweisen ihm, dass er eben nichts zu sagen hat, indem sie ihn offen oder verdeckt sabotieren.
2) Delegieren. Auch die Delegation im eigentlichen Sinne funktioniert in Einzelkämpfer-Projekten nicht. Auch sie löst Reaktanz aus.
3) Müssen muss niemand! »Das müssen wir so und so machen!« In dem Moment, wo Sie »müssen« sagen, geht beim Gesprächspartner die Klappe runter.
4) Position raushängen lassen: »Ich bin nun mal fürs Projekt verantwortlich!« Böses Foul! Wird sofort mit Hängenlassen quittiert. Wenn Sie derart Ihre Verantwortung rausstreichen, drängen Sie damit die anderen aus ihrer Verantwortung. Was nützt das?
5) Vorhaltungen und Vorwürfe: »Wie können Sie mich so hängen lassen?« Dem Angesprochenen wird sicher eine fadenscheinige Antwort darauf einfallen. Bringt Sie das weiter? Sicher nicht.

Wenn Sie im Projekt nicht so recht weiterkommen, wenn Sie sich einsam fühlen und die anderen es an Unterstützung fehlen lassen, dann überlegen Sie mal, was Sie in letzter Zeit gesagt haben. Meist stecken eine oder mehrere der fünf Sünden dahinter. Vermeiden Sie den Sündenfall. Wie? Am besten mit dem VFB.

**Die VFB-Technik**

Nein, es dreht sich hierbei nicht um einen Bundesliga-Verein einer südlichen Landeshauptstadt (der schreibt sich übrigens mit kleinem f). Es dreht sich vielmehr um eine der effektivsten Einzelkampf-Techniken, die Ihnen zur Verfügung steht.

Einzelkämpfer-Tipp 64

Sie brauchen keine Weisungsgewalt. Sie brauchen nur VFB – Vorschlagen, Fragen, Bitten.

Wenn wir im Einzelkämpfer-Training die fünf obigen Todsünden durchgehen, fragt der eine oder andere spontan: »Aber wenn ich nicht anweisen, delegieren oder Druck machen darf – was darf ich denn dann noch? Es bleibt doch fast nichts mehr übrig, um mir die Unterstützung zu holen, die ich brauche!« Richtig, es bleibt nur noch das übrig, was wirklich funktioniert: vorwurfsfrei in die Verantwortung nehmen. Und die besten, wenn nicht die einzigen Sprachtechniken, mit denen das funktioniert, sind nun einmal:

- Vorschlagen
- Fragen
- Bitten

Wie effektiv Fragen im Gegensatz zu üblichen Überzeugungsversuchen funktioniert, haben Sie bereits in Kapitel 10 bei der F-Technik ausführlich kennen und anwenden gelernt. Ähnlich wirkungsvoll sind im Einzelkampf Vorschläge und Bitten. Wenn Sie nicht anweisen können und nicht delegieren dürfen, dann sind Vorschläge, Fragen und Bitten die einzigen gebotenen und wirksamen Techniken, die Sie einsetzen können, dürfen und sollen. Wann immer Sie etwas von anderen wollen, formulieren Sie es (um) als Vorschlag, Bitte oder Frage.

Richtig bemerkt, dieses Umformulieren können Sie sicher nicht aus dem Stegreif. Üben Sie es ein wenig im Kopf, dann kommt es auch flüssig über die Lippen. Überlegen Sie sich, wie Sie üblicherweise um Unterstützung nachsuchen, und formulieren Sie Ihre Aussagen gegebenenfalls zu VFB um. Viel Spaß dabei. Achten Sie vor allem darauf, wie ganz anders das Umformulierte beim Angesprochenen ankommt! Den Unterschied merkt man nämlich deutlich und äußerst angenehm.

***Schwaches macht stark***

Erfahrene Einzelkämpfer wissen, wie wirkungsvoll die VFB-Technik ist. Greenhorns haben so ihre Probleme damit. Einige meinen: »Einfach nur zu bitten, das ist doch schwach. Ich möchte nicht aus einer Position der Schwäche heraus ein Projekt leiten!« Das ist ein verbreiteter Irrtum. Ihr Vorgesetzter kann Ihnen Anweisungen geben – und wie stark finden Sie ihn? Eben. Positionsstärke sieht immer nur von oben betrachtet stark aus. Von unten steht die Position auf tönernen Füßen. Zwar darf der Chef anweisen – doch wir alle wissen nur zu gut, dass der einfache Mann an der Drehmaschine es doch letztlich so macht, wie er sich das vorstellt. Wie der Bürospruch belegt: »Wer glaubt, dass Abteilungsleiter Abteilungen leiten, glaubt sicher auch, dass Zitronenfalter Zitronen falten.« Position ist nicht Macht! Meist eher das Gegenteil.

Macht ist nicht so einfach, wie Gretchen Müller sich das vorstellt (nichts gegen Frau Müller). Es gilt eher die Paradoxie der Macht: Das Mächtige macht nicht mächtig! Versteht man diese Paradoxie, versteht man auch, weshalb VFB so mächtig ist. Auch das weiß der Volksmund schon lange: Steter Tropfen höhlt den Stein. Es heißt nicht: Steter Presslufthammer höhlt den Stein. Die Macht einer einfachen Bitte, die man höflich immer und immer wieder mit ermüdender Hartnäckigkeit vorbringt, erweicht recht schnell selbst das verhärtetste Herz. Wer kann eine freundlich formulierte Bitte schon abschlagen? Wer kann das 25 Mal hintereinander? Kennen Sie einen? Die meisten, die vorgeben, so einen zu kennen, haben es eben noch nicht 25 Mal versucht. Deshalb können versierte Einzelkämpfer sagen: »Mangelnde Unterstützung? Nö. Ich kriege eigentlich immer, was ich will.« Das ist nicht Arroganz, das ist VFB.

***Und beliebt obendrein!***

Wenn Sie vorschlagen, fragen und bitten, werden Sie immer die Unterstützung bekommen, die Sie brauchen. Das ist erfreulich. Das ist die erwünschte Wirkung. VFB hat auch eine erwünschte Nebenwirkung: VFB macht beliebt.

Einzelkämpfer, die immer kriegen, was sie wollen, werden in ihrem Unternehmen von allen anerkannt, respektiert und mit Hochachtung behandelt. Eben weil sie zwar immer nur höflich und freundlich vorschlagen, fragen oder bitten, das jedoch mit einer derartigen Hartnäckigkeit und Stehvermögen tun, dass es nolens volens selbst Neidern Respekt abverlangt. Oder wie ein Vorstandsmitglied eines Pharma-Unternehmens sagte: »Einige unserer Einzelkämpfer gehen mir manchmal schon arg auf die Nerven, weil sie eben nie locker lassen. Aber noch keiner ist mir je respektlos gekommen – und das verdient meinen Respekt. Denn die meisten, die was von mir wollen, machen das ziemlich unverschämt.«

Gute Manieren waren immer schon Zeichen für Rang und Adel. Machtgehabe dagegen war es nie. Mit Machtgehabe kann jeder protzen. Da gehört nicht viel dazu. Für VFB dagegen braucht es Kompetenz. Einzelkämpfer-Kompetenz.

## Auf einen Blick

**Einzelkämpfer-Tipp 60:** Sehen Sie der Tatsache ins Auge, dass Sie als Einzelkämpfer auf sich allein gestellt sind! Das bewahrt Sie vor dem Praxisschock.

**Einzelkämpfer-Tipp 61:** Betrachten Sie den Einzelkampf nicht als Belastung oder Bedrohung, sondern als Herausforderung und Chance. Arbeiten Sie an Ihrer inneren Stärke. Täglich, stündlich.

**Einzelkämpfer-Tipp 62:** Sie müssen zwar stark sein, doch Sie müssen nicht alles alleine stemmen: Fordern Sie die Unterstützung ein, die Ihnen zusteht!

**Einzelkämpfer-Tipp 63:** Wenn Sie Verantwortung einfordern, dann niemals pauschal und vorwerfend, sondern immer vorwurfsfrei und konkret.

**Einzelkämpfer-Tipp 64:** Sie brauchen keine Weisungsgewalt. Sie brauchen nur VFB – Vorschlagen, Fragen, Bitten.

# Nachwort

Das Schöne am Einzelkämpfer-Training ist, dass es funktioniert. Sowohl in Training und Coaching selbst als auch in der schriftlichen Form, wie Sie sicher schon bei der Anwendung des einen oder anderen Einzelkämpfer-Tipps bemerkt haben. Es fällt einem eben vieles leichter, wenn man die Tricks und Kniffe des Metiers kennt. Es ist wie beim echten Einzelkampf auch: Die Technik macht's.

Wenn Sie sich den nötigen technischen Vorsprung mit diesem Buch in der Hand verschaffen wollen, werden Sie schnell die Früchte Ihrer technischen Verbesserung ernten können. Wenn Sie lieber in Gesellschaft mit Gleichgesinnten trainieren, dann besuchen Sie doch einfach ein Einzelkämpfer-Training. Wenn Sie ein spezielles Problem beim Einzelkampf haben, das der Diskretion oder schnellen Hilfe bedarf, dann ist ein Einzelkämpfer-Coaching ideal. Mit beidem stehe ich Ihnen gerne zur Verfügung.

Was Ihnen auf Ihrem Weg zum professionellen Einzelkämpfer ebenfalls weiterhelfen wird, ist Erfahrungsaustausch mit anderen Einzelkämpferinnen und -kämpfern. Suchen und pflegen Sie ihn, wo und mit wem Sie nur können. Das schließt mich mit ein. Denn tatsächlich bin ich auch ein altgedienter Einzelkämpfer (auch deshalb geht mir das Thema so nahe). Wenn Sie also eine schöne Einzelkampf-Anekdote zum Besten geben, eine bestimmte Frage oder Anregung haben oder sich einfach nur austauschen möchten, dann freue ich mich schon heute auf Ihre Rückmeldung. Sie erreichen mich so:

Wilfried Reiter

**Office Deutschland**
Ahornallee 61
D-85283 Wolnzach
Tel: +49 (171) 4 64 15 96

**Office Österreich**
Belvuestraße 66
A-1190 Wien
Tel: +43 (664) 8 34 91 93
E-Mail: wilfried.reiter@in2ition.de
Internet: www.in2ition.de

# Stichwortverzeichnis

WILFRIED REITER begann seine berufliche Laufbahn als Ingenieur der Elektrotechnik, bis er sich 1989 als Trainer und Berater selbstständig machte. Gleichzeitig begann er ein zweites Studium (Pädagogik und Psychologie). 1999 gründete er zusammen mit seiner Frau Silke das das Beratungsunternehmen in2ition – Gesellschaft für Management Design in der Nähe von München.

Wilfried Reiter trainiert, coacht und berät seit über 15 Jahren Manager und Mitarbeiter aller Branchen und Unternehmensgrößen in allen Fragen des Projektmanagements. Seine innovativen Methoden haben ihn weit über Fachkreise hinaus bekannt gemacht.